Lern- und Übungsgrammatik

Deutsch als Fremdsprache

Duden

Lern- und Übungsgrammatik Deutsch als Fremdsprache

Verstehen, üben, testen
mit den Duden-Profis

Von Melanie Kunkel
und Uwe Durst

2., überarbeitete und erweiterte Auflage

Dudenverlag
Berlin

Redaktion: Dr. Melanie Kunkel, Prof. Dr. Goranka Rocco
Illustrationen: Marie Basten
Umschlaggestaltung: sauerhöfer design, Neustadt
Layout und Satz: Ludger Stallmeister, Wuppertal

www.duden.de
www.cornelsen.de

2. Auflage, 3. Druck 2025

Alle Drucke dieser Auflage sind inhaltlich unverändert und können im Unterricht nebeneinander verwendet werden.

Druck: AZ Druck und Datentechnik GmbH, Kempten

ISBN 978-3-411-75520-2

PEFC
PEFC/04-31-2260

PEFC-zertifiziert
Dieses Produkt stammt aus nachhaltig bewirtschafteten Wäldern und kontrollierten Quellen
www.pefc.de

Nomen

Artikelwörter und Pronomen

Adjektive

Zahlwörter

Wortbildung der Nomen und Adjektive

Verben

Adverbien und Partikeln

Präpositionen

Inhalt

Satz

Rechtschreibung und Zeichensetzung

Gendern

Gesprochene Sprache / Umgangssprache

Duden online

Anhang

Genus

der Mann
die Frau
das Kind

der Salat
die Suppe
das Brot

Jedes Nomen (= Substantiv) im Deutschen hat ein Genus:

Maskulinum *(m.)* **Femininum** *(f.)* **Neutrum** *(n.)*

- Das Genus kann das natürliche Geschlecht anzeigen:
  der Mann ♂ **die** Frau ♀ *aber:* **das** Kind

- In den meisten Fällen gibt es aber kein natürliches Geschlecht:
  der Salat **die** Suppe **das** Brot

Im **Plural** gibt es zwischen den Genera **keine Unterschiede,** z. B.:
- **die** Männer, **die** Frauen, **die** Kinder
- **große** Männer, **große** Frauen, **große** Kinder

Lernen Sie das Genus immer zusammen mit dem Nomen.
Manchmal helfen Ihnen **Form** oder **Bedeutung,** z. B.:

Maskulinum	*-er*	der Lehr**er**	*-ling*	der Lehr**ling**
	-ismus	der Sozial**ismus**	*-ist*	der Poliz**ist**
Femininum	*-heit*	die Wahr**heit**	*-schaft*	die Freund**schaft**
	-keit	die Kleinig**keit**	*-ei*	die Büch**erei**
	-ung	die Lös**ung**	*-in*	die Student**in**
	-e (meist *f.*)	die Sahn**e**	*-ion*	die Rezept**ion**
Neutrum	*-chen*	das Häus**chen**	*-lein*	das Männ**lein**
	Ge- (-e) (meist *n.*)	das **Ge**birg**e**	nominalisierte (= substantivierte) Infinitive: tanzen → das Tanzen	

Maskulinum	Berufe, Rollen	der Lehrer, der Ingenieur, der Freund
	Tage, Monate und Jahreszeiten	der Mittwoch, der Januar, der Herbst
	Autos (Marken)	der Mercedes, der BMW
Femininum	Berufe, Rollen auf *-in*	die Lehrer**in**, die Ingenieur**in**, die Freund**in**
	Obstsorten	die Birne, die Banane, die Ananas *aber:* der Apfel, der Pfirsich
	Motorräder (Marken)	die Honda, die BMW
Neutrum	chemische Elemente	das Gold, das Silber, das Helium

1. Unterstreichen Sie die Endung und kreuzen Sie den richtigen Artikel an.

A1

1. ☒ *der* ☐ *die* ☐ *das* Bäcker
2. ☐ *der* ☐ *die* ☐ *das* Bäckerin
3. ☐ *der* ☐ *die* ☐ *das* Bäckerei
4. ☐ *der* ☐ *die* ☐ *das* Brötchen
5. ☐ *der* ☐ *die* ☐ *das* Wohnung
6. ☐ *der* ☐ *die* ☐ *das* Zwilling
7. ☐ *der* ☐ *die* ☐ *das* Mädchen
8. ☐ *der* ☐ *die* ☐ *das* Kapitalismus
9. ☐ *der* ☐ *die* ☐ *das* Gesundheit
10. ☐ *der* ☐ *die* ☐ *das* Frühling
11. ☐ *der* ☐ *die* ☐ *das* Drucker
12. ☐ *der* ☐ *die* ☐ *das* Nachbarschaft

2. Ordnen Sie die Wörter: *der, die* oder *das*?

A1

Aluminium • Ärztin • Brötchen • Februar • Gepäck • Geschenk • Häuschen • Höflichkeit • Jurist • Krankheit • Laufen • Liebling • Polizei • Rechnung • Sohn • Springen • Tante • Verkäufer • VW • Winter • Zitrone

der	die	das

3. Welches Wort passt nicht in die Reihe, weil es ein anderes Genus hat?

A1

1. *der* ☐ Musiker ☐ Kellner ☐ Gold ☐ Journalismus
2. *der* ☐ Peugeot ☐ Montag ☐ Straße ☐ März
3. *die* ☐ Schule ☐ Politikerin ☐ Herbst ☐ Lampe
4. *die* ☐ Zeitung ☐ Ausbildung ☐ Tourist ☐ Situation
5. *das* ☐ Gemüse ☐ Tomate ☐ Gebirge ☐ Geschäft
6. *das* ☐ Klasse ☐ Büchlein ☐ Essen ☐ Bäumchen

Von allen Nomen sind ca. 46 % Feminina, ca. 34 % Maskulina, ca. 20 % Neutra.

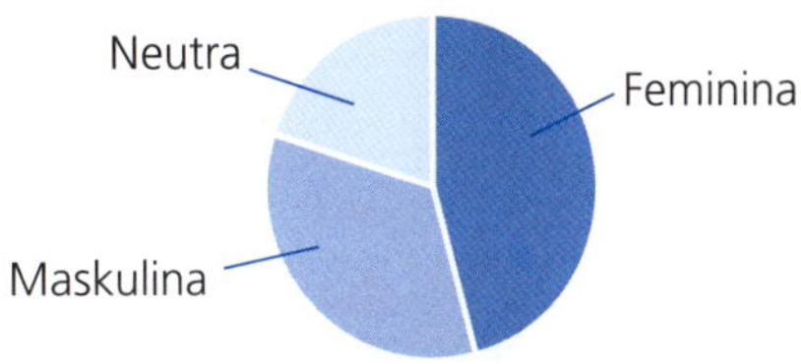

Plural

Nomen (= Substantive) können einen Plural bilden: *(eine) Birne – (zwei, drei … viele) Birnen.*

Es gibt fünf Endungen für den Plural: ***-(e)n, -e, -er, -s*** und **-** (= keine Endung).
Bei *-e*, - und *-er* kann auch ein Umlaut stehen: ***a → ä, o → ö, u → ü***.

Pluralendung	Welche Nomen?	Beispiele (Singular → Plural)
-(e)n	die meisten Feminina alle Maskulina der *n*-Deklination wenige weitere Maskulina sehr wenige Neutra	die Birne → die Birne**n** die Frau → die Frau**en** die Lehrer**in** → die Lehrer**innen** der Student → die Student**en** der Staat → die Staat**en** das Hemd → die Hemd**en**
-e, ¨e	die meisten Maskulina und Neutra viele kurze Nomen *Neutra nie, Maskulina oft,* *Feminina immer mit Umlaut*	der Tag → die Tag**e** der **A**rzt → die **Ä**rzt**e** das Tor → die Tor**e** die H**a**nd → die H**ä**nd**e**
-, ¨	Maskulina und Neutra auf *-el, -er, -en* Neutra auf *-chen, -lein* *Maskulina oft mit Umlaut*	das Mittel → die Mittel das Fenster → die Fenster der G**a**rten → die G**ä**rten das Tierchen → die Tierchen
-er, ¨er	viele kurze Neutra wenige Maskulina *immer mit Umlaut*	das Kind → die Kind**er** das Bl**a**tt → die Bl**ä**tt**er** der M**a**nn → die M**ä**nn**er**
-s	Nomen auf *-a, -i, -o, -u, -y* Fremdwörter Abkürzungen Eigennamen	das Kino → die Kino**s** der Comic → die Comic**s** der PC → die PC**s** (Personalcomputer) (Herr und Frau) Müller → die Müller**s**

Am häufigsten sind bei **Feminina** Pluralformen auf ***-(e)n,***
bei **Maskulina und Neutra** Plurale **auf -e und ohne Endung.**
Lernen Sie die Nomen immer mit dem Plural.

4. Ergänzen Sie links den Singular und rechts den Plural, immer mit Artikel. A1

Singular	Plural	Singular	Plural
1. das Glas	die Gläser	7. der Bruder	die Brüder
2. ______	die Restaurants	8. das Hobby	______
3. ______	die Tische	9. der Koch	______
4. ______	die Küchen	10. die Köchin	______
5. ______	die Kuchen	11. das Zimmer	______
6. ______	die Formen	12. der Ball	______

5. *Quiz.* Schreiben Sie die Wörter im Plural. A1

1. Wie viele ______ *(Zahn)* hat ein erwachsener Mensch?

   ▢ *26* ▢ *32* ▢ *34*

2. Wie viele ______ *(Landessprache)* gibt es in der Schweiz?

   ▢ *2* ▢ *3* ▢ *4*

3. Welche ______ *(Stadt)* liegen in Deutschland?

   ▢ *Salzburg* ▢ *Bonn* ▢ *Stuttgart*

6. *Obstsalat mit Milchreis.* Schreiben Sie die Wörter im Plural, wenn nötig. A1

(die Portion)	4 Portionen
(die Banane)	4 ______
(die Kiwi)	5 ______
(die Erdbeere)	1 Schale ______
(der Apfel)	6 ______
(der Milchreis)	200 g ______
(die Milch)	½ l ______
(der Zucker)	3 Esslöffel ______

Manche Wörter existieren nur im Singular oder nur im Plural:

nur Singular: *das Fleisch, das Gold, die Milch, das Obst, der Reis, der Zucker, der Hunger, der Durst, die Gesundheit …*

nur Plural: *die Eltern, die Ferien, die Kosten, die Leute …*

Nominativ und Akkusativ

Der Vater fotografiert **den Sohn.**

Der Sohn fotografiert **den Vater.**

Nomen haben im Satz verschiedene Funktionen und verschiedene Kasus (Nominativ, Akkusativ, Dativ, Genitiv). Vor allem Verben und Präpositionen können die verschiedenen Kasus bestimmen.

Das Subjekt des Satzes steht immer im Nominativ.

Verben mit Akkusativ (↑ S. 154):

Subjekt (Nominativ)	Verb	Akkusativobjekt
Der Vater wer? *(Personen)* was? *(Sachen)*	fotografiert	**den Sohn.** wen? *(Personen)* was? *(Sachen)*

Präpositionen mit Akkusativ (↑ S. 262):

- Hier ist ein Geschenk **für den Vater**.

Den Kasus erkennt man vor allem am Artikel *(der, den, ein, einen …)*.

	Maskulinum	Neutrum	Femininum	Plural
Nominativ	der/ein Vater	das/ein Kind	die/eine Tochter	die/– Söhne
Akkusativ	**den/einen** Vater	das/ein Kind	die/eine Tochter	die/– Söhne

Nur im **Maskulinum Singular** ist der Akkusativ anders als der Nominativ.

A1

7. Unterstreichen Sie den Nominativ mit einer Linie und den Akkusativ mit zwei Linien.

1. Die Stifte haben die Schülerinnen und Schüler noch nicht gekauft.

2. Das Kind sucht den Hund.

3. Den Wagen hat mein Bruder noch nicht verkauft.

4. Der neue Nachbar ist ein guter Basketballspieler.

8. Nominativ *(der/das/die)* oder Akkusativ *(den/das/die)*? A1

1. ________ Katze *(f.)* sieht ____________ Maus *(f.)*.
2. ________ Kinder *(Pl.)* essen ____________ Kuchen *(m.)*.
3. ________ Kunde *(m.)* fragt ____________ Verkäufer *(m.)*.
4. ________ Mechanikerin *(f.)* repariert ____________ Wagen *(m.)*.
5. ________ Gäste *(Pl.)* besuchen ____________ Museum *(n.)*.
6. ________ Journalist *(m.)* interviewt ____________ Politikerin *(f.)*.

9. Welche Getränke in der Wortschlange sind maskulin? A1

Wirbestellteneinenrotweineinbiereinecolaeinencappuccinoundeinenmilchkaffee.

Maskuline Nomen: ____

10. *Im Kurs.* Kreuzen Sie den richtigen Artikel im Akkusativ an. A1

1. Die Klasse macht ☐ *ein* ☐ *eine* ☐ *einen* Übung *(f.)*.
2. Die Schüler sprechen ☐ *ein* ☐ *eine* ☐ *einen* Dialog *(m.)*.
3. Die Lehrerin erklärt ☐ *ein* ☐ *eine* ☐ *einen* Wort *(n.)*.
4. Die Klasse sieht ☐ *ein* ☐ *eine* ☐ *einen* Film *(m.)*.
5. Die Schülerinnen lesen ☐ *ein* ☐ *eine* ☐ *einen* Text *(m.)*.
6. Der Lehrer buchstabiert ☐ *ein* ☐ *eine* ☐ *einen* Wort *(n.)*.

11. *Eine Stelle in Hamburg.* Ergänzen Sie den unbestimmten Artikel *(ein, eine, einen ...)*. A2

Felicitas und Lukas Maier leben in Berlin; sie haben ____________ (1) Tochter und ____________ (2) Sohn. Lukas arbeitet aber nicht in Berlin, sondern in Hamburg. Er hat dort ____________ (3) Zimmer *(n.)* in einer WG. Am Montag nimmt er ____________ (4) frühen Zug *(m.)* nach Hamburg, am Donnerstagabend kommt er zurück. Er hat ____________ (5) interessanten Arbeitsplatz *(m.)*, aber das Zugfahren gefällt ihm nicht. Deshalb sucht er jetzt ____________ (6) Stelle *(f.)* in Berlin.

Dativ

Der Kellner bringt **dem Mann** einen Tee.

Der Kellner bringt **der Frau** einen Kaffee.

Verben mit Dativ (und Akkusativ) (↑ S. 156):

Subjekt (Nominativ)	Verb	Dativobjekt	Akkusativobjekt
Der Kellner	bringt	**dem Mann** wem?	einen Tee.

Präpositionen mit Dativ (↑ S. 262):

▶ Lea ist **bei ihren Eltern.**

	Maskulinum	Neutrum	Femininum	Plural
Nominativ	der/ein Mann	das/ein Kind	die/eine Frau	die/– Kellner
Dativ	**dem/einem** Mann	**dem/einem** Kind	**der/einer** Frau	**den**/– Kellner**n**

Im Dativ Singular haben Maskulinum und Neutrum dieselbe Form.

Im Plural haben alle Nomen im Dativ die Endung *-n*.
Ausnahme: Nomen mit Plural auf *-s*
▶ die Autos – den Autos

Früher hatten einige Maskulina und Neutra im Dativ Singular die Endung -e.
Manchmal findet man sie in festen Ausdrücken: *zu Haus**e**, im Jahr**e***.

A1

12. *Im Unterricht.* Kreuzen Sie den richtigen Artikel im Dativ an.

1. Der Lehrer gibt ○ *der* ○ *den* ○ *dem* Schülern die Bücher.
2. Die Kinder geben ○ *dem* ○ *der* ○ *den* Lehrer die Hausaufgabe.
3. Die Lehrerin erklärt ○ *den* ○ *dem* ○ *der* Schülerin ein Wort.
4. Die Lehrerin zeigt ○ *dem* ○ *der* ○ *den* Schüler ein Bild.
5. Martin schreibt ○ *dem* ○ *den* ○ *der* Direktor einen Brief.
6. Simone bringt ○ *der* ○ *den* ○ *dem* Freundinnen Schokolade mit.
7. Die Kinder malen ○ *den* ○ *dem* ○ *der* Eltern ein Bild.

13. Nominativ *(der/das/die)*, Akkusativ *(den/das/die)* oder Dativ *(dem/der/den)*? A1

1. ___________ Kellner *(m.)* gibt ___________ Gästen *(Pl.)* ___________ Speisekarte *(f.)*.
2. ___________ Bedienung *(f.)* bringt ___________ Frau *(f.)* ___________ Kaffee *(m.)*.
3. ___________ Eisverkäuferin *(f.)* gibt ___________ Mädchen *(n.)* ___________ Eis *(n.)*.
4. ___________ Kind *(n.)* gibt ___________ Eisverkäuferin *(f.)* ___________ Euro *(m.)*.
5. ___________ Verkäufer *(m.)* gibt ___________ Mann *(m.)* ___________ Gemüse *(n.)*.
6. ___________ Oma *(f.)* zeigt ___________ Kindern *(n.)* ___________ Fotos *(Pl.)*.

14. *Familie Neumann im Restaurant. Wem schmeckt was?* Ergänzen Sie. A1

die Mutter	der Vater	die Tochter	der Sohn	die Hunde

1. Dem Sohn ___________ schmeckt das Eis.
2. ___________ die Wurst.
3. ___________ das Hähnchen.
4. ___________ der Kuchen.
5. ___________ der Fisch.

15. *Berufe: Wer – wem – was?* Schreiben Sie Sätze. A1

1. der Friseur – die Leute – die Haare – schneidet

   Der Friseur schneidet ...

2. der Kellner – der Lehrerin – ein Kaffee – serviert

   Der Kellner ...

3. die Krankenschwester – eine Patientin – die Medikamente – gibt

   Die Krankenschwester ...

4. der Reiseleiter – die Touristen und Touristinnen – die Stadt – zeigt

   Der Reiseleiter ...

5. die Musikerin – die Journalistin – ein Interview – gibt

   Die Musikerin ...

A1

16. Welche Wörter haben das gleiche Genus? Welches Genus? Welche „Regel“ gilt? Kreuzen Sie an.

Regeln: a) Obstsorten, b) Endung *-ung, -heit, -ion, -schaft*, c) Tage, Monate, Jahreszeiten

1.	2.	3.
☐ September	☐ Zitrone	☐ Zeitung
☐ Montag	☐ Obst	☐ Wahrheit
☐ Sommer	☐ Orange	☐ Drucker
☐ Woche	☐ Birne	☐ Aktion
Genus: ☐ *m.* ☐ *n.* ☐ *f.*	*Genus:* ☐ *m.* ☐ *n.* ☐ *f.*	*Genus:* ☐ *m.* ☐ *n.* ☐ *f.*
„Regel“: ☐ a) ☐ b) ☐ c)	*„Regel“:* ☐ a) ☐ b) ☐ c)	*„Regel“:* ☐ a) ☐ b) ☐ c)

A1

17. Suchen Sie in der Wortschlange die Pluralformen und bilden Sie den passenden Singular mit dem Artikel.

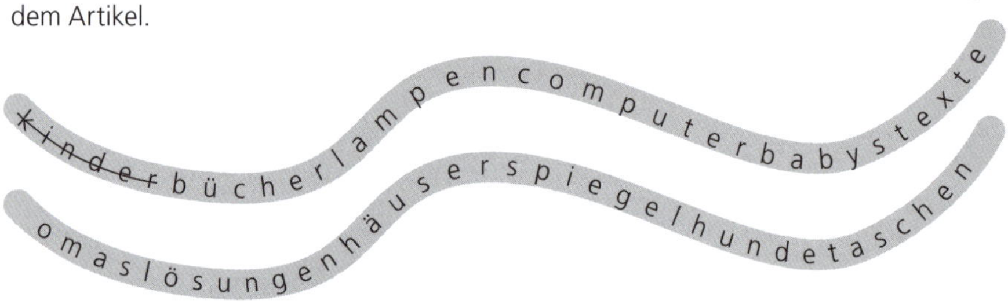

	Singular	Plural
1.	das Kind	die Kinder
2.		
3.		
4.		
5.		
6.		

	Singular	Plural
7.		
8.		
9.		
10.		
11.		
12.		

A1

18. Ergänzen Sie die Wörter im richtigen Kasus.

1. Wer ist das? – Das ist ______________________ *(der Direktor)*.
2. Wen rufst du an? – Ich rufe ______________________ *(eine Freundin)* an.
3. Wem gibst du das Buch? – Ich gebe es ______________________ *(die Lehrerin)*.
4. Was bringst du zur Party mit? – Ich bringe ______________________ *(ein Weißbrot [n.])* mit.
5. Was seht ihr heute im Kino? – Wir sehen ______________________ *(ein Horrorfilm [m.])*.
6. Wem schreibst du die Karte? – Ich schreibe sie ______________________ *(die Zwillinge [Pl.])*.

19. *Alltagsstress.* Kreuzen Sie den richtigen Artikel an. A1

Gleich nach ◯ *das* ◯ *dem* ◯ *den* (1) Aufstehen *(n.)* muss ich ◯ *den* ◯ *die* ◯ *der* (2) Katzen *(Pl.)* Futter geben. Dann trinke ich ◯ *ein* ◯ *einem* ◯ *einen* (3) Tee *(m.)*, höre im Radio ◯ *dem* ◯ *den* ◯ *die* (4) Nachrichten *(Pl.)* und gehe zur Arbeit. Am Abend will ich ◯ *ein* ◯ *einem* ◯ *einen* (5) Apfelkuchen *(m.)* für ◯ *einer* ◯ *eine* ◯ *einem* (6) Party *(f.)* backen. Aber ich brauche noch ◯ *ein* ◯ *eine* ◯ *einen* (7) neues Rezept *(n.)*; letztes Mal hat ◯ *der* ◯ *die* ◯ *dem* (8) Kuchen *(m.)* ◯ *der* ◯ *dem* ◯ *den* (9) Gästen *(Pl.)* nicht so sehr geschmeckt. Vorher gehe ich einkaufen; nach ◯ *dem* ◯ *den* ◯ *der* (10) Einkaufen *(n.)* muss ich zuerst noch ◯ *der* ◯ *die* ◯ *den* (11) Küche *(f.)* aufräumen und spülen, denn ich brauche ◯ *die* ◯ *der* ◯ *das* (12) Schüsseln *(Pl.)* zum Backen.

20. Unterstreichen Sie alle Nomen und schreiben Sie sie in die Tabelle. A2

Heute kauft Stefanie zusammen mit ihrem Mann ein. Das Paar geht auf den Markt. Dort finden sie das beste Obst und Gemüse. Mittags essen sie Fisch in einem Restaurant. Das Restaurant gehört einem Bekannten. Am Nachmittag spielen sie zusammen Tennis und die Nachbarin repariert Stefanies Fahrrad. Am Abend haben Freunde sie zu einer Feier eingeladen; sie bringen einen Nachtisch mit.

Nominativ	Akkusativ	Dativ
Stefanie		(mit ihrem) Mann

Genitiv

Eigennamen

Der Genitiv hat immer ein *-s* und steht vor dem Nomen (ohne Artikel):

▶ Peters Buch, Petras Computer

Eigennamen auf *-s, -ss, -ß, -z, -tz* oder *-x* haben einen Apostroph:
▶ Elias' Schwester, Max' Haus

Nomen

	Maskulinum	**Neutrum**	**Femininum**	**Plural**
Nominativ	der/ein Mann	das/ein Kind	die/eine Frau	die/– Lehrer
Genitiv	**des/eines** Mann**es**	**des/eines** Kind**es**	**der/einer** Frau	**der** Lehrer / – (*Ersatz*: von Lehrern)

Im Genitiv Singular haben Maskulinum und Neutrum dieselbe Endung: *-(e)s*.

Im Femininum ist der Genitiv Singular identisch mit dem Dativ.

Endung **-es**:

▶ immer bei Nomen **auf *-s, -ss, -ß, -x, -tsch, -z*** *(des Haus**es**, des Kuss**es** …)*

▶ meistens bei kurzen Nomen *(des Mann**es**, des Kind**es** …)*

von + Dativ statt Genitiv:

▶ immer bei Nomen **ohne Artikel:**
die Produktion von Milch, der Besuch von Freunden

▶ häufig **in der Umgangssprache / der gesprochenen Sprache:**
das Buch von ihrem Lehrer (*statt:* das Buch ihres Lehrers)

Sie finden die **Genitivendung** und die **Pluralendung** in jedem Wörterbuch, z. B.:
▶ Ort, der, **-[e]s, -e;** Kind, das; **-[e]s, -er;** Flasche, die; **-, -en**
Auf Duden online finden Sie zu vielen Nomen Grammatiktabellen mit allen Formen (↑S. 260).

A1

21. Sagen Sie es mit dem Genitiv.

1. der Vater von Ina:	Inas	Vater
2. die Mutter von Paul:	______	Mutter
3. das Fahrrad von Jens:	______	Fahrrad
4. das Buch von Inge:	______	Buch
5. das Auto von Felix:	______	Auto
6. die Chefin von Patrick:	______	Chefin

22. *Mein Zahnarzt.* Ergänzen Sie die Wörter im Genitiv. B1

Senden	**Von:** l.kramer@mailforyou.com
	An: marty@mailforyou.com
	Betreff: Re: Hast Du einen guten Zahnarzt?

Hallo, Martin,

ja, ich kann Dir helfen: Hier ist die Internetadresse __________________ *(der Zahnarzt)* (1), der mich seit Jahren behandelt: www.zahnarzt-wischnowski.de. Er hat seine Praxis in der Nähe __________________ *(das Stadion)* (2). Die Öffnungszeiten __________________ *(die Praxis)* (3) und die Beschreibung __________________ *(die Anfahrtswege)* (4) stehen auf der Seite.

Liebe Grüße und gute Besserung

Lara

23. *Quiz.* Ergänzen Sie die Wörter im Genitiv. B1

1. Welches Gebäude in Berlin ist der Sitz __________________ *(der Bundestag)*?
2. Wie heißt die Hauptstadt __________________ *(Belgien)*?
3. Wie nennt man die Schwester __________________ *(die Mutter)* oder __________________ *(der Vater)*?

Auch viele Namen von Ländern, Orten und Kontinenten bilden den Genitiv mit *-s*; er kann **hinter** oder **vor** dem Nomen stehen:
▶ die Hauptstadt Österreich**s** = Österreich**s** Hauptstadt

24. *Benutzungsordnung der Bibliothek.* Wann ist *von + Dativ* obligatorisch? B1

1. Rauchen ist innerhalb __________________ *(die Leseräume)* verboten.
2. Das Mitbringen __________________ *(Speisen)* in die Leseräume ist nicht erlaubt.
3. Das Hören __________________ *(Musik)* ist in den Leseräumen nur mit Kopfhörer erlaubt.
4. Die Benutzung __________________ *(Handschriften)* ist nur in den Räumen __________________ *(die Bibliothek)* möglich.
5. Die Karten für die Nutzung __________________ *(das Kopiergerät)* sind am Eingang erhältlich.

n-Deklination

Nomen der *n*-Deklination haben außer im Nominativ Singular immer die Endung ***-(e)n***.

	Singular	**Plural**
Nominativ	der/ein Praktikant	die/– Praktikant**en**
Akkusativ	den/einen Praktikant**en**	die/– Praktikant**en**
Dativ	dem/einem Praktikant**en**	die/– Praktikant**en**
Genitiv	des/eines Praktikant**en**	der/– Praktikant**en**

Zur *n*-Deklination gehören nur maskuline Nomen:

Nomen für Menschen und Tiere **auf *-e***	der Jung**e**, der Kund**e**, der Löw**e** …
▶ auch: Nationalitäten **auf *-e***	der Franzos**e**, der Pol**e**, der Portugies**e** … *Ausnahme:* der Deutsch**e** (↑ S. 68–69)
▶ auch: Berufe **auf *-oge***	der Biol**oge**, der Pädag**oge** …
Nomen **auf *-and, -ant, -ent, -ist, -at***	der Doktor**and**, der Praktik**ant**, der Pati**ent**, der Poliz**ist**, der Autom**at** …
wenige andere Nomen	der Herr, der Mensch, der Nachbar, der Bauer, der Bär …

Ausnahmen:
Wenige Nomen der *n*-Deklination haben im Genitiv Singular ein *-s:*
▶ der Name → des Namen**s**, der Gedanke → des Gedanken**s**,
der Buchstabe → des Buchstaben**s**, der Frieden → des Frieden**s**,
der Wille → des Willen**s**, das Herz → des Herzen**s** *(einziges Neutrum)*

Maskuline Nomen auf *-or* gehören **nicht** zur *n*-Deklination:
▶ der Autor, den Autor, dem Autor, des Autors; die Autoren

B1 **25.** Unterstreichen Sie die Nomen mit *n*-Deklination.

der Affe • der Biologe • die Dame • das Dokument • der Dozent • die Dozentin • die Fliege • die Giraffe • der Grieche • der Hase • der Herr • der Ingenieur • der Italiener • der Junge • das Labor • der Lehrer • die Lehrerin • das Mädchen • der Mensch • der Migrant • der Nachbar • der Österreicher • der Portugiese • der Russe • der Schimpanse • der Student • der Türke • der Tourist

26. Schreiben Sie jetzt die unterstrichenen Nomen aus Übung **25** in die Tabelle.

B1

Nomen auf -e (auch: -*oge*)	**Nomen auf *-and, -ant, -ent, -ist, -at***	**Andere Nomen**
der Affe		

27. *Gespräch unter Kollegen.* Ergänzen Sie die Nomen in der richtigen Form.

B1

- Kennst du den ______________________ *(Herr)* (1) dort am ______________________ *(Kaffeeautomat)* (2) neben dem ______________ *(Direktor)* (3)?
- Ich habe von einem ______________ *(Kollege)* (4) gehört, dass er für einen großen ______________ *(Kunde)* (5) unserer ______________ *(Firma)* (6) arbeitet.
- Du meinst den ______________________ *(Lieferant)* (7) aus Toulouse?
- Nein, ich meine den ______________________ *(Filmproduzent)* (8) aus Paris.

28. Ergänzen Sie die Endungen, wenn nötig.

B1

1. Der Journalist_____ bittet den Präsident_____ um ein Interview_____.
2. Der Präsident_____ spricht mit dem Journalist_____.
3. Das Büro_____ des Architekt_____ ist neben dem Geschäft_____ des Fotograf_____.
4. Die Größe_____ des Apartment_____ ist ideal, aber die Miete_____ ist für einen Student_____ zu hoch.
5. Mein Hund_____ wird regelmäßig von meinem Nachbar_____ gefüttert.

Alles verstanden?

B1 **29.** Ergänzen Sie die Sätze mit einem Genitiv.

1. Ist Silke die Freundin von Timo? – Ja, Silke ist ______________________ Freundin.

2. Ist Jens der Bruder von Heike? – Ja, Jens ist ______________________ Bruder.

3. Wo ist das beste Restaurant ______________________ *(die Stadt)*?

4. Wo arbeitet Daniela? – Sie ist die Direktorin ______________________ *(das Stadtmuseum)*.

5. Wer ist das? – Das ist der Trainer ______________________ *(das Team)*.

B1 **30.** *Das Bundesland Nordrhein-Westfalen.* Ergänzen Sie die Sätze mit einem Genitiv.

Nordrhein-Westfalen ist das bevölkerungsreichste Bundesland ______________________ *(die Bundesrepublik Deutschland)* (1). Die Hauptstadt ______________________ *(das Land)* (2) ist Düsseldorf, aber die größte Stadt ist Köln – mit mehr als einer Million Einwohnern. Rund 50 Jahre lang war sogar der Sitz ______________________ *(die Bundesregierung)* (3) in Nordrhein-Westfalen, nämlich in Bonn. Der wirtschaftliche Erfolg ______________________ *(Nordrhein-Westfalen)* (4) basierte seit dem 19. Jahrhundert vor allem auf der Industrialisierung und dem Bergbau. Nach dem Rückgang ______________________ *(der Bergbau)* (5) hat sich das Land stark verändert.

B1 **31.** Schreiben Sie Sätze mit Akkusativ- und Dativobjekten.

1. ein Polizist – ein Passant – den Weg zum Bahnhof – beschreiben

Ein Polizist ... ______________________

2. die Lehrerin – die Kinder – die Grammatikregeln – erklären

Die Lehrerin ... ______________________

3. der Verkäufer – ein Kunde – bedienen

Der Verkäufer ... ______________________

4. der Vater – der Junge – ein Eis – kaufen

Der Vater ... ______________________

5. meine Freundin – ihr Neffe – besuchen

Meine Freundin ... ______________________

32. Ergänzen Sie die fehlenden Formen.

B1

	Singular				Nominativ Plural
	Nominativ	Akkusativ	Dativ	Genitiv	
1.	das Auto				
2.		den Lehrer			
3.				der Mutter	
4.	der Praktikant				
5.	die Praktikantin				
6.	das Herz				
7.					die Nachbarn
8.				des Herrn	
9.			dem Jungen		
10.	der Pole				
11.				des Buchstabens	

Welche dieser Nomen gehören zur *n*-Deklination?

____

____

33. Ergänzen Sie die Endung, wenn nötig.

B1

1. Für das neue Haus brauchen wir noch einen Innenarchitekt_____, einen Maurer_____, einen Gartenarchitekt_____ und einen Gärtner_____.
2. Ich glaube, das ist das Schloss eines Graf_____ oder eines Fürst_____.
3. Hier sind Lisa_____, Jürgen_____, Andreas_____ und Susanne_____ Schuhe.
4. Die Spaghetti sind für den Herr_____, der dort am Fenster sitzt.
5. Der Zoobesucher gibt dem Affe_____ eine Banane_____.

Bestimmter und unbestimmter Artikel: Formen

Nächstes Jahr wollen wir **eine** Weltreise machen.

Oh, wie lange soll **die** Reise denn dauern?

Artikel stehen vor einem Nomen. Sie zeigen sein Genus *(Maskulinum, Femininum, Neutrum)*, seinen Numerus *(Singular, Plural)* und seinen Kasus *(Nominativ, Akkusativ, Dativ, Genitiv)* an.

Bestimmter *(= definiter)* Artikel

	Maskulinum	Neutrum	Femininum	Plural
Nominativ	**der** Mann	**das** Kind	**die** Frau	**die** Leute
Akkusativ	**den** Mann	**das** Kind	**die** Frau	**die** Leute
Dativ	**dem** Mann	**dem** Kind	**der** Frau	**den** Leuten
Genitiv	**des** Mannes	**des** Kindes	**der** Frau	**der** Leute

Unbestimmter *(= indefiniter)* Artikel

	Maskulinum	Neutrum	Femininum	Plural
Nominativ	**ein** Mann	**ein** Kind	**eine** Frau	– Leute
Akkusativ	**einen** Mann	**ein** Kind	**eine** Frau	– Leute
Dativ	**einem** Mann	**einem** Kind	**einer** Frau	– Leuten
Genitiv	**eines** Mannes	**eines** Kindes	**einer** Frau	– meist Ersatz: von Leuten *(von + Dat.)*

Der unbestimmte Artikel hat keine Pluralform:
- ▶ Sie hat ihrem Vater **ein** Buch gegeben.
- ▶ Sie hat ihrem Vater Bücher gegeben.

A1 **34.** Ergänzen Sie den bestimmten Artikel im Nominativ und Akkusativ.

1. Wo ist denn _______ Brötchen *(n.)*? – Ich habe _______ Brötchen schon gegessen.
2. Bitte machen Sie _______ Handys *(Pl.)* aus. Gleich beginnt _______ Prüfung *(f.)*.
3. *(Auf dem Markt:)* Sind _______ Äpfel *(Pl.)* frisch? – Ja, der Bauer hat _______ Äpfel gerade geliefert.
4. Warum hast du _______ Installateur *(m.)* gerufen? – _______ Heizung *(f.)* ist kaputt; _______ Installateur repariert _______ Heizung.
5. _______ Unterricht *(m.)* beginnt heute erst um vier Uhr. – Wirklich? Ich habe _______ Lehrer schon gesehen.

35. *Was ist das?* Ergänzen Sie den unbestimmten Artikel. A1

1. Die Schweiz ist _______ Land *(n.)*. Deutschland und Österreich sind auch _______ Länder.
2. Berlin ist _______ Stadt *(f.)*. Hamburg und München sind auch _______ Städte.
3. Der Rhein ist _______ Fluss *(m.)*. Die Elbe und die Donau sind auch _______ Flüsse.
4. Der Bodensee ist _______ See *(m.)*, aber die Nordsee ist _______ Meer *(n.)*.
5. Die Zugspitze ist _______ Berg *(m.)*, aber die Alpen sind _______ Gebirge *(n.)*.

36. *Im Stadtzentrum.* Ergänzen Sie den unbestimmten Artikel.

Ich wohne mitten im Stadtzentrum. In meiner Straße gibt es drei Cafés, _______ (1) Restaurant *(n.)* und _______ (2) Club *(m.)*. Der Club gehört _______ (3) Künstler *(m.)*. Außerdem befindet sich hier auch _______ (4) Bäckerei *(f.)*. Dort kann man schon morgens um fünf Uhr _______ (5) frische Croissants *(Pl.)* kaufen. Direkt neben der Bäckerei ist _______ (6) Supermarkt *(m.)*; er ist von Montag bis Samstag 24 Stunden am Tag geöffnet!

37. *Das Wetter in Deutschland.* Ergänzen Sie den bestimmten Artikel. A2

Wie kann man _______ (1) Wetter *(n.)* in Deutschland beschreiben? Am häufigsten scheint _______ (2) Sonne *(f.)* im Süden; durchschnittlich 4,5 Stunden am Tag. _______ (3) sonnigste Stadt *(f.)* in Deutschland ist Freiburg. _______ (4) Wetter *(n.)* in _______ (5) Sommermonaten *(Pl.)* ist oft schön. Es gibt aber auch viele Regentage. Im Herbst ist es manchmal sehr windig. _______ (6) Wind *(m.)* ist dann oft schon sehr kalt. Im Winter kann es schneien. Dann sind _______ (7) Straßen *(Pl.)* glatt, und _______ (8) Autos *(Pl.)* auf _______ (9) Straßen fahren sehr langsam. Die meisten Deutschen mögen _______ (10) Sommer *(m.)* am liebsten.

38. Ergänzen Sie den bestimmten oder den unbestimmten Artikel. B1

1. Das ist *der Mann einer Kollegin* *(der Mann – eine Kollegin)*.
2. Wir sprechen mit ______________________________ *(die Direktorin – die Schule)*.
3. Im Stadtmuseum hängen ______________________________ *(die Bilder – ein bekannter Maler)*.

Bestimmter und unbestimmter Artikel: Funktionen

Heute habe ich mir **eine** neue Tasche gekauft.

Die Tasche ist blau.

Den bestimmten und den unbestimmten Artikel benutzt man in den folgenden Fällen:

Bestimmter Artikel

Personen/Sachen, die man schon genannt hat	Gestern habe ich einen Deutschlehrer kennengelernt. (…) **Der** Deutschlehrer hat gesagt, dass …
Allgemein bekannte Personen/Sachen, z. B. – Sonne, Mond, Planeten – Flüsse, Berge	Heute scheint **die** Sonne. **Die** Donau fließt durch Passau.
Nomen mit Adjektiv im Superlativ	Die Donau ist **der** längste Fluss Deutschlands.
Nomen mit Ordnungszahl; Datum	Sie bekommt **das** dritte Kind. Heute ist **der** 6. April.
Personen/Sachen, die allgemein für *alle* dieser Art stehen	**Die** Kartoffel stammt aus Amerika.

Unbestimmter Artikel

Personen/Sachen, die neu sind, also noch nicht bekannt	Gestern habe ich **einen** Deutschlehrer kennengelernt.

A1 **39.** *Im Kaufhaus.* Ergänzen Sie den bestimmten oder den unbestimmten Artikel.

- Guten Tag. Ich suche __________ (1) Jacke *(f.)* für ________ (2) Winter *(m.)*.
- Winterjacken sind dort bei ________ (3) Rolltreppe *(f.)*.
- Außerdem brauche ich noch ________ (4) Hemd *(n.)* und ____________ (5) Schal *(m.)*.
- Schals sind dort bei ________ (6) Wintersachen, neben ________ (7) Schuhabteilung *(f.)*; Hemden sind im ersten Stock.
- Haben Sie auch Taschen? Ich suche noch __________ (8) Reisetasche *(f.)*.
- Koffer und Taschen gibt es im zweiten Stock.
- Vielen Dank.

40. Ergänzen Sie den bestimmten oder den unbestimmten Artikel. A2

1. Maria, du bist immer _______ Letzte!
2. Gestern Abend habe ich _________ tollen Film *(m.)* gesehen.
3. Das ist _______ schönste Buch *(n.)*, das ich jemals gelesen habe.
4. In diesen Nächten scheint _________ Mond *(m.)* besonders hell.
5. _______ Rhein *(m.)* fließt durch Köln und Bonn.
6. Mein Freund will mir zum Geburtstag _________ Kuchen *(m.)* backen.
7. Für das Rezept brauche ich _______ Kilo *(n.)* Mehl, sechs Eier und _________ Liter *(m.)* Milch.

> Das Zahlwort „1" ist identisch mit dem unbestimmten Artikel, wenn man es vor dem Nomen verwendet:
> ▶ Ich habe zwei Brüder und **eine** Schwester.

41. Ergänzen Sie den bestimmten oder den unbestimmten Artikel. A2

1. Heute ist Montag, _______ erste Mai. _______ erste Mai ist in Deutschland, Österreich und teilweise in der Schweiz _______ Feiertag *(m.)*. _______ Geschäfte *(Pl.)* sind geschlossen.
2. In unserer Stadt gibt es ____________ neuen Park. In _______ Mitte *(f.)* _______ Parks ist _______ Grillplatz *(m.)*. _______ Grillplatz ist _________ größte der Stadt.
3. _______ Kartoffel *(f.)* kommt aus Amerika. Aber woher kommen _______ Pommes frites *(Pl.)*? Wer hat _______ Nudeln *(Pl.)* erfunden? Wer hat _______ erste Pizza *(f.)* gebacken, wer hat _______ ersten Döner gemacht? Und wer hat _______ erste Bier *(n.)* getrunken?

42. Ergänzen Sie den bestimmten oder den unbestimmten Artikel. A2

Sag mal, wo gibt es denn hier _______ (1) beste Eis *(n.)* in _______ (2) Stadt *(f.)*?

Das gibt es in _______ (3) Eisdiele *(f.)* *Venezia* am Marktplatz.

Und wo kann man _______ (4) gute Pizza *(f.)* essen?

In _______ (5) Pizzeria *(f.)* *Roma*, direkt bei uns in _______ (6) Straße *(f.)*.

Und gibt es hier auch _______ (7) Buchgeschäft *(n.)*?

Ja, in der Bahnhofstraße. Suchst du _______ (8) bestimmtes Buch *(n.)*?

Ich suche _______ (9) Buch über die Geschichte Österreichs.

Das findest du dort sicher.

Danke für den Tipp!

Nullartikel: Funktionen

Nomen können manchmal auch **ohne** Artikel stehen.

Kein Artikel („Nullartikel" = Ø)

im Plural, wenn im Singular der unbestimmte Artikel steht (↑ S. 28)	*Singular:* Ich muss eine Birne kaufen. *Plural:* Ich muss Ø Birnen kaufen.

nicht zählbare Dinge	Wir trinken Ø Wein. Der Ring ist aus Ø Gold.
abstrakte Nomen	Hast du Ø Zeit? Haben Sie genug Ø Platz?
Eigennamen	Ø Linus wohnt jetzt nicht mehr hier.
Berufe, Nationalitäten, Sprachen	Gabriele ist Ø Ärztin. Andreas ist Ø Österreicher. Federico spricht Ø Italienisch.
Fahrzeuge, Instrumente, Studienfächer, Sportarten	Ich fahre Ø Fahrrad. Ich spiele Ø Flöte. Er studiert Ø Jura. Sie spielt Ø Volleyball.
Kontinente; die meisten Städte, Länder	Ich komme aus Ø Amerika/Bremen/Ägypten.

Manche Länder stehen **mit bestimmtem Artikel,** z. B.:
▸ **der** Irak, **der** Iran, **die** Niederlande, **die** Schweiz, **die** Slowakei, **die** Türkei, **die** Ukraine, **die** USA (= **die** Vereinigten Staaten von Amerika)

A1

43. *Eine Band.* Ergänzen Sie den Artikel, wenn nötig.

1. Das ist ________ Svetlana. Sie kommt aus ________ Russland *(n.)*. Sie spricht ________ Russisch und ________ Deutsch. Sie ist ________ Sängerin.

2. Das ist ________ Irina. Sie ist ________ Kollegin von ________ Svetlana. Sie kommt aus ________ Polen *(n.)*. Sie ist ________ Polin. Irina spielt ________ Gitarre *(f.)*.

3. Das ist ________ Michael. Er kommt aus ________ USA. Er ist ________ Kollege von ________ Svetlana und ________ Irina und spielt ____________ Keyboard *(n.)*.

4. ________ drei machen zusammen ________ Musik *(f.)*.

Anne ist **Ø** Journalistin.

In der Umgangssprache verwendet man oft auch vor Eigennamen den bestimmten Artikel, vor allem im Süden Deutschlands, in Österreich und der Schweiz, oft auch in Mitteldeutschland:
▶ **Die** Irina spielt Gitarre.

44. *Ein Interview.* Ergänzen Sie den Artikel, wenn nötig. A2

Daniel, du bist ________ (1) Student hier an ________ (2) Uni *(f.)*. Was studierst du denn?

Erst habe ich zwei Semester ________ (3) Sport *(m.)* studiert, aber jetzt habe ich endlich einen Studienplatz für ________ (4) Medizin *(f.)* bekommen.

Du möchtest ________ (5) Arzt werden?

Ja, __________ (6) sehr guter Arzt. Das ist ________ (7) interessanteste Beruf *(m.)*, den ich mir vorstellen kann.

Hast du denn neben dem Studium noch ____ (8) Zeit *(f.)* für ____ (9) Hobbys *(Pl.)*?

Ja, klar! Ich spiele ________ (10) Fußball *(m.)* in ________ (11) Verein *(m.)*. Wir trainieren dreimal in ________ (12) Woche *(f.)*. Nach __________ (13) Sport *(m.)*, wenn ich draußen an ________ (14) Luft *(f.)* war, kann ich auch besser lernen.

Daniel, viel Spaß und viel Erfolg! Und danke für ________ (15) Interview *(n.)*.

Wenn eine Person/Sache näher bestimmt ist, steht immer ein Artikel:
▶ Isabell ist Ø Köchin. – Isabell ist **eine bekannte** Köchin.

45. *Im Restaurant.* Ergänzen Sie den Artikel, wenn nötig. A2

1. Ich hätte gerne ________ Wurst *(f.)* mit ________ Pommes frites *(Pl.)* und ________ Ketchup *(n.)* und dazu bitte ________ großes Wasser.
2. Für mich bitte ________ Spaghetti *(Pl.)* und __________ kleinen Orangensaft.
3. Und ich hätte gerne ________ Tasse *(f.)* Kaffee mit ________ Milch *(f.)*.

46. *Echt oder künstlich?* Ergänzen Sie den Artikel, wenn nötig. B1

1. _____ Blumen *(Pl.)* sind aber schön. Sind die echt? – Nein, sie sind aus ____ Plastik *(n.)*.
2. Ist ______ Ring *(m.)* aus _____ Gold *(n.)*? – Nein, der ist aus ________ 1-Euro-Shop *(m.)*.
3. Ich trage nur ________ Kleidung *(f.)* aus ________ natürlichen Materialien *(Pl.)*. ________ Schuhe *(Pl.)* sind aus ________ Leder *(n.)*, und ________ Pullover *(m.)* ist zu 100 Prozent aus ________ Baumwolle *(f.)*.

Alles verstanden?

A1 **47.** Ergänzen Sie den Artikel, wenn nötig.

1. Am Freitag habe ich ________ Jacke *(f.)* für ________ Winter *(m.)* gekauft. ________ Jacke ist grau.

2. Maryam hat mir ________ Pullover *(m.)* geschenkt. ________ Pullover ist aus ________ Wolle *(f.)*.

3. Ich habe gestern ________ neuen Rucksack *(m.)* besorgt. ________ Rucksack brauche ich zum Einkaufen.

4. In meiner Handtasche ist immer ________ Portemonnaie *(n.)*. ________ Portemonnaie habe ich in der Stadt gekauft.

A2 **48.** Ergänzen Sie den Artikel, wenn nötig.

1. Schau mal, deine Schwester hat dir ____________ Brief *(m.)* geschrieben. – Oh, gibst du mir ________ Brief mal?

2. Warst du schon mal hier in ________ Stadtbibliothek *(f.)*? – Ja, warum fragst du? – Gibt es hier auch ________ Wörterbücher *(Pl.)*? – Das weiß ich nicht. Aber wenn du ________ Buch *(n.)* ausleihen möchtest, brauchst du ________ Bibliotheksausweis *(m.)*.

3. Habt ihr ________ Sofa *(n.)* gekauft, das ihr im Internet gesehen habt? – Nein. Wir haben es uns danach im Möbelhaus angesehen, aber auf ________ Foto *(n.)* hat es uns besser gefallen.

A2 **49.** *Wegbeschreibungen*. Ergänzen Sie den Artikel, wenn nötig.

Entschuldigung, können Sie mir sagen, ob es hier in ________ (1) Nähe *(f.)* ________ (2) Post *(f.)* gibt? – Ja, ungefähr fünf Minuten von hier. Gehen Sie geradeaus und an ________ (3) zweiten Kreuzung nach rechts. Dort sehen Sie dann nach hundert Metern auf ________ (4) linken Seite *(f.)* ________ (5) Post.

Verzeihung, wo finde ich ________ (6) Stadtschwimmbad *(n.)*? – Am besten fahren Sie __________ (7) drei Stationen mit ________ (8) Buslinie 3 *(f.)*. Von ________ (9) Haltestelle *(f.)* geht ________ (10) Fußweg *(m.)* direkt zum Schwimmbad. Folgen Sie einfach ________ (11) anderen Leuten, die Sie sehen.

50. Ergänzen Sie den Artikel, wenn nötig. A2

Hallo! Ich bin ____________ (1) Ahmet. Ich wohne seit zwanzig Jahren in ____________ (2) Mannheim *(n.)*, aber geboren bin ich in ____________ (3) Türkei *(f.)*. Ich bin ____________ (4) Ingenieur und mache jetzt eine Ausbildung als ____________ (5) Pilot. In meiner Freizeit spiele ich ____________ (6) Fußball *(m.)* in ____________ (7) Club *(m.)*.

Grüezi! Mein Name ist ____________ (8) Miriam Koch und ich wohne in ____________ (9) Basel *(n.)*. Ich werde in zwei Wochen 18; mein Geburtstag ist übrigens ____________ (10) 31. Dezember *(m.)* – Silvester! Ich gehe noch in ____________ (11) Schule *(f.)*. Danach möchte ich am liebsten ____________ (12) Designerin werden. Zweimal in ____________ (13) Woche *(f.)* arbeite ich als ____________ (14) Babysitterin.

Guten Tag, ich bin Max aus ____________ (15) Wien *(n.)*. Ich bin seit 30 Jahren ____________ (16) Lehrer für ____________ (17) Englisch und ____________ (18) Deutsch. ____________ (19) Sprachen sind mein großes Hobby: Ich spreche auch ____________ (20) Russisch und ____________ (21) Ungarisch. Außerdem spiele ich gut ____________ (22) Gitarre *(f.)* und singe in ____________ (23) Chor *(m.)*. Ich bin verheiratet und habe drei erwachsene Kinder: zwei Töchter und ____________ (24) Sohn. Wir haben auch ____________ (25) Hund; ____________ (26) Hund heißt ____________ (27) Sammy.

51. *Quiz: Superlative.* Ergänzen Sie den Artikel, wenn nötig. B1

1. Wie heißt ________ größte Stadt *(f.)* ________ Schweiz *(f.)*?
2. Wann ist ________ längste Tag *(m.)* ________ Jahres *(n.)*?
3. Welches ist ________ meistgesprochene Sprache *(f.)* ________ Welt *(f.)*?
4. Was ist ________ größte Insel *(f.)* ________ Europas *(n.)*?

Personalpronomen

Yvonne ist meine Nachbarin.

Sie arbeitet in einem Hotel.
Ich sehe **sie** oft im Treppenhaus.
Wenn ich im Urlaub bin,
gebe ich **ihr** meinen Briefkastenschlüssel.

Personalpronomen ersetzen Nomen:

Tobias ist Yvonnes Freund. → **Er** ist Yvonnes Freund.
Ich kenne **Tobias** vom Fußballtraining. → Ich kenne **ihn** vom Fußballtraining.
Tobias und Yvonne feiern oft Partys. → **Sie** feiern oft Partys.

Nur in der 3. Person Singular unterscheidet man das Genus (Maskulinum, Femininum und Neutrum).

	Nominativ	Akkusativ	Dativ
	ich	mich	mir
	du	dich	dir
Maskulinum	er	ihn	ihm
Femininum	sie	sie	ihr
Neutrum	es	es	ihm
	wir	uns	uns
	ihr	euch	euch
	sie	sie	ihnen
	Sie	Sie	Ihnen

Die Höflichkeitsformen *Sie* und *Ihnen* (auch den Possessivartikel / das Possessivpronomen *Ihr*, ↑ S. 40) schreibt man immer groß.

Struktur (↑ S. 194)
Pronomen + Nomen → erst Pronomen, dann Nomen
Pronomen + Pronomen → erst Akkusativ, dann Dativ

POS. 1	POS. 2	
Wir	schenken	ihr ein Buch.
Wir	schenken	es ihr.

A1 **52.** *Unsere Wohngemeinschaft.* Ergänzen Sie die Personalpronomen.

1. Das ist Jana. ________ unterrichtet Englisch. Das ist Frank. ___________ ist Taxifahrer.

2. Hanna und Malte wohnen auch hier. ________ studieren Mathematik.

3. Und was machst ________? – ________ arbeite als Köchin in einem Restaurant.

53. *Eine Geburtstagseinladung.* Ergänzen Sie die Personalpronomen.

A2

Senden

Von: s.neumann@mailforyou.com
An: m.huber@mailforyou.com, m.schmitt@mailforyou.com
Betreff: Einladung zur Grillparty

Liebe Marie, lieber Matthias,

am Mittwoch feiere ________ (1) eine Grillparty im Park und lade ____________ (2) herzlich ein. Ich hoffe, ________ (3) habt Zeit! Den genauen Ort erkläre ich _____________ (4) am besten am Telefon. Matthias, möchtest ________ (5) auch Deinen Bruder mitbringen? Ich habe __________ (6) neulich bei einer Feier kennengelernt, habe aber seine E-Mail-Adresse nicht. Ich würde mich freuen, ____________ (7) alle wiederzusehen!

Liebe Grüße

Sofie

In Briefen, E-Mails und Kurznachrichten kann man auch *du, dir, dich* (und den Possessivartikel / das Possessivpronomen *dein, euer,* ↑ S. 40) großschreiben.

54. *Gute Besserung.* Ergänzen Sie die Personalpronomen.

A2

- Guten Tag, Frau Müller. Wie geht es _____________ (1)?
- Nicht so gut. Mein Mann ist im Krankenhaus, ____________ (2) hatte einen Unfall.
- Oh, das tut ______________ (3) leid! Was ist denn passiert?
- Eine Autofahrerin hat _______________ (4) beim Abbiegen nicht gesehen; __________ (5) hat zu spät gebremst. Aber es geht ___________ (6) schon wieder etwas besser.
- Der Arme! Dann wünschen Sie __________ (7) doch bitte gute Besserung von ___________ (8), wenn Sie ___________ (9) wieder besuchen.

55. Ersetzen Sie die unterstrichenen Satzteile durch ein Personalpronomen.

A2

1. Hast du Tobias dein Fahrrad geschenkt?

   Hast du es ihm geschenkt?

2. Hast du Elisa deine Nummer gegeben?

   ____

3. Kannst du dem Lehrer deine Adresse aufschreiben?

   ____

Demonstrativartikel/-pronomen

Demonstrativartikel: mit Nomen	Demonstrativpronomen: ohne Nomen
Möchten Sie **das** Brot? Möchten Sie **dieses** Brot?	– Nein, ich möchte **das**. – Nein, ich möchte **dieses**.

Demonstrativartikel

- *der/das/die* (gleiche Form wie bestimmter Artikel, ↑ S. 26, aber betont)
- *dieser/dieses/diese*: Endungen wie bestimmter Artikel *der/das/die* (↑ S. 26):

	Maskulinum	Neutrum	Femininum	Plural
Nominativ	der dies**er**	das dies**es**	die dies**e**	die dies**e**
Akkusativ	den dies**en**	das dies**es**	die dies**e**	die dies**e**
Dativ	dem dies**em**	dem dies**em**	der dies**er**	den dies**en**
Genitiv	des dies**es**	des dies**es**	der dies**er**	der dies**er**

Demonstrativpronomen

- gleiche Form wie Demonstrativartikel
- *Ausnahme:* Dativ Plural von *der/das/die* = **denen**;
  Genitiv = **dessen/dessen/deren/deren** (selten)
  Das sind die Katzen von meiner Nachbarin. **Denen** habe ich gestern Futter gegeben.

> In der gesprochenen Sprache benutzt man das Demonstrativpronomen *der, das, die* häufig zusammen mit *da, hier, da hinten, hier vorn* usw.
> ▶ der da, das da hinten

A1 **56.** Ergänzen Sie den Demonstrativartikel *dieser/dieses/diese.*

1. Fährt ____________ Zug *(m.)* nach Stuttgart? – Nein, ____________ Zug fährt nach Frankfurt.

2. Gehört ________________ Auto *(n.)* Ihnen? – Ja. – Sie dürfen hier leider nicht parken.

3. Wer sind denn ________________ Leute *(Pl.)* dort? – Das sind meine Kollegen.

4. Kann ich mit ________________ Fahrkarte *(f.)* auch bis zum Bahnhof fahren?

5. Heute regnet es den ganzen Tag. Bei _____________ Wetter *(n.)* bleibe ich zu Hause.

In Sätzen mit *sein* verwendet man normalerweise immer das **neutrale** Demonstrativpronomen *das*, wenn das Nomen später folgt:
▶ **Das** ist mein Vater. **Das** ist meine Mutter. **Das** sind meine Kinder.

57. *In der Schule.* Ergänzen Sie das Demonstrativpronomen *der/das/die*. A1

1. Wer ist denn diese Frau dort? – ◯ *Der* ◯ *Das* ◯ *Die* ist unsere Lehrerin.
2. Und der Herr dort drüben? – ◯ *Der* ◯ *Das* ◯ *Die* ist auch ein Lehrer.
3. Ist ◯ *der* ◯ *das* ◯ *die* unser Kursraum *(m.)*? – Ja, unser Kurs findet hier statt.

58. *Getränkeeinkauf.* Ergänzen Sie das Demonstrativpronomen *der/das/die*. A2

● Welches Mineralwasser sollen wir nehmen? ________ (1) oder ________ (2)?

○ Nimm doch einfach ________ (3) hier. ________ (4) ist billiger.

● Und welcher Wein ist besser? ________ (5) hier oder ________ (6) da?

○ ________ (7) weiß ich nicht. Aber ________ (8) hier schmeckt ganz gut. ________ (9) habe ich schon einmal getrunken.

● Gut, dann nehmen wir ________ (10). Und dann brauchen wir noch Säfte. Sollen wir ________ (11) hier nehmen?

○ ________ (12) hier sind nicht so gut. ________ (13) da drüben sind ein bisschen teurer, aber viel besser.

● Gut, dann nehmen wir sechs Flaschen von ____________ (14).

59. *Die kenne ich doch!* Ergänzen Sie das Demonstrativpronomen *der/das/die*. A2

● Heute Morgen hat jemand angerufen, der dich sprechen wollte. Er heißt Paul Wegner. Kennst du __________ (1)?

○ Na klar! __________ (2) kenne ich schon lange; __________ (3) war mit mir in der Schule.

● Die Frau da drüben, _________ (4) kennen wir doch, oder?

○ Ja, ________ (5) ist Ina, die Frau von Richard. Mit __________ (6) hast du auf unserer letzten Gartenparty getanzt.

● Stimmt, Ina und Richard! Bei ___________ (7) waren wir doch neulich eingeladen, hatten aber keine Zeit … Ich gehe gleich mal zu ihr!

Frageartikel/-pronomen, andere Fragewörter

Frageartikel: mit Nomen	**Fragepronomen: ohne Nomen**
Welches Kleid findest du besser? **Was für ein** Buch suchst du?	– Das blaue. Und **welches** magst *du* lieber? – Einen Krimi. Und **was für eins** suchst *du*?

welcher/welches/welche

- Formen: Frageartikel = Fragepronomen
- Endungen wie bestimmter Artikel *der/das/die* (↑ S. 26):

	Maskulinum	**Neutrum**	**Femininum**	**Plural**
Nominativ	welch**er**	welch**es**	welch**e**	welch**e**
Akkusativ	welch**en**	welch**es**	welch**e**	welch**e**
Dativ	welch**em**	welch**em**	welch**er**	welch**en**
Genitiv	welch**es/-en**	welch**es/-en**	welch**er**	welch**er**

was für ein(er)/ein(es)/eine

- Frageartikel: Endungen wie unbestimmter Artikel *ein/ein/eine* (↑ S. 26)
- Fragepronomen: Endungen wie *meiner …, einer …, keiner …* (↑ S. 40, 46)

welches: begrenzte Wahl zwischen mehreren (gegebenen) Möglichkeiten
- An ***welcher*** Station muss ich aussteigen? – Am Königsplatz.

was für ein: offene Entscheidung für eine Art, einen Typ
- ***Was für ein*** Buch hast du gekauft? – Ein Wörterbuch.

Weitere Fragewörter:

***wer* (Personen), *was* (Sachen)**

Nominativ	wer/was	**Wer** hat angerufen?	– Mein Vater.
Akkusativ	wen/was	**Wen** hast du begrüßt?	– Meinen Vater.
Dativ	wem	**Wem** gibst du die Blumen?	– Meinem Vater.
Genitiv	wessen	**Wessen** Hund ist das?	– Reginas Hund.

wo	**Wo** warst du gestern?	– Im Kino.
wohin	**Wohin** gehst du heute?	– Ins Theater.
woher	**Woher** kommst du?	– Vom Markt.
wann	**Wann** kommst du heute?	– Um vier Uhr.
warum/weshalb	**Warum/Weshalb** bist du hier?	– Weil ich Eva besuchen will.
wie	**Wie** heißt du?	– Niklas.
wie viel(e)	**Wie viele** Hemden kaufst du?	– Zwei.

60. Ergänzen Sie die Fragewörter.

A1

1. ________ heißen Sie? – Anne Bauer.
2. ________ kommen Sie? – Aus Soest.
3. ________ wohnen Sie? – In Köln.
4. ________ fahren Sie? – Nach Münster.

61. *Rund um den Deutschkurs.* Ergänzen Sie die Fragewörter.

A1

1. __________ ist das? – Das ist unser Deutschlehrer.
2. __________ heißt er? – Sein Name ist Matthias Schmidt.
3. __________ findet unser Kurs statt? – Im ersten Stock, Zimmer 120.
4. __________ beginnt der Kurs? – Am 1. März um 8:30 Uhr.
5. __________ Teilnehmerinnen und Teilnehmer hat der Kurs? – Fünfzehn.
6. __________ im Kurs kennst du schon? – Lidia und John.
7. __________ hast du dein Buch gegeben? – Dem Jungen neben mir.

62. Schreiben Sie die Fragen.

A2

1. Wohin geht ihr? – Wir gehen ins Kino.
2. ________________________________ – Das hat unsere Lehrerin gesagt.
3. ________________________________ – Ich treffe mich mit meinen Freunden.
4. ________________________________ – Die Blumen sind für eine Kollegin.

63. *Quiz.* Ergänzen Sie *welcher/welches/welche.*

A2

1. ______________ Fluss *(m.)* fließt durch München?
2. ______________ Farben *(Pl.)* hat die deutsche Flagge?
3. ______________ Familienname *(m.)* ist in Deutschland am häufigsten?
4. ______________ Vorwahl *(f.)* muss man bei Telefonaten nach Österreich wählen?

64. Ergänzen Sie *welcher/welches/welche* oder *was für ein/eine.*

A2

1. ____________________ Straßenbahn *(f.)* muss ich nehmen – Nummer 103 oder Nummer 105?
2. ____________________ Geschenk *(n.)* wollen wir Tatjana zum Geburtstag kaufen?
3. ____________________ Kleid *(n.)* gefällt dir besser, das rote oder das gelbe im Schaufenster?
4. ____________________ Gürtel *(m.)* willst du kaufen? Den für 10 € oder den für 15 €?

Possessivartikel/-pronomen

Possessiv**artikel:** mit Nomen	Possessiv**pronomen:** ohne Nomen
Das ist **mein** Schirm. Hat er **seinen** Schirm mitgenommen?	– Das ist **meiner**. – Nein, er ist mit **meinem** weggegangen.

ich	mein
du	dein
er	sein
sie	ihr
es	sein
wir	unser
ihr	euer
sie/Sie	ihr/Ihr

Der Schirm gehört **Samuel**. Es ist **sein** Schirm *(m.)*.
Die Jacke gehört **Samuel**. Es ist **seine** Jacke *(f.)*.

Der Schirm gehört **Franziska**. Es ist **ihr** Schirm *(m.)*.
Die Jacke gehört **Franziska**. Es ist **ihre** Jacke *(f.)*.

Possessivartikel

- Endungen wie unbestimmter Artikel *ein/ein/eine* (↑ S. 26):

	Maskulinum	Neutrum	Femininum	Plural
Nominativ	mein Mann	mein Kind	mein**e** Frau	mein**e** Kinder
Akkusativ	mein**en** Mann	mein Kind	mein**e** Frau	mein**e** Kinder
Dativ	mein**em** Mann	mein**em** Kind	mein**er** Frau	mein**en** Kindern
Genitiv	mein**es** Mannes	mein**es** Kindes	mein**er** Frau	mein**er** Kinder

euer ohne Endung: eu**e**r Auto, eu**e**r Kind
euer mit Endung: eu~~e~~re Familie → eure Familie, mit eu~~e~~rem Auto → mit eurem Auto

Possessivpronomen

- Endungen wie Possessivartikel
- *Ausnahmen:* Nominativ Maskulinum, Nominativ/Akkusativ Neutrum

de**r** Mann → meine**r** das Kind → mein**(e)s**

	Maskulinum	Neutrum	Femininum	Plural
Nominativ	mein**er**	mein**(e)s**	mein**e**	mein**e**
Akkusativ	mein**en**	mein**(e)s**	mein**e**	mein**e**
Dativ	mein**em**	mein**em**	mein**er**	mein**en**
Genitiv	mein**es**	mein**es**	mein**er**	mein**er**

65. Ergänzen Sie die Possessivartikel *sein/ihr* in der richtigen Form.

A1

	… von Julia	**… von Paul**	**… von Julia und Paul**
der Freund …	____________ Freund	____________ Freund	____________ Freund
das Hobby …	____________ Hobby	sein Hobby	____________ Hobby
die Schule …	____________ Schule	____________ Schule	____________ Schule
die Freunde …	____________ Freunde	____________ Freunde	ihre Freunde

66. *Julia und Paul.* Ergänzen Sie die Possessivartikel *sein/ihr* in der richtigen Form.

A1

Julia und Paul sind Zwillinge; sie leben mit ____________ (1) Eltern in Hannover. Julia mag Sport, ____________ (2) Hobbys sind Laufen, Reiten und Schwimmen. Paul ist nicht so sportlich wie ____________ (3) Schwester. Julia und ____________ (4) Bruder spielen oft zusammen am Computer; das ist ____________ (5) gemeinsames Hobby.

67. Antworten Sie mit Possessivartikel und Possessivpronomen.

A1

	Possessivartikel	**Possessivpronomen**
1. Ist das deine Jacke *(f.)*?	– Ja, das ist ____________ Jacke.	– Ja, das ist ____________.
2. Ist das euer Buch *(n.)*?	– Ja, das ist ____________ Buch.	– Ja, das ist ____________.
3. Ist das sein Stift *(m.)*?	– Nein, das ist nicht ____________ Stift.	– Nein, das ist nicht ____________.

68. *Aufräumen nach der Party.* Ergänzen Sie Possessivartikel oder Possessivpronomen.

A2

- Was für ein Chaos, wenn die Gäste weg sind … Sieh mal, Fabian hat ____________ (1) Hut *(m.)* vergessen.
- Das ist nicht ____________ (2) Hut. Fabian hat ____________ (3) mitgenommen. Dieser Hut gehört Max.
- Und die Schüssel hier, ist das ____________ (4)?
- Nein, die gehört uns nicht. Darin war der Nachtisch, den Karin mitgebracht hat. Es ist ____________ (5).
- Ach so. Und hier liegt ein Schirm. Gehört der dir?
- Ja, das ist ____________ (6). Den kennst du doch, ____________ (7) Schirm hängt immer hier an der Garderobe.

A2 **69.** Antworten Sie mit Personalpronomen.

1. Erzählt deine Mutter ihren Enkelkindern manchmal Geschichten? – Ja, sie erzählt __________ oft etwas.

2. Kannst du mal bitte deinen Namen buchstabieren? – Okay, ich buchstabiere __________.

3. Hast du das Buch schon gekauft? – Nein, ich habe __________ noch nicht gekauft.

4. Hast du schon mit unserer neuen Nachbarin gesprochen? – Nein, ich habe __________ noch nicht einmal gesehen.

A2 **70.** Antworten Sie mit Personalpronomen.

1. Hat deine Schwester dir den Koffer zurückgebracht? – Ja, sie hat *ihn* *mir* zurückgebracht.

2. Hast du ihr deinen Computer geliehen? – Ja, ich habe __________ __________ geliehen.

3. Haben Sie diesem Herrn Ihr Handy verkauft? – Ja, ich habe __________ __________ verkauft.

4. Kannst du unseren Nachbarn diese Plastikbox zurückbringen? Sie haben __________ __________ geliehen. – Ja, ich bringe __________ __________ zurück.

A2 **71.** *Am Bahnhof.* Ergänzen Sie das Demonstrativpronomen *der/das/die*.

1. Ist __________ der Fahrkartenautomat? – Ja, aber __________ ist leider kaputt.

2. Und fährt der Bus hier zum Flughafen? – Ja, mit __________ kommen Sie zum Flughafen.

3. Ist das Ihre Fahrkarte? – Oh ja, __________ gehört mir. __________ hätte ich fast vergessen.

4. Siehst du die beiden Frauen an Gleis 4? Mit __________ habe ich mal in einer WG gewohnt.

A2 **72.** *Wochenende im Freizeitpark.* Ergänzen Sie die Fragewörter.

1. __________ macht ihr am Wochenende? – Wahrscheinlich fahren wir in einen Freizeitpark.

2. __________ kommt ihr dorthin? Mit dem Auto oder dem Zug? – Mit dem Auto. Der Zug fährt am Wochenende nicht so oft.

3. __________ macht der Park am Morgen auf? – Um neun Uhr.

4. ____________________ hat er abends geöffnet? – Am Wochenende bis acht Uhr.

5. ____________________ kostet der Eintritt? – Eine Tageskarte kostet 26,50 Euro.

73. *Sich kennenlernen.* Ergänzen Sie *welcher/welches/welche.* A2

1. ______________ Länder *(Pl.)* in Europa hast du schon besucht?

2. ______________ Musik *(f.)* hörst du lieber – Pop oder Klassik?

3. ______________ Schauspieler *(m.)* findest du besser – Til Schweiger oder Moritz Bleibtreu?

4. Für ______________ Sport *(m.)* interessierst du dich mehr – Fußball oder Basketball?

74. *Anmeldung zum Sprachkurs.* Ergänzen Sie *welcher/welches/welche* oder *was für ein/eine.* A2

1. In ______________ Stadt *(f.)* möchten Sie den Sprachkurs machen? In Köln oder Bonn?

2. ______________ Zimmer *(n.)* möchten Sie buchen? – Ich weiß nicht, haben Sie auch Zimmer bei Familien? Auf keinen Fall ein Hotelzimmer.

3. An ______________ Tag *(m.)* reisen Sie an? Freitag, Samstag oder Sonntag?

4. ______________ Kurse *(Pl.)* haben Sie in der Vergangenheit besucht? – Letztes Jahr habe ich einen Sommerkurs in Kiel gemacht, davor war ich an der Volkshochschule in Lübeck.

75. *Einladung zu einem Seminar.* Ergänzen Sie die Personalpronomen und Possessivartikel in der Höflichkeitsform *(Sie/Ihr).* A2

Senden	**Von:** m.beck@mailforyou.com
	An: d.maier@mailforyou.com; f.müller@mailforyou.com
	Betreff: Einladung zum Schreibseminar

Sehr geehrte Damen und Herren,

möchten auch ______________ (1) immer die richtige Formulierung für ______________ (2) Briefe *(Pl.)* finden? Auch dieses Jahr bieten wir ______________ (3) in ______________ (4) Firmenräumen *(Pl.)* wieder das Schreibtraining „Moderne Geschäftskorrespondenz" an und laden ______________ (5) herzlich ein. Unsere Expertinnen und Experten geben ______________ (6) die richtigen Tipps!

Ort und Zeit: Haus E, Raum 4.531, 23. Oktober, 9:30–14:30 Uhr.

Wir freuen uns auf ______________ (7) Anmeldung *(f.).*

Mit freundlichen Grüßen

Martina Beck

Indefinitartikel *kein*, Negation *(kein/nicht)*

Barbara nimmt ihren Schirm **nicht** mit.

Es regnet. Barbara hat **keinen** Schirm.

Mit dem Indefinitartikel ***kein, kein, keine*** kann man ein **Nomen** oder eine **Wortgruppe mit einem Nomen** verneinen:

Sie haben eine große Wohnung. ⟶ Sie haben **keine** große Wohnung.
Ich habe Zeit. ⟶ Ich habe **keine** Zeit.

▶ Endungen wie unbestimmter Artikel *ein/ein/eine* (↑ S. 26):

	Maskulinum	**Neutrum**	**Femininum**	**Plural**
Nominativ	kein Mann	kein Kind	kein**e** Frau	kein**e** Leute
Akkusativ	kein**en** Mann	kein Kind	kein**e** Frau	kein**e** Leute
Dativ	kein**em** Mann	kein**em** Kind	kein**er** Frau	kein**en** Leuten
Genitiv	kein**es** Mannes	kein**es** Kindes	kein**er** Frau	kein**er** Leute

Mit ***nicht*** kann man einen Satz oder einen Satzteil verneinen; es verändert seine Form nicht.

Wenn man den **Satz** verneint, steht ***nicht*** so weit wie möglich **rechts** im Satz:

Ich liebe dich.		
Ich liebe dich	**nicht**.	
Ich habe dich	**nicht**	geliebt.
Ich rufe dich	**nicht**	an.
Ich bin	**nicht**	müde.
Ich singe	**nicht**	gut.
Ich fahre heute	**nicht**	nach Bochum.

nicht steht aber z. B.
– **vor** dem zweiten Teil des Verbs (z. B. Partizip, Präfix)
– **vor** Adjektiven nach *sein* und *werden*
– **vor** adverbial gebrauchten Adjektiven
– **vor** lokalen Angaben

Wenn man einen **Satzteil** verneint, steht ***nicht* vor** dem Satzteil, z. B.:

Nicht *ich* liebe dich, sondern *mein Bruder.*	*nicht* vor dem Subjekt:	→ verneintes Subjekt (= *Jemand anderes liebt dich.)*
Ich liebe **nicht** *dich,* sondern *deine Schwester.*	*nicht* vor dem Objekt:	→ verneintes Objekt (= *Ich liebe jemand anderen.)*

Man kann *nichts, kein-* und *niemand* mit *gar* verstärken:
▶ Ich bin **gar** nicht zufrieden.
(= Ich bin **überhaupt/absolut** nicht zufrieden.)

76. *Auf der Party.* Was passt? Ergänzen Sie *nicht* oder *kein-*. A2

1. Bist du mit dem Bus gekommen? – Nein, heute bin ich ______________ mit dem Bus, sondern mit dem Fahrrad gekommen.
2. Hast du ein Auto? – Nein, ich habe ______________ Auto.
3. Möchtest du etwas essen? – Nein, danke, ich habe ______________ Hunger *(m.)*.
4. Möchtest du ein Bier? – Nein, danke, ich trinke ______________ Bier, aber gern Wein.
5. Kannst du mir die anderen Gäste vorstellen? – Leider nein, ich kenne die meisten von ihnen gar ______________.

77. Antworten Sie mit *nicht*. A2

1. Wart ihr gestern im Kino? – Nein, ______________________________.
2. War das Konzert gut? – Nein, ______________________________.
3. Hast du deine Schwester angerufen? – Nein, ______________________________.

78. *Gesund oder nicht gesund?* Verneinen Sie die Sätze mit *nicht* oder *kein-*. A2

	gesund ☺	nicht gesund ☹
1.	Johanna lebt gesund.	Lena lebt *nicht gesund.*
2.	Sie macht Sport *(m.)*.	______________
3.	______________	Sie hat Stress *(m.)*.
4.	Sie isst Obst *(n.)* und Gemüse *(n.)*.	______________
5.	Sie schläft genug.	______________

79. *An der Uni – wie ist es wirklich?* Korrigieren Sie die Sätze mit *nicht … sondern*. B1

1. Der Abgabetermin für die Hausarbeit ist der 1. März. *(1. Mai)*
   Der Abgabetermin für die Hausarbeit ist nicht der 1. März, sondern der 1. Mai.
2. Der Spanischkurs findet im ersten Stock statt. *(dritter Stock)*
   ____
3. Die Vorlesung von Professor Lohmann beginnt um 17 Uhr. *(15 Uhr)*
   ____
4. Die Bibliothek ist heute bis 20 Uhr geöffnet. *(bis 22 Uhr)*
   ____

Indefinitartikel/-pronomen: *(k)einer, jeder, alle, man …*

Sind gestern **alle** Spieler zum Training gekommen?

Ja, denn **jeder**, der nicht kommt, muss 5 Euro in die Clubkasse zahlen …

Indefinitartikel: mit Nomen	**Indefinitpronomen: ohne Nomen**
Kein Spieler ist gekommen. (↑ S. 44) **Jeder** Spieler ist gekommen.	**Keiner** ist gekommen. **Jeder** ist gekommen.

Indefinitpronomen *(k)einer*

- Endungen wie (Indefinit-)Artikel *(k)ein-* (↑ S. 26, 44)
- *Ausnahmen:* Nominativ Maskulinum, Nominativ/Akkusativ Neutrum

de**r** Mann → kein**er** das Kind → kein**(e)s**

	Maskulinum	**Neutrum**	**Femininum**	**Plural**
Nominativ	(k)ein**er**	(k)ein**(e)s**	(k)ein**e**	welch**e**/kein**e**
Akkusativ	(k)ein**en**	(k)ein**(e)s**	(k)ein**e**	welch**e**/kein**e**
Dativ	(k)ein**em**	(k)ein**em**	(k)ein**er**	welch**en**/kein**en**
Genitiv	(k)ein**es**	(k)ein**es**	(k)ein**er**	welch**er**/kein**er**

- Ich brauche **ein** Rad. – Hast du **kein(e)s**? – Doch, ich habe **ein(e)s**, aber es ist kaputt.
- Ich brauche neue Schuhe. – Du hast doch erst letzte Woche **welche** gekauft!

Indefinitartikel oder -pronomen *jeder, alle, viele, einige, manche, wenige*

- Endungen wie bestimmter Artikel *der/das/die* (↑ S. 26):

jeder	Singular	Jeder (Spieler) ist gekommen. = Alle (Spieler) sind gekommen.	
alle	Plural		
viele		Viele (Spieler) sind gekommen.	
einige		Einige (Spieler) sind gekommen. = Manche (Spieler) sind gekommen.	
manche			
wenige		Wenige (Spieler) sind gekommen. = Nicht viele (Spieler) sind gekommen.	

Für Sachen auch im Singular:
- Hast du **alles** mitgenommen? Ich habe **viel/wenig** mitgebracht.
- Es bleibt noch **vieles** / nur noch **weniges** zu tun.

Indefinitpronomen *man*

Nominativ	man
Akkusativ	ein**en**
Dativ	ein**em**

- **Man** sollte viel Sport machen.
- Wenn der Chef oder die Chefin **einen** schlecht behandelt, kann man sich an die Personalstelle wenden.
- Wenn **einem** so etwas passiert, braucht man Hilfe.

80. *Im Deutschkurs.* Ergänzen Sie *ein-* oder *kein-*.

A2

1. Kannst du mir dein Wörterbuch kurz geben? – Ich habe leider __________.
2. Hast du eine Schere? – Nein, aber unsere Lehrerin hat bestimmt __________.
3. Kannst du mir einen Stift leihen? – Mal sehen … Ja, hier habe ich noch __________.

81. *Den Einkaufszettel schreiben.* Antworten Sie mit *ein-/kein-/welch-*.

A2

1. Haben wir noch Nudeln *(Pl.)*? – Ja, wir haben noch welche.
2. Haben wir noch Obst *(n.)*? – Nein, ______________________________ mehr.
3. Haben wir noch Milch *(f.)*? – Ja, ______________________________
4. Haben wir noch Reis *(m.)*? – Nein, ______________________________
5. Haben wir noch einen Kopfsalat? – Ja, ______________________________

82. *Am Bankschalter.* Ergänzen Sie die richtigen Formen von *man*.

A2

Meine Bankkarte ist gesperrt! Wenn ______________ (1) dreimal seine PIN falsch eingibt, wird die Bankkarte gesperrt. Das müssen Sie ______________ (2) doch sagen! Können Sie ______________ (3) denn nicht informieren?

83. *Alles klar?* Kreuzen Sie an.

A2

Hast du das jetzt ▢ *alle* ▢ *alles* (1) verstanden?

Ich habe ▢ *vieles* ▢ *viele* (2) verstanden, aber nicht ▢ *alle* ▢ *alles* (3).
▢ *Einige* ▢ *Welche* (4) Regeln sind mir noch nicht ganz klar.

Es sind ja auch so ▢ *viel* ▢ *viele* (5) Regeln. Wie soll man die ▢ *alle* ▢ *alles* (6) lernen?

84. *Kuchenpause.* Ergänzen Sie die Wörter in der richtigen Form.

A2

all- • jed- *(2x)* • kein- • welch-

Hey, Jungs, ich habe Kuchen mitgebracht. ______________ (1) darf sich ein Stück nehmen.

Gibt es für ______________ (2) von uns ein Stück?

Ja, natürlich. Du kannst auch gern zwei nehmen, es ist genug da.

Mmh, die Kuchen sehen ______________ (3) gut aus … Gibt es auch ______________ (4) ohne Obst?

Ja, im Schokoladenkuchen ist ______________ (5).

Indefinitpronomen: *jemand, niemand*

***jemand* ↔ *niemand* (Personen)**		
auch: *irgendjemand* ▶ Hast du es **jemandem** erzählt? – Nein, **niemandem**.		
Nominativ	jemand	niemand
Akkusativ	jemand**(en)**	niemand**(en)**
Dativ	jemand**(em)**	niemand**(em)**

***etwas* ↔ *nichts* (Sachen)**
auch: *irgendetwas* ▶ Ist **etwas** passiert? – Nein, **nichts**. ▶ Hast du **etwas** gehört? – Nein, **nichts**. Die Indefinitpronomen *etwas* und *nichts* verändern sich nicht.

Ein Adjektiv nach *etwas* oder *nichts* steht im Nominativ Singular Neutrum und ist dann ein Nomen (↑ S. 68):
▶ etwas Gutes, etwas Schöneres, nichts Besseres

A2 **85.** Ergänzen Sie *jemand, niemand, nichts.*

1. Hast du etwas gesagt? – Nein, ich habe ____________ gesagt.
2. Hat jemand für mich angerufen? – Nein, hier hat ____________ angerufen.
3. Kennst du jemanden hier? – Nein, ich kenne ____________.
4. Hast du ____________ dein Passwort gegeben? – Nein, ich habe es niemandem gegeben.
5. Du hast dich von deiner Freundin getrennt. – Wer hat dir das gesagt? – Das hat mir ____________ gesagt. Ich habe es gemerkt.

A2 **86.** Ergänzen Sie *etwas* oder *nichts.*

- Du siehst ein bisschen müde aus. Geht es dir nicht gut?
- Es geht mir gut. Aber ich habe heute Morgen ____________ (1) gefrühstückt, weil es schon so spät war.
- Dann solltest du vielleicht jetzt ____________ (2) frühstücken. Es ist nicht gut, wenn man den ganzen Morgen ____________ (3) isst.
- Ich esse später ____________ (4) in der Kantine.

87. Ergänzen Sie die Wörter. Verwenden Sie im Akkusativ und Dativ *jemand/niemand* mit Endung.

A2

~~etwas~~ • jemandem • nichts • niemanden • niemand

1. Wie war euer Urlaub? – Wir wollten diesmal ___etwas___ Besonderes machen: Urlaub in einer Hütte am See. Aber leider war es den ganzen Tag so neblig, dass man __________ sehen konnte.

2. Seit einer Stunde versuche ich schon, beim Rathaus anzurufen, aber ich kann __________ erreichen. – Heute ist doch ein Feiertag. Da ist __________ im Büro. Du kannst erst morgen wieder mit __________ dort sprechen. – Ach so, das wusste ich nicht.

88. Ergänzen Sie *etwas/nichts.*

A2

● Hast du in letzter Zeit __________ (1) von Enrico gehört?

○ Enrico? Nein, leider gar __________ (2). Nachdem er seinen Job verloren hatte, ist er im Mai nach Hannover gezogen.

● Ich habe gehört, dass er eine neue Stelle gefunden hat. Aber ich weiß __________ (3) Genaueres. Er hat sich noch nicht bei mir gemeldet.

89. Ergänzen Sie die Wörter. Verwenden Sie im Akkusativ und Dativ *jemand/niemand* mit Endung.

A2

etwas *(2x)* • jemand *(2x)* • jemandem • niemand *(2x)*

● Gestern ist mir __________ (1) Schönes passiert: Ich habe meinen Rucksack an der Kasse vergessen und __________ (2) hat ihn mir gebracht, als ich schon auf dem Parkplatz war.

○ Mir ist letzte Woche __________ (3) Ähnliches passiert. Ich war auf dem Marktplatz und habe mein Portemonnaie verloren. __________ (4) hat es gefunden und bei der Polizei abgegeben.

● Da haben wir ja Glück gehabt, dass __________ (5) die Sachen behalten hat. Ich habe neulich von __________ (6) gehört, der seinen Haustürschlüssel verloren hat. Aber leider hat ihn __________ (7) ins Fundbüro gebracht, deshalb musste er das Türschloss auswechseln!

Funktionen von *es*

Das Pronomen *es* hat verschiedene Funktionen:

Das Wort *es* ersetzt ein Nomen im Neutrum oder einen Satz (↑ S. 34).

Ich suche **mein rotes Hemd**. Hast du **es** gesehen?

Mit wem hast du dich getroffen? Sag **es** mir!

Das Wort *es* steht als Subjekt bei bestimmten Verben, z. B.:

feste Wendungen	**Es** gibt keine andere Möglichkeit. / **Es** gibt Kuchen. Wie geht **es** dir? / **Es** geht mir gut.
Wetter	**Es** regnet. / **Es** schneit. / **Es** ist kalt.
Sinneseindrücke	**Es** riecht nach Essen. / **Es** klopft. / **Es** klingelt.
Zeit	**Es** ist 12 Uhr. / Wie spät ist **es**? / **Es** ist Nacht.

Das Wort *es* steht auf Position 1, wenn das Subjekt an einer anderen Stelle im Satz steht und kein anderes Element auf Position 1 steht.

Es sind drei Teilnehmerinnen gekommen. Aber: Drei Teilnehmerinnen sind gekommen.
Heute sind drei Teilnehmerinnen gekommen.

Auch wenn das Subjekt ein Nebensatz ist, kann *es* stehen:
Es ist schön, dass du mir geholfen hast. Aber: Dass du mir geholfen hast, ist schön.

B1

90. Welche Funktion hat *es* in den folgenden Sätzen? Kreuzen Sie an.
(P = Personalpronomen als Ersatz für ein Nomen, S = Subjekt bei bestimmten Verben, POS. 1 = auf Position 1, wenn kein anderes Element auf Position 1 steht.)

	P	S	POS. 1
1. Ist das dein neues Fahrrad? Wie viel hat es denn gekostet?			
2. Es war billiger, als ich gedacht habe.			
3. Es freut mich, dass du endlich ein neues Fahrrad hast.			
4. Und wie geht es dir so? – Danke, es geht mir gut.			
5. Aber heute ist es sehr windig. Das gefällt mir nicht so gut.			

91. Schreiben Sie den Dialog neu. Ergänzen Sie *es*, wo nötig. B1

- Das ist aber ein schönes Kleid. Wo • hast • du • gekauft?
- Ich • habe • in • einem • kleinen • Geschäft • in • der • Nähe • des • Bahnhofs • gekauft.
- In welchem Geschäft • hast • du • gekauft?
- Wenn du vom Marktplatz Richtung Bahnhof gehst, dann • ist • gleich • links • neben • dem • Supermarkt.
- Gibt • da • noch • mehr • solche • Kleider?
- Da • gibt • viele • schöne • Sachen, • nicht • nur • Kleider.

- Das ist aber ein schönes Kleid. Wo *hast du es gekauft* (1)?
- Ich ______ (2).
- In welchem Geschäft ______ (3)?
- Wenn du vom Marktplatz Richtung Bahnhof gehst, ______ (4).
- Meinst du, ______ (5)?
- Da ______ (6).

92. Mit *es* oder ohne *es*? Formulieren Sie die Sätze um. B1

1. Es kommen immer mehr Touristinnen und Touristen in unsere Stadt.
   In unsere Stadt ...
2. Es ist schön, dass unsere Stadt so beliebt ist.
   Dass unsere Stadt ...
3. Es ist aber auch nötig, dass wir die Infrastruktur ausbauen.
   Dass wir die Infrastruktur ausbauen, ...
4. Es werden zurzeit neue Parkplätze am Stadtrand angelegt.
   Zurzeit ...
5. Es wird bald günstige Busfahrkarten und Kombitickets geben.
   Bald ...
6. Es geht uns dabei auch um den Umweltschutz.
   Dabei ...

Alles verstanden?

A2 **93.** Ergänzen Sie *nicht* oder *kein-*.

Automat wechselt ___________ (1). Bitte passend zahlen!	___________ (2) Alkohol an Jugendliche unter 18 Jahren.	Bitte die Pinguine ___________ (3) füttern!

Was bedeuten die drei Schilder? Erklären Sie sie. Schreiben Sie Sätze mit *nicht* oder *kein-*.

1. der Automat – *nicht/kein* – Wechselgeld – geben

   Der Automat ____________________

2. Jugendliche unter 18 Jahren – hier – *nicht/keinen* – Alkohol – kaufen – dürfen

   Jugendliche ____________________

3. man – den Pinguinen – *nicht/kein* – Futter – geben – soll

   Man ____________________

A2 **94.** Ergänzen Sie *etwas, nichts, ein-, kein-*.

1. Möchtest du vielleicht ___________ trinken? – Nein, danke, ich möchte ___________ trinken. Aber hast du vielleicht ___________ zu essen? Ich habe heute noch ___________ gegessen.
2. Wie spät ist es eigentlich? Hast du eine Uhr? – Ja, ich habe ___________, hier auf meinem Handy. Hast du denn kein Handy? – Nein, ich habe ___________.
3. Oh, es ist schon halb acht. Jetzt habe ich den Bus verpasst. Hast du einen Fahrplan? – Nein, ich habe ___________. Aber das macht ___________. Ich weiß, dass der Bus alle 20 Minuten fährt.

B1 **95.** *Am Telefon.* Leider vergessen die Sprecher und Sprecherinnen in manchen Sätzen das Wort *es*. Schreiben Sie die unterstrichenen Sätze neu.

● Hi, Noah, sorry, ich komme zu spät, <u>● fährt ● kein ● Bus, ● weil ● einen ● Unfall ● in ● der ● Hauptstraße ● gab.</u>
○ Und wann bist du da?
● Hoffentlich um vier Uhr, <u>● aber ● ich ● kann ● nicht ● versprechen.</u>

1. *Es fährt kein Bus, ...*
   ____
   ____
   ____
2. *aber ...*
   ____

Hallo, Lena, hier ist Marie. Wie • geht • dir?

Hey! Mir • geht • gut. Schneit • bei • euch • auch • schon • den • ganzen • Tag?

Ja, unglaublich! Mir • reicht • !

Ich • finde • eigentlich • schön.

3. Wie ... ______

4. Mir ... ______

______

5. Schneit ... ______

6. Mir ... ______

7. Ich ... ______

Das Pronomen *es* können Sie in der Umgangssprache mit dem Wort davor zusammenziehen:
▶ Wie gehts dir? (*oder:* Wie geht's dir?)

96. *Verkehrsregeln.* Schreiben Sie Sätze mit *man*.

B1

1. Vor einer Einfahrt darf nicht geparkt werden.
   Vor einer Einfahrt ______
2. In dieser Straße darf nicht schneller als 30 km/h gefahren werden.
   In dieser Straße ______
3. An einem Stoppschild muss immer angehalten werden.
   An einem Stoppschild ______

97. Ergänzen Sie die Wörter. Verwenden Sie im Akkusativ und Dativ *jemand/niemand* mit Endung.

B1

etwas • jemandem • jemanden • man *(2x)* • viel

1. Kennen Sie ______, der die B1-Prüfung schon gemacht hat? – Ja, ich habe mit ______ gesprochen, der die Prüfung bestanden hat.
2. Darf ich dich ______ fragen? Was ist der Unterschied zwischen *zählen* und *zahlen*? – ______ *zahlt* im Restaurant eine Rechnung, aber ______ *zählt* das Wechselgeld. – Uff, ich muss noch ______ üben …

98. *Quiz: Scherzfragen.* Ergänzen Sie die Wörter.

B1

keine *(2x)* • nichts • ~~niemand~~

1. Auf welcher Straße ist noch niemand gefahren?
2. Welcher Vogel kann ______ Eier legen?
3. Welcher Raum hat ______ Fenster und Türen?
4. In welcher Schule lernt man ______?

Adjektive nach bestimmtem Artikel

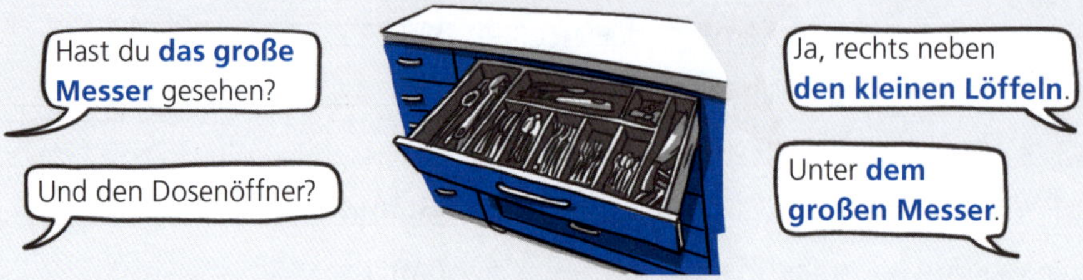

Wenn ein Adjektiv vor dem Nomen steht, hat es immer eine Endung.
Am bestimmten Artikel sind Kasus, Genus und Numerus markiert, z. B.

*de**r**,*	*de**n**,*	*de**m**,*	*de**s***
↓	↓	↓	↓
Nominativ	Akkusativ	Dativ	Genitiv
Maskulinum Singular			

Beim Adjektiv steht dann nur noch *-en* oder *-e*.

	Maskulinum	**Neutrum**	**Femininum**	**Plural**
Nominativ	de**r** groß**e** Löffel	da**s** groß**e** Messer	di**e** groß**e** Gabel	di**e** groß**en** Löffel
Akkusativ	de**n** groß**en** Löffel	da**s** groß**e** Messer	di**e** groß**e** Gabel	di**e** groß**en** Löffel
Dativ	de**m** groß**en** Löffel	de**m** groß**en** Messer	de**r** groß**en** Gabel	de**n** groß**en** Löffeln
Genitiv	de**s** groß**en** Löffels	de**s** groß**en** Messers	de**r** groß**en** Gabel	de**r** groß**en** Löffel

Das gilt auch für Artikelwörter, die dieselben Endungen wie der bestimmte Artikel haben:
*dies**er**/dies**es**/dies**e**, dies**en**/dies**es**/dies**e**, dies**em**/dies**em**/dies**er** …* (↑ S. 36),
ebenso: *welch-, jed-, all-, manch-* (↑ S. 46)

Wenn mehrere Adjektive vor einem Nomen stehen, dekliniert man alle gleich:
- di**e** groß**e**, silbern**e**, neu**e** Gabel
- di**e** groß**en**, silbern**en**, neu**en** Löffel

Aber:
- hoch: der hohe Gewinn

Adjektive auf *-el* und *-er:*
- dunkel: der dunk~~e~~le Wald → der dunkle Wald
- teuer: das teu~~e~~re Kleid → das teure Kleid

99. *Im Büro.* Ergänzen Sie die Endungen.

A2

1. Ist das nicht der alt____ Direktor? – Keine Ahnung. Ich kenne den alt____ Direktor nicht. Ich bin noch nicht so lange in dieser Firma.
2. Und das dort drüben? Ist das nicht die neu____ Praktikantin? – Das weiß ich nicht. Die neu____ Praktikantin kenne ich auch nicht.
3. Wie gefällt dir das modern____ Bürogebäude gegenüber? – Gut. Ich finde aber, es passt mit den bunt____ Farben nicht so gut zu den ander____ Häusern hier.
4. Wem gehört denn dieses gelb____ Fahrrad? – Das gehört Finn. Er fährt jetzt immer mit dem Fahrrad zur Arbeit, weil er öfter an der frisch____ Luft sein will.

100. Ergänzen Sie die Adjektive im Nominativ.

A2

1. dunkel	→	der	________________	Sessel *(m.)*	die	________________	Haare *(Pl.)*
2. sauer	→	die	________________	Zitrone	die	________________	Gurken *(Pl.)*
3. teuer	→	die	________________	Bluse	die	________________	Autos *(Pl.)*
4. hoch	→	das	________________	Haus *(n.)*	die	________________	Häuser *(Pl.)*

101. *Eine Stadtführung.* Ergänzen Sie die Endungen.

B1

Willkommen in Mühlhausen! In dieser schön____ (1) alt____ (2) Stadt gibt es viel zu sehen. Wir stehen auf dem zentral____ (3) Marktplatz gegenüber dem historisch____ (4) Rathaus. Auf der link____ (5) Seite sehen wir einen Teil der dick____ (6) Stadtmauer. Eine schmal____ (7) Treppe führt nach oben in einen breit____ (8) Gang. In diesem dunkl____ (9) Gang können Sie einmal um die ganz____ (10) Stadt gehen. Dabei blicken Sie auf die alt____ (11) Dächer der Stadt.

Genießen Sie den herrlich____ (12) Ausblick auf die schön____ (13) Landschaft. Bleiben Sie noch länger in unserer Stadt: Auch in der nah____ (14) Umgebung finden Sie viele interessante Ausflugsziele.

Adjektive ohne Artikel

Der Wetterbericht:

Heute **längere sonnige Abschnitte**, am Nachmittag 14 bis 17 Grad, **schwacher Wind** aus Nordost …

Wenn vor dem Adjektiv kein Artikelwort steht, muss das Adjektiv die Markierung allein tragen. Die Markierung ist die gleiche wie beim Artikelwort:

de**r** Wind → stark**er** Wind
… …

da**s** Wetter → gut**es** Wetter
… …

di**e** Kälte → groß**e** Kälte
… …

	Maskulinum	Neutrum	Femininum	Plural
Nominativ	stark**er** Wind (de**r** Wind)	gut**es** Wetter (da**s** Wetter)	groß**e** Kälte (di**e** Kälte)	hoh**e** Temperaturen (di**e** Temperaturen)
Akkusativ	stark**en** Wind (de**n** Wind)	gut**es** Wetter (da**s** Wetter)	groß**e** Kälte (di**e** Kälte)	hoh**e** Temperaturen (di**e** Temperaturen)
Dativ	stark**em** Wind (de**m** Wind)	gut**em** Wetter (de**m** Wetter)	groß**er** Kälte (de**r** Kälte)	hoh**en** Temperaturen (de**n** Temperaturen)
Genitiv	stark**en** Windes (de**s** Windes)	gut**en** Wetters (de**s** Wetters)	groß**er** Kälte (de**r** Kälte)	hoh**er** Temperaturen (de**r** Temperaturen)

Ausnahme:
Im Genitiv Singular Maskulinum und Neutrum tragen die Adjektive die Endung *-en*, weil die Markierung schon am Nomen steht *(Winde**s**/Wetter**s**)*.

A2 **102.** *Wünsche.* Ergänzen Sie die Endungen.

1. Ich kann heute nicht mit euch ins Schwimmbad gehen. Ich bin krank. – Schade. Dann bis zum nächsten Mal. Und gut_____ Besserung *(f.)*.
2. Hallo, Miriam! Herzlich_____ Glückwunsch *(m.)* zum Geburtstag! – Oh, viel_____ Dank *(m.)*!
3. Schön_____ Wochenende *(n.)*! – Danke, das wünsche ich dir auch!
4. Liebe Mitarbeiterinnen und Mitarbeiter, wir wünschen Ihnen schön_____ Ferien *(Pl.)*, angenehm_____ Feiertage *(Pl.)* und gut_____ Erholung *(f.)*!
5. Schön_____ Urlaub *(m.)*, Elisabeth! – Danke, Paul, und bis nächst_____ Jahr *(n.)*!

103. *Angebote.* Ergänzen Sie die Endungen. A2

Erstklassig___ (1)
frischer
Bohnenkaffee

Original italienisch_____ (2)
Salami *(f.)* – Bioqualität –
verschieden_____ (3) Sorten *(Pl.)*
200 g nur 1,99 €

Trocken_____ (4)
französisch_____ (5)
Landwein *(m.)*
Flasche nur 3,99 €

Täglich
frisch_____ (6) Brot *(m.)* und
frisch_____ (7) Brötchen *(Pl.)*

Gebäck vom Vortag
zum halb_____ (8)
Preis *(m.)*

Feinst_____ (9) Pralinen *(Pl.)*
mit edl_____ (10) Füllung *(f.)*
200-g-Packung nur 8,99 €

104. *Eine Speisekarte.* Ergänzen Sie die Endungen. A2

Speisekarte

Täglich warm_____ (1) Speisen *(Pl.)*
von 11 bis 14 Uhr und von 17 bis 22 Uhr

Heute besonders zu empfehlen:

Gegrillt_____ (2) Lammfleisch *(n.)* mit grün_____ (3) Bohnen *(Pl.)* – nur 12,50 €

Paniert_____ (4) Schnitzel *(n.)* mit gemischt_____ (5) Salat *(m.)* – nur 8,50 €

Frisch gepresst_____ (6) Fruchtsäfte *(Pl.)*, 0,2 l – nur 2,50 €

105. *Kleinanzeigen.* Ergänzen Sie die Endungen. A2

Verkaufe alt_____ (1)
Fahrrad *(n.)*. 50 €

Wegen Umzug günstig abzugeben:
antik_____ (2) Kleiderschrank *(m.)*,
und groß_____ (3) Holztisch *(m.)*.

Schön_____ (4) Sofa *(n.)* zu
verschenken.
Best____ (5) Qualität *(f.)*!

Praktikant sucht
möbliert_____ (6) Zimmer *(n.)*
in zentral _____ (7) Lage *(f.)*
ab September.

Modern_____ (8)
Antiquariat sucht
gebraucht_____ (9)
Bücher und CDs.

Rockband sucht
einen neu_____ (10),
erfahren_____ (11)
Sänger und Bassisten.

Adjektive nach unbestimmtem Artikel

Wenn das Artikelwort keine Markierung hat, steht sie beim Adjektiv.

de**r** große Teller → ein groß**er** Teller

da**s** große Glas → ein groß**es** Glas

auf de**m** großen Teller — auf ein**em** großen Teller
in de**r** großen Flasche — in ein**er** großen Flasche

	Maskulinum	Neutrum	Femininum	Plural
Nominativ	ein groß**er** Teller	ein groß**es** Glas	ein**e** groß**e** Flasche	kein**e** groß**en** Teller
Akkusativ	ein**en** groß**en** Teller	ein groß**es** Glas	ein**e** groß**e** Flasche	kein**e** groß**en** Teller
Dativ	ein**em** groß**en** Teller	ein**em** groß**en** Glas	ein**er** groß**en** Flasche	kein**en** groß**en** Tellern
Genitiv	ein**es** groß**en** Tellers	ein**es** groß**en** Glases	ein**er** groß**en** Flasche	kein**er** groß**en** Teller

Das gilt auch für Artikelwörter, die dieselben Endungen wie der unbestimmte Artikel haben:
*kein/kein/kein**e**, kein**en**/kein**en**/kein**e**, kein**em**/kein**em**/kein**er** …* (↑ S. 44),
ebenso: *mein, dein, sein, ihr, unser, euer, ihr* (↑ S. 40)

A2 **106.** *Am Imbissstand.* Ergänzen Sie die Endungen im Nominativ.

Döner	groß	6,00 €
	klein	4,50 €
Pizza	groß	8,00 €
	klein	5,50 €
½ Hähnchen		6,00 €

Ein groß______ (1) Döner *(m.)* kostet 6,00 €.
Ein klein______ (2) Döner kostet 4,50 €.
Eine groß______ (3) Pizza *(f.)* kostet 8,00 €.
Eine klein______ (4) Pizza kostet 5,50 €.
Ein halb______ (5) Hähnchen *(n.)* kostet 6,00 €.

107. Adjektive im Akkusativ. Bestellen Sie die Gerichte aus Aufgabe **106**.

A2

Wir hätten gern einen groß_____ (1) Döner und zwei klein_____ (2) Döner *(Pl.)*. Außerdem zwei groß_____ (3) Pizzas *(Pl.)*, eine klein_____ (4) Pizza und ein halb_____ (5) Hähnchen.

108. *Empfehlungen.* Ergänzen Sie die Endungen.

A2

1. Ihr wollt essen gehen? Ich kann euch ein gut____ und günstig____ Restaurant *(n.)* empfehlen.
2. Ich suche noch ein Geschenk für Juliane, eine schön_____ Vase vielleicht. Hast du eine Idee? – Juliane liest sehr viel. Schenk ihr doch lieber ein gut_____ Buch *(n.)*, zum Beispiel einen spannend_____ Roman. – Ich kenne keine aktuell______ Romane *(Pl.)*. Kennst du dich da aus?

109. *Ein altes Fahrrad.* Ergänzen Sie die Endungen, wenn nötig.

A2

- Felix kommt jetzt immer mit seinem neu______ (1) Fahrrad zur Arbeit.
- Felix hat ein neu_______ (2) Fahrrad *(n.)*? Und was hat er mit seinem alt______ (3) Fahrrad gemacht?
- Sein alt____ (4) Fahrrad hängt jetzt an einer schön______ (5) weiß______ (6) Wand in unserem neu_______ (7) Kunstmuseum.
- Wirklich?
- Ja, er hat es vor einem halb________ (8) Jahr für ein paar Euro an einen jung_____ (9), arm______ (10) und unbekannt_______ (11) Künstler verkauft, der dann ein modern________ (12) Kunstwerk *(n.)* daraus gemacht hat.
- Und jetzt ist er wohl ein reich_____ (13) und bekannt_______ (14) Künstler …

110. *Die Weihnachtsfeier.* Ergänzen Sie die Endungen.

B1

Liebe Mitarbeiterinnen und Mitarbeiter,

die Fotos unserer diesjährig_____ (1) Weihnachtsfeier *(f.)* stehen jetzt online. Wir danken allen, die trotz des spät_______ (2) Termins *(m.)* am 22. Dezember gekommen sind und mit uns das Ende eines lang___ (3) und erfolgreich____ (4) Jahres *(n.)* gefeiert haben.

Einen schönen Urlaub und ein gut_____ (5) neu_____ (6) Jahr!

Adjektivgebrauch ohne Deklination

Wenn ein Adjektiv **vor einem Nomen** steht, hat es eine Endung (↑ S. 54, 56, 58):

Philipp ist ein **sportlicher** Mann. Anna ist eine **sportliche** Frau.

Er ist Mitglied in **verschiedenen** Vereinen. Sie mag **zahlreiche** Sportarten.

Wenn ein Adjektiv **nach den Verben *sein, werden, bleiben*** steht (*= prädikativer Gebrauch),* hat es **keine** Endung:

Philipp ist **sportlich**. Anna ist **sportlich**.

Auch seine Freunde sind **sportlich**. Auch ihre Freundinnen sind **sportlich**.

Wenn sich ein Adjektiv auf ein **Verb** oder ein **anderes Adjektiv** bezieht *(= adverbialer Gebrauch),* hat es **keine** Endung:

Philipp läuft **schnell**. Anna schwimmt **gut**.

Er läuft oft **ganz** allein. Sie ist **wirklich** schnell.

A2 **111.** *Alles neu.* Ergänzen Sie die Endungen, wenn nötig.

1. Wir brauchen ein neu______ Sofa. Das alt______ Sofa wollen wir verschenken. – Aber euer Sofa ist doch gar nicht so alt___! – Schon, aber es ist nicht so bequem______.

2. Außerdem brauchen wir einen neu______ Küchentisch. Unser alt_____ Küchentisch ist viel zu klein______. Da haben nicht so viel______ Gäste Platz. – Ich finde, der alt__ Küchentisch ist groß___ genug.

3. Ich würde auch gern noch ein paar schön___ grün___ Zimmerpflanzen kaufen. – Gut, dann können wir die alt_____ Pflanzen endlich wegwerfen. Sie sehen wirklich nicht mehr gut___ aus.

4. Für unsere Bücher brauchen wir unbedingt ein neu______, groß______ Regal *(n.)*. Im Möbelmarkt habe ich ein wirklich______ schön______ Regal gesehen, das nicht so teuer______ ist, nur 80 €. – 80 €? Das ist aber doch ganz schön teuer___.

112. *Im Tierpark.* Ergänzen Sie die Endungen, wenn nötig. B1

Besuchen Sie unseren Tierpark

Der Tierpark liegt am nördlich_____ (1) Stadtrand *(m.)* in einer natürlich_____ (2) Landschaft mit klein_____ (3) Wäldern *(Pl.)*, einer weit_____ (4) Ebene und flach_____ (5) Seen *(Pl.)*, auf denen man alle möglich_____ (6) Wasservögel aus allen Kontinenten beobachten kann. Zahlreich_____ (7) Affen *(Pl.)* klettern hier auf echt_____ (8) Felsen *(Pl.)*, und natürlich gibt es auch viel_____ (9) bunt_____ (10) Papageien. Die Elefanten sehen ein bisschen müde_____ (11) aus und bewegen sich sehr langsam_____ (12). Aber Vorsicht: Sie können auch extrem___ (13) gefährlich_____ (14) werden.

113. *Die Deutschprüfung.* Ergänzen Sie die Endungen, wenn nötig. B1

- Wie war denn deine Deutschprüfung letzt_____ (1) Woche *(f.)*? Waren die Aufgaben sehr schwer_____ (2)?
- Mit den Grammatikaufgaben hatte ich keine groß____ (3) Probleme *(Pl.)*; ich hatte vorher viel gelernt. Aber einen eigen_____ (4) Text zu schreiben, finde ich immer noch ganz_____ (5) schön_____ (6) schwierig_____ (7).

Auch nach Verben wie *finden, halten für, machen* hat das Adjektiv keine Endung:

- Ich finde das Geschenk **schön**.
- Ich halte dich für **intelligent**.
- Diese Nachricht hat meine Mutter **glücklich** gemacht.

114. *Ein Motorradfahrer.* Ergänzen Sie die Endungen, wenn nötig. B1

Roland (44) ist ein ehemalig____ (1) Profi-Rennfahrer; mit seinem Motorrad trainierte er viel___ (2) Jahre lang täglich____ (3) bei hoh___ (4) Geschwindigkeiten. Heute berät er jung___ (5) Menschen, die einen Beruf aus ihrem Hobby machen wollen. Überraschend____ (6) ist, was er zum Straßenverkehr sagt: „Der Straßenverkehr ist mir zu riskant____ (7), da lasse ich mein Motorrad lieber zu Hause. Besonders in Großstädten sind so viel___ (8) Menschen unterwegs – das macht mich ganz___ (9) nervös___ (10)."

A2 **115.** *Buchtitel.* Ergänzen Sie die Endungen, wenn nötig.

Deutsch______ (1) Geschichte *(f.)*	Englisch______ (2) Kinderlieder *(Pl.)*
Italienisch______ (3) Kochbuch *(n.)*	Die chinesisch______ (4) Küche
Das groß___ (5) Vorlesebuch für Kinder	Gesund___ (6) Ernährung *(f.)* von A bis Z
Glücklich____ (7) werden mit positiv______ (8) Denken *(n.)*	Entscheidungen richtig____ (9) treffen: Nie wieder im Zweifel!

A2 **116.** Ergänzen Sie die Endungen.

1. Wer ist denn das? Ist das ein neu______ Mitarbeiter? – Nein, wir haben keinen neu______ Mitarbeiter. Das ist wahrscheinlich ein neu______ Kunde *(m.)*.

2. Der Kuchen ist wirklich______ lecker______. Woher hast du denn dieses toll______ Rezept? – Das habe ich von meiner alt______ Großmutter. Sie ist nicht nur eine sehr gut______ Köchin, sie kann auch sehr gut___ backen.

3. Ich brauche unbedingt einen neu______ Computer. Wir arbeiten jetzt mit einem neu______ Programm *(n.)*, und mein alt______ Computer ist einfach viel______ zu langsam______ für unser neu______ Programm.

4. Hat jemand meinen gelb______ Stift gesehen? – Meinst du diesen hier? – Nein, der schreibt doch blau______; er hat nur eine gelb______ Hülle.

A2 **117.** *Quiz: Was ist das?* Ergänzen Sie die Endungen.

1. Eine oft blau___ Hose aus fest____ Stoff *(m.)*.

2. Eine süß______ Frucht, die unten rund____ und oben schmal_____ ist.

3. Ein groß____ Tier *(n.)* mit einem sehr lang____ Hals *(m.)*, das in Afrika lebt.

4. Ein groß____ Musikinstrument *(n.)* mit weiß____ und schwarz____ Tasten *(Pl.)*.

5. Ein künstlerisch___ Text *(m.)*, oft in einem besonder____ Rhythmus *(m.)* geschrieben.

118. *Am Imbiss.* Ergänzen Sie die Endungen.

A2

Heiß______ (1) Würstchen *(Pl.)*

Groß______ (2) / klein______ (3) Döner *(m.)*

Groß______ (4) / klein______ (5) Pizza *(f.)*

Heiß______ (6) und kalt____ (7) Getränke *(Pl.)*

Verschieden______ (8) Tees *(Pl.)*

Frisch______ (9) gepresst______ (10) Säfte *(Pl.)*

119. *Eine Stadtrundfahrt.* Ergänzen Sie die Endungen.

B1

Sehr geehrt______ (1) Damen und Herren, wir begrüßen Sie ganz______ (2) herzlich______ (3) zu unserer historisch______ (4) Stadtrundfahrt. Auf der recht______ (5) Seite sehen Sie das alt_____ (6) Opernhaus, das in diesem Jahr seinen 150. Geburtstag feiert. Auf der link______ (7) Seite sehen Sie den südlich______ (8) Teil der äußer______ (9) Stadtmauer, hinter der sich auch das größt______ (10) und bekanntest______ (11) Museum der deutsch______ (12) Kulturgeschichte befindet. Dieses einzigartig______ (13) Museum …

120. *In Neuburg angekommen.* Ergänzen Sie die Endungen, wenn nötig.

B1

Liebe Heike, lieber Andi,

endlich sind wir umgezogen. Neuburg ist ein mittelgroß____ (1) Ort *(m.)* mit einer schön_____ (2) Altstadt. Unsere neu______ (3) Wohnung liegt in der Nähe eines klein______ (4) Parks *(m.)* am südlich______ (5) Stadtrand *(m.)*. In der Nähe gibt es ein modern______ (6) Einkaufszentrum *(n.)* mit einem groß_____ (7) Supermarkt *(m.)* und mit viel______ (8) interessant_____ (9) Geschäften. Jeden Samstag gibt es auf dem zentral______ (10) Marktplatz *(m.)* auch einen klein______ (11) Markt. Dort kann man lecker_____ (12) Obst *(n.)*, frisch______ (13) Gemüse *(n.)* und viel_____ (14) ander______ (15) regional______ (16) Produkte kaufen. Die Preise sind relativ______ (17) günstig_____ (18). Besonders gut_____ (19) gefallen uns die viel_____ (20) verschieden______ (21) Restaurants und die gemütlich______ (22) Kneipen *(Pl.)*. Wenn ihr mal wieder ein frei______ (23) Wochenende *(n.)* habt, dann kommt uns doch besuchen.

Lieb______ (24) Grüße *(Pl.)* und bis bald

Sarah und Ralf

Komparativ und Superlativ

Die Straßenbahn ist schnell. | Der Zug ist **schneller**. | Das Flugzeug ist **am schnellsten**.

Adjektive kann man steigern.
Den **Komparativ** bildet man mit ***-er***.
Den **Superlativ** bildet man mit ***-st***.
Wenn der Superlativ bei einem Verb steht, benutzt man die Form ***am ...sten***.

	Vor einem Nomen: mit Adjektivendungen	**Mit einem Verb**
	ein schnell**es** Verkehrsmittel	Die Straßenbahn ist schnell.
Komparativ	ein schnell**eres** Verkehrsmittel	Der Zug ist schnell**er**.
Superlativ	das schnell**ste** Verkehrsmittel	Das Flugzeug ist **am** schnell**sten**.

Besonderheiten:

	Komparativ	**Superlativ**	
alt groß gesund	**ä**lter gr**ö**ßer ges**ü**nder	am **ä**ltesten am gr**ö**ßten am ges**ü**ndesten	Umlaut *(a→ä, o→ö, u→ü)* bei den meisten kurzen Adjektiven *(arm, groß, hart, kalt, lang, nah, scharf, schwach, stark, warm …*, aber: *schmal, schlank* ohne Umlaut)
dunkel teuer	dunk~~e~~ler → dunkler teu~~e~~rer → teurer	am dunkelsten am teuersten	Adjektive auf *-el* und *-er*
nett frisch	netter frischer	am nett**e**sten am frisch**e**sten	Adjektive auf *-s, -z, -ß, -sch,- d, -t* (aber: *am größten*)
hoch	**höher**	am **höchsten**	Adjektive (und Adverb *gern*) mit unregelmäßigen Formen
nah	**näher**	am **nächsten**	
gut	**besser**	am **besten**	
viel	**mehr**	am **meisten**	
gern	**lieber**	am **liebsten**	

Vergleiche:

Samuel ist
größer als Tim.

Jan ist **so (= genauso)**
groß wie Tim.

121. Ergänzen Sie die Komparative.

A2

1. Der Mond ist ____________________ *(klein)* ________ die Sonne.
2. Hamburg ist ____________________ *(groß)* ________ Köln.
3. Köln ist ____________________ *(alt)* ________ München.
4. Madrid liegt ________________ *(hoch)* ________ Paris.

122. Ergänzen Sie die Komparative.

A2

1. Diese Wohnung ist zu teuer. Ich suche eine ____________________ *(billig)* Wohnung.
2. Ralf hat ein ____________________ *(teuer)* und ____________________ *(groß)* Auto als Olaf.
3. Sofies Laptop läuft sehr langsam; sie braucht unbedingt einen ____________________ *(gut)* Laptop.
4. Jonathan ist zu seinem Freund gezogen; leider hat er jetzt einen ____________________ *(lang)* Weg zur Arbeit.
5. Ich kann jetzt nicht weg. Ich muss auf meine ____________________ *(jung)* Geschwister *(Pl.)* aufpassen.

123. *Der Weg zum Bahnhof.* Ergänzen Sie die Superlative.

A2

1. Wie komme ich _________________________ *(schnell)* zum Bahnhof?
2. Welches Ticket ist _________________________ *(billig)*?
3. Wo ist hier die _________________________ *(nah)* Haltestelle?
4. Können Sie mir den ______________________ *(kurz)* Weg zur Haltestelle zeigen?

124. *Vergleiche.* Ergänzen Sie *als* oder *so (= genauso) … wie.*

A2

1. Bist du eigentlich älter oder jünger _______ dein Bruder? – Mein Bruder ist ____________________ alt ____________ ich. Wir sind Zwillinge.
2. Ihr habt bestimmt eine größere Wohnung _______ wir. – Nein, unsere Wohnung hat auch nur 50 m^2. Sie ist ______________________ groß __________ eure Wohnung.

Man kann es auch anders sagen:
- Diese Hose kostet **so/genauso viel wie** die andere. = Sie kosten **gleich viel**.
- Meine Schwester läuft **so/genauso schnell** wie ich. = Wir laufen **gleich schnell**.

Partizipien als Adjektive

Partizip Präsens	Partizip Perfekt
Die Handlung findet **gleichzeitig mit einer anderen** statt. Sie ist **nicht abgeschlossen**.	Die Handlung hat **vor einer anderen** stattgefunden. Sie ist **abgeschlossen**.
Heiko beobachtet die **einsteigenden** Fahrgäste. → Heiko beobachtet die Fahrgäste, die gerade einsteigen.	Der Schüler spricht durch die **geöffnete** Tür mit dem Fahrer. → Die Tür ist vorher geöffnet worden. *(Passiv)* Alicia sieht noch den **abgefahrenen** Bus. → Der Bus ist vorher abgefahren. *(Aktiv)* *(Meistens ist die Bedeutung passivisch.)*
Form: **wartend, einsteigend, singend …** Infinitiv + *d* **+ Endung**	Form: **geöffnet, abgefahren, geschrieben …** (↑ S. 114, 116) **+ Endung**

Wenn man das Partizip Präsens und das Partizip Perfekt wie ein Adjektiv verwendet, dekliniert man sie wie ein Adjektiv (↑ S. 54, 56, 58):
▶ ein geöffnet**es** Fenster, das geöffnet**e** Fenster, geöffnet**e** Fenster

B1

125. Ergänzen Sie das Partizip Präsens oder Perfekt.

1. das Baby, das schläft — das ____________ Baby
2. ein Baby, das lacht — ein ____________ Baby
3. Katzen, die spielen — ____________ Katzen
4. die Tür, die geöffnet worden ist — die ____________ Tür
5. der Bus, der gerade ankommt — der ____________ Bus
6. der Bus, der angekommen ist — der ____________ Bus
7. die Gäste, die eingeladen worden sind — die ____________ Gäste
8. ein Haus, das renoviert worden ist — ein ____________ Haus
9. ein Telefon, das nicht funktioniert — ein nicht ____________ Telefon
10. ein Termin, der vereinbart worden ist — ein ____________ Termin

126. Ergänzen Sie das Partizip Perfekt. B1

1. Wenn Sie eine abgeschlossene (*abschließen*) Berufsausbildung haben, dann bewerben Sie sich bei uns!
2. Die Vorstellung muss heute leider ausfallen. Bereits __________ (*kaufen*) Karten können an der Theaterkasse zurückgegeben werden.
3. Bitte stellen Sie das __________ (*benutzen*) Geschirr auf den Geschirrwagen am Ausgang.
4. Sie müssen die vom Arzt __________ (*verschreiben*) Medikamente regelmäßig einnehmen.
5. Bitte speichern Sie die __________ (*herunterladen*) Dateien in einem eigenen Ordner.

127. *Eine Mail aus dem Urlaub.* Ergänzen Sie das Partizip Präsens oder das Partizip Perfekt. B1

Senden	**Von:** j.riemer@mailforyou.com
	An: familie_riemer@mailforyou.com; hanni34@mailforyou.com
	Betreff: Grüße aus dem Urlaub

Hallo, Ihr Lieben,

hier ist die __________ (*versprechen*) (1) Urlaubsmail. Unser lange __________ (*planen*) (2) Urlaub ist leider nicht so __________ (*entspannen*) (3), wie wir gedacht haben. Unser Hotel liegt an einer Hauptstraße hinter der Bahnlinie. Am Morgen wecken uns __________ (*hupen*) (4) Autos und __________ (*vorbeifahren*) (5) Züge. Die täglich __________ (*stattfinden*) (6) Partys in der Disco gegenüber dauern die ganze Nacht. Die __________ (*lachen*) (7) und __________ (*singen*) (8) Partygäste auf der Straße lassen uns kaum schlafen. Im Restaurant gibt es immer dasselbe langweilig __________ (*schmecken*) (9) Essen, die Getränke werden in schlecht __________ (*spülen*) (10) Gläsern serviert. Den Strand kann man nicht betreten, denn dort liegt __________ (*wegwerfen*) (11) Müll (*m.*). Von der im Katalog __________ (*abbilden*) (12) schönen Landschaft ist hier leider nichts zu sehen.

Liebe Grüße von Susi und Jörg

Nominalisierte Adjektive und Partizipien

Man kann aus Adjektiven Nomen bilden; man schreibt sie dann **groß** (↑ S. 242) und sie behalten **dieselben** Endungen (↑ S. 54, 56, 68). Das gilt auch für Partizipien.

Adjektiv	der/die Jugendliche, der/die Fremde, der/die Verwandte … das Gute, das Neue, das Schöne, das Wichtigste …
Partizip Präsens (↑ S. 66)	der/die Anwesende, der/die Abwesende, der/die Lernende, der/die Reisende, der/die Studierende …
Partizip Perfekt (↑ S. 66, 114, 116)	der/die Angestellte, der/die Betrunkene, der/die Verletzte, der/die Vorgesetzte …

	Maskulinum	**Femininum**	**Plural**
Nominativ	der Verwandt**e**	die Verwandt**e**	die Verwandt**en**
Akkusativ	den Verwandte**n**	die Verwandt**e**	die Verwandt**en**
Dativ	dem Verwandt**en**	der Verwandt**en**	den Verwandt**en**
Genitiv	des Verwandt**en**	der Verwandt**en**	der Verwandt**en**

	Maskulinum	**Femininum**	**Plural**
Nominativ	ein Verwandt**er**	eine Verwandt**e**	– Verwandt**e**
Akkusativ	einen Verwandt**en**	eine Verwandt**e**	– Verwandt**e**
Dativ	einem Verwandt**en**	einer Verwandt**en**	– Verwandt**en**
Genitiv	eines Verwandt**en**	einer Verwandt**en**	– Verwandt**er**

Nach *etwas, nichts, wenig, viel* … steht das Adjektiv im Nominativ Singular Neutrum:
- ▶ Er hat mir etwas **Wichtiges** gesagt.
- ▶ Der Zeitungsartikel enthält wenig **Neues**.

B1 **128.** Bilden Sie Nomen aus den Adjektiven oder Partizipien.

1. neu ⟶ etwas Neues		**4.** bekannt ⟶ mein ________
2. interessant ⟶ nichts ________		**5.** angestellt ⟶ einige ________
3. komisch ⟶ das ________		**6.** arbeitslos ⟶ die vielen ________

129. Ergänzen Sie die Adjektive als Nomen. B1

1. Wir wünschen dir alles ____________________ *(gut)* zum Geburtstag!
2. Möchtest du noch ein Stück Torte haben? – Nein, danke. Sie ist wirklich sehr lecker, aber ich darf leider nicht so viel ____________________ *(süß)* essen.
3. Sag mal, was ist eigentlich der Unterschied zwischen einer Orange und einer Apfelsine? – ________________ *(beide)* ist das ____________________ *(gleich)*; es gibt keinen Unterschied.
4. Weißt du schon das ____________________ *(neuest-)*? – Nein, was gibt es denn ____________________ *(neu)*? – Luisa und Marc bekommen ein Baby.

130. *Ein Hochzeitsgeschenk.* Ergänzen Sie die Adjektive als Nomen. B1

● Guten Tag, ich suche nach einem Hochzeitsgeschenk für Freunde, etwas ____________________________ *(speziell)* (1).

○ Wie wäre es mit neuen Töpfen und Geschirr?

● Ich suche eher etwas ________________________ *(origineller)* (2).

○ Denken Sie an etwas ________________________ *(bestimmt)* (3)?

● Na ja, nichts ______________________ *(alltäglich)* (4).

○ Da fällt mir etwas __________________ *(schön)* (5) ein. Moment, ich hole es …

131. Ergänzen Sie die Endungen. B1

Neue Kurse für Anfänger/-innen und Fortgeschritten_____ (1)

Zu unserem Sommerfest sind alle Mitarbeiterinnen und Mitarbeiter mit ihren Angehörig_____ (2) eingeladen!

Krankenversicherung und Rente: Was Deutsch____ (3) im Ausland wissen müssen

Kein Alkohol an Kinder und Jugendlich_____ (4) unter 18 Jahren!

„Mein Weg zum Job" – Informationen für Auszubildend_____ (5)

Auch *der Deutsch**e** / die Deutsch**e*** ist ein nominalisiertes Adjektiv.
Dagegen gehören die anderen maskulinen Nationalitätenbezeichnungen auf *-e* wie *der Griech**e**, der Russ**e**, der Türk**e** …* zur *n*-Deklination (↑ S. 22); das feminine Nomen heißt *die Griech**in**, die Russ**in**, die Türk**in** …*

A2 **132.** Ergänzen Sie die Komparative.

1. In München ist es heute etwas __________ *(warm)* und __________ *(sonnig)* als in Berlin.
2. Auf den Bergen ist es __________ *(kalt)* als im Tal.
3. Ich finde, beim Karneval ist es __________ *(lustig)* als auf dem Oktoberfest.
4. Für mich ist Wiesbaden __________ *(schön)* als Mainz.

A2 **133.** Ergänzen Sie die Superlative.

1. Wo gibt es denn hier den __________ *(gut)* Kaffee und die __________ *(lecker)* Torten *(Pl.)*? – Das kann ich dir nicht so genau sagen. Ich weiß nur, wo es das __________ *(frisch)* Obst und das __________ *(gesund)* Gemüse gibt.
2. In dieser Stadt habe ich die __________ *(nett)* Menschen getroffen und den __________ *(viel)* Spaß gehabt.

A2 **134.** *Quiz.* Ergänzen Sie die Superlative.

1. Welches ist das __________ (*klein*) deutsche Bundesland?
2. Welches ist der __________ *(lang)* Fluss in Österreich?
3. Wo befindet sich der __________ *(groß)* Flughafen Deutschlands?
4. Welches ist der __________ *(hoch)* Berg in Deutschland?

A2 **135.** *Eine Umfrage.* Ergänzen Sie den Komparativ oder Superlativ und *als*.

Meer oder Berge, Stadt oder Land? Wo verbringen Sie Ihren Urlaub?

1. Ich fahre __________ (*gern*, Komparativ) ans Meer ______ in die Berge. Ich schwimme sehr gern.
2. __________ (*gern*, Superlativ) fliege ich zu meiner Schwester nach New York: Da ist immer was los!
3. Wir machen immer Urlaub in der Natur: Da können wir __________ (*leicht*, Komparativ) entspannen ______ in der Stadt.

136. Unterstreichen Sie die Adjektive/Partizipien, die hier als Nomen verwendet werden. B1

Eintrittspreise:

Erwachsene	4,00 €
Kinder und Jugendliche unter 18 Jahren	2,50 €
Schüler/-innen und Studierende ab 18 (nur mit Ausweis)	3,00 €

137. Ergänzen Sie die Adjektive als Nomen. B1

- Am Freitag muss ich unbedingt in die Stadt fahren. Ich habe etwas ______________ *(wichtig)* (1) zu erledigen.
- Da komme ich mit. Ich brauche noch ein Geschenk für meine Schwester. Vielleicht finde ich etwas ______________ *(schön)* (2).

- Es war eine gute Idee, sich einen Film anzusehen. Das war genau das ______________ *(richtig)* (3) bei diesem Regenwetter.
- Wollen wir noch ins Café gehen? Ich würde gern etwas ______________ *(warm)* (4) trinken.
- Ja, gern. Es gibt dort auch immer etwas ______________ *(lecker)* (5) zu essen.

- Hast du schon etwas ______________ *(neu)* (6) von Natalie und Kira gehört? Ich habe die beiden lange nicht gesehen.
- Nein, nichts ______________ *(besonder-)* (7). Das ______________ *(neuest-)* (8) ist, dass sie im August umgezogen sind. Aber das weißt du schon, oder?

- Am Wochenende besuchen wir unsere ______________ *(verwandt)* (9) in Köln.
- Wie viele ______________ *(verwandt)* (10) habt ihr denn in Köln?
- Meine Schwägerin und drei Cousins meiner Frau mit ihren Familien – und wir treffen dort außerdem einen ______________ *(bekannt)* (11), einen früheren Arbeitskollegen.

Zahlwörter: Grundzahlen

1	**eins**	11	**elf**	21	**ein**und**zwanzig**	40	**vierzig**
2	**zwei**	12	**zwölf**	22	**zwei**und**zwanzig**	50	**fünfzig**
3	**drei**	13	**dreizehn**	23	**drei**und**zwanzig**	60	**sechzig**
4	**vier**	14	**vierzehn**	24	**vier**und**zwanzig**	70	**siebzig**
5	**fünf**	15	**fünfzehn**	25	**fünf**und**zwanzig**	80	**achtzig**
6	**sechs**	16	**sechzehn**	26	**sechs**und**zwanzig**	90	**neunzig**
7	**sieben**	17	**siebzehn**	27	**sieben**und**zwanzig**		
8	**acht**	18	**achtzehn**	28	**acht**und**zwanzig**		
9	**neun**	19	**neunzehn**	29	**neun**und**zwanzig**		
10	**zehn**	20	**zwanzig**	30	**dreißig**		

100	**hundert**	1000	**tausend**	1 000 000	**eine Million**
200	**zweihundert**	2000	**zweitausend**	2 000 000	**zwei Millionen**

48 → **acht**und**vierzig**

3 248 → **dreitausendzweihundertacht**und**vierzig**

Grundzahlen haben normalerweise keine Endung.

Ausnahme: Die Zahl *eins* dekliniert man wie den unbestimmten Artikel:
▶ Wir haben zwei Bier, **einen** Kaffee und **eine** Flasche Wasser bestellt.

A1 **138.** *Kartoffel-Karotten-Auflauf.* Schreiben Sie die Zahlen in Wörtern.

Zutaten für 6 Personen:
– 450 g Kartoffeln
– 375 g Karotten
– 125 ml Sahne
– 30 g Butter
– 75 g Käse
Pfeffer, Salz, Petersilie
Vorbereitungszeit: ca. 35 Min.

sechs
____
____
____
____
____
____

139. *Angebote.* Schreiben Sie die Zahlen in Wörtern. A1

Vollwaschmittel

4 kg

für 65 Wäschen

statt 15,49 €

nur 12,55 € –

Sie sparen 19 %!

Bio-Shampoo

275 ml

statt 5,98 €

nur 3,78 € –

Sie sparen 37 %!

Man spricht:
- 2,99 €: „zwei Euro neunundneunzig"
- 1,72 m: „ein Meter zweiundsiebzig"

140. *Entfernungen und Rekorde.* Schreiben Sie die Zahlen in Wörtern. A2

1. Berlin – New York: 6 384 km
2. Der längste Fluss der Welt: 6 852 km
3. Der höchste Berg der Welt: 8 848 m
4. Der tiefste Punkt im Meer: 11 034 m
5. Erde – Mond: 384 000 km
6. Einmal um die Erde: 40 074 km

Zahlwörter: Ordnungszahlen und Datum

die **Erste**, die **Zweite**, die **Dritte**

Ordnungszahlen

1.		**erste**
2.		zwei**te**
3.		**dritte**
4.		vier**te**
5.	der/ das/ die	fünf**te**
6.		sechs**te**
7.		sieb**te**
8.		ach**te**
9.		neun**te**
10.		zehn**te**

11.		elf**te**
12.		zwölf**te**
13.		dreizehn**te**
14.	der/ das/ die	vierzehn**te**
15.		fünfzehn**te**
16.		sechzehn**te**
17.		siebzehn**te**
18.		achtzehn**te**
19.		neunzehn**te**

20.		zwanzig**ste**
21.	der/ das/ die	einundzwanzig**ste**
22.		zweiundzwanzig**ste**
23.		dreiundzwanzig**ste**
…		…

100.		hundert**ste**
1000.	der/ das/ die	tausend**ste**
1 000 000.		million**ste**
…		…

Man dekliniert Ordnungszahlen wie Adjektive (↑ S. 54, 56, 58):

- Der **erste** Gast an diesem Abend war Markus.
- Frau Koch feiert heute ihren **hundertsten** Geburtstag.
- Der Flohmarkt findet heute zum **dritten** Mal in diesem Monat statt.
- Diese Fabrik gab es schon Ende des **neunzehnten** Jahrhunderts.

Auch das **Datum** bildet man mit Ordnungszahlen:

Der Wievielte ist heute?	Der 26.5. („der **sechsundzwanzigste Fünfte**"). Der **sechsundzwanzigste** Mai.

Wann hast du Geburtstag?	Am 13.4. („am **dreizehnten Vierten**"). Am **dreizehnten** April.

141. *Der erste Schultag.* Schreiben Sie die Zahlen in Wörtern.

A2

Dieses Jahr beginnt das neue Schuljahr am __________ *(12.)* September. Ina ist __________ *(6)* Jahre alt, und für sie und viele andere Kinder ist es der __________ *(1.)* Schultag. An diesem Tag geht Ina zum __________ *(1.)* Mal in die Schule, und zwar in die __________ *(1.)* Klasse. Ihre Brüder Jan und Justus sind auch in dieser Schule. Jan geht in die __________ *(2.)* Klasse, Justus ist schon in der __________ *(10.)* Klasse.

142. *Besondere Tage.* Schreiben Sie die Daten in Wörtern.

A2

	Welcher Tag ist das?	Wann ist das?
1. Neujahr (1.1.)	der erste Erste	am ersten Ersten
2. Tag der Arbeit (1.5.)		
3. Tag der Menschenrechte (10.12.)		
4. Weihnachten (25. und 26.12.)		
5. Silvester (31.12.)		

So spricht man Jahreszahlen aus:
- 1999: „neunzehnhundertneunundneunzig"
- 2016: „zweitausendsechzehn"

143. *Geburtstage.* Schreiben Sie die unterstrichenen Daten in Wörtern.

A2

- Wann bist du geboren?
- Am 17.3.2001 (1).
- Du bist ein bisschen jünger als ich – ich bin am 23.11.1999 (2) geboren. Und dein Bruder?
- Am 31.5.2004 (3).

1. __________

2. __________

3. __________

Uhrzeit

Die **Uhrzeit** spricht man in **formellen** Situationen anders als im **Alltag** aus.

Wie viel Uhr ist es? Wie spät ist es?

	formell ***(Bahnhofsdurchsage, Radio ….)***	**informell** ***(Alltag, Freunde, Familie …)***
9:00 Uhr	neun Uhr	neun (Uhr)
9:05 Uhr	neun Uhr fünf	fünf nach neun
9:15 Uhr	neun Uhr fünfzehn	Viertel nach neun
9:25 Uhr	neun Uhr fünfundzwanzig	fünf vor halb zehn
15:30 Uhr	fünfzehn Uhr dreißig	halb vier
15:40 Uhr	fünfzehn Uhr vierzig	zwanzig vor vier
15:45 Uhr	fünfzehn Uhr fünfundvierzig	Viertel vor vier
15:58 Uhr	fünfzehn Uhr achtundfünfzig	kurz vor vier

Regional sagt man informell auch:
- ▶ 9:15 Uhr: „viertel zehn"
- ▶ 9:45 Uhr: „drei viertel zehn"

A1 **144.** *Wie spät ist es?* Schreiben Sie die Uhrzeit in Wörtern – erst formell, dann informell.

		formell	**informell**
	1.	fünf Uhr fünfzehn / siebzehn Uhr fünfzehn	Viertel nach fünf
	2.		
	3.		

145. *Mein Stundenplan.* Schreiben Sie die Uhrzeit im Text informell in Wörtern und ergänzen Sie die Tabelle. A1

	Montag	Dienstag	Mittwoch
8:00–8:45 Uhr	*Deutsch*	*Kunst*	*Biologie*
8:55–9:40 Uhr	*Chemie*	*Kunst*	*Englisch*
________________ (3)	*Mathematik*	*Englisch*	*Deutsch*
10:55–11:40 Uhr	*Musik*	*Physik*	*Chemie*
11:50–12:35 Uhr	*Französisch*	*Sport*	*Mathematik*
________________ (8)	*Physik*	–	–

„Ich gehe in die neunte Klasse. Am Montag habe ich von *acht* bis *Viertel vor neun* Deutsch.

Danach habe ich von ________________________________ (1) bis

________________________________ (2) Chemie und *von zehn bis Viertel vor elf*

Mathematik, von ________________________________ (4)

bis ________________________________ (5) Musik und von

________________________________ (6)

bis ________________________________ (7) Französisch.

Nach der Mittagspause haben wir *von fünf nach eins bis zehn vor zwei* eine Stunde Physik."

146. *Fahrplanauskunft.* Schreiben Sie die Uhrzeit formell in Wörtern. A2

- Guten Tag. Wann fährt der nächste Regionalexpress nach München?
- Der nächste Zug fährt um 7:01 Uhr (1) an Gleis 8. Aber Sie müssen sich beeilen. Es ist schon 6:58 Uhr (2).
- Das schaffe ich nicht. Wann geht der nächste Zug?
- Um 7:32 Uhr (3) fährt die Regionalbahn, aber sie braucht 20 Minuten länger. Der nächste Regionalexpress fährt um 7:48 Uhr (4).
- Danke.

1. ________________________________

____

____

2. ________________________________

____

____

3. ________________________________

____

____

4. ________________________________

____

____

Bruchzahlen, Zahlen mit *-mal*, Rechenzeichen

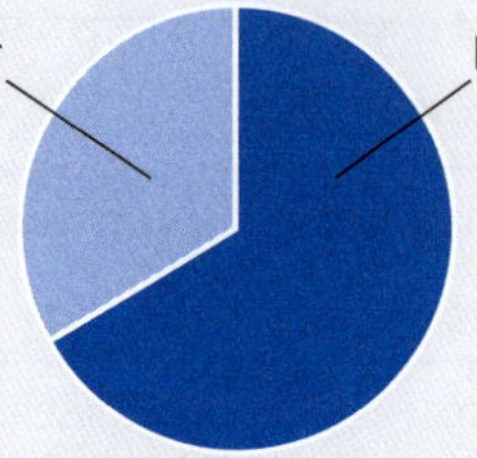

In meinem Deutschkurs sind fünfzehn Personen: zwei **Drittel** Frauen und ein **Drittel** Männer.

Bruchzahlen

1/2	ein **halb-** / die **Hälfte**
1/3	ein **Drittel**
1/4	ein Vier**tel**
1/5	ein Fünf**tel**
…	…
1/20	ein Zwanzig**stel**
…	…

- ein **halbes** Brot
- die **Hälfte** des Brots
- ein **Drittel** des Wegs
- ein **Zwanzigstel** der Bevölkerung

Zahlen mit *-mal* (Wiederholung)

1 ×	ein**mal**
2 ×	zwei**mal**
3 ×	drei**mal**
4 ×	vier**mal**
5 ×	fünf**mal**
…	…

- Ich habe es dir schon **zweimal** gesagt.
- Man kann die Prüfung **dreimal** wiederholen.

Rechenzeichen

+	plus
–	minus
×	mal
:	(geteilt) durch
=	ist / gleich / ist gleich

3 + 2 = 5	„Drei **plus** zwei **ist** fünf."
5 – 3 = 2	„Fünf **minus** drei **ist** zwei."
2 × 3 = 6	„Zwei **mal** drei **ist** sechs."
6 : 3 = 2	„Sechs **(geteilt) durch** drei **ist** zwei."

A2 **147.** Schreiben Sie die Zahlen in Wörtern.

2	zwei	5	
2.1.	der zweite Erste	5.7.	
1/2	ein halb- / die Hälfte	1/5	
2 ×	zweimal	5 ×	
3		10	
3.5.		10.9.	
1/3		1/10	
3 ×		10 ×	

148. Schreiben Sie die Rechenbeispiele in Wörtern. A2

3 + 4 = 7 Drei plus ... ______________________

13 – 4 = 9 ______________________

23 + 4 = 27 ______________________

5 × 7 = 35 ______________________

18 : 6 = 3 ______________________

149. Ergänzen Sie die Zahlen in Wörtern. B1

1. Heute fehlt in meiner Klasse ______________ *(1/3)* der Kinder! – In meiner Klasse ist es noch schlimmer, nur die ______________ *(1/2)* der Kinder ist da.

2. Nehmen Sie diesen Hustensaft ______________ *(4x)* am Tag ein.

3. ______________ *(1/5)* der Kursteilnehmenden kommt aus der Türkei.

4. Wir haben schon ______________ *(3/4)* der Arbeit erledigt. – Ich weiß, das hast du schon ______________ *(2x)* gesagt.

5. Ich habe schon ______________ *(3x)* versucht, ihn telefonisch zu erreichen.

150. Schreiben Sie die Wörter aus der Wortschlange in die Tabelle – und notieren Sie sie dann in Zahlen. B1

zweifünftelplusdreifünftelgleicheinsachtmalsiebengleich

sechsundfünfzigvierundzwanzigminusfünfzehngleichneun

	In Wörtern	In Zahlen
1.		
2.		
3.		

Alles verstanden?

A2 **151.** *Kennen Sie diese Buch- und Filmtitel?* Schreiben Sie die Zahlen in Wörtern.

1. 100 Jahre Einsamkeit ______________________
2. In 80 Tagen um die Welt ______________________
3. Fahrenheit 451 ______________________
4. Das 7. Kreuz ______________________
5. 40 qm Deutschland ______________________
6. Der 3. Mann ______________________
7. 1001 Nacht ______________________

A2 **152.** *Geburtstage.* Schreiben Sie die Zahlen in Wörtern.

- Morgen ist der ______________________ *(5.4.)*, da hat Antonia Geburtstag.
- Wirklich? Ich dachte, sie hat am ______________________ *(4.5.)* Geburtstag.
- Oh – ja, du hast recht. Antonia ist genau ______________________ *(2)* Monate älter als Florian. Und Florians Geburtstag ist am ______________________ *(4.7.)*.
- Ja, aber Antonia ist nicht älter als Florian. Antonia ist doch ______________________ ______________________ *(1988)* geboren und Florian ______________________ *(1987)*.
- Ach so? Dann ist Antonia also __________ *(10)* Monate jünger als Florian.

A2 **153.** *Angebote.* Schreiben Sie die Zahlen, Uhrzeiten (formell) und Preise in Wörtern.

Mittagsmenü
Montag bis Freitag
11:30 bis 14:00 Uhr
für nur 6,89 €
(mit Getränk: 7,49 €)

1. ______________________
2. ______________________
3. ______________________

3 Lichterketten
3 × 5 Meter
je 40 Lichter –
jetzt für nur 44,79 €!

4. ______________________
5. ______________________
6. ______________________
7. ______________________

154. *Der 1000. Gast.* Schreiben Sie die Zahlen in Wörtern.

A2

Tolle Aktion!

Der ______________________________ *(1000.)* Gast erhält ______________ *(1)* Gutschein *(m.)* für ______________ *(1)* exklusives Wochenende für ______________ *(2)* Personen in Wien und ______________ *(99)* Rosen!

155. *Am Morgen.* Schreiben Sie die Uhrzeit informell in Wörtern.

A2

Jeden Tag um 5:45 Uhr (1) klingelt mein Wecker. Ich stehe auf und schalte die Kaffeemaschine ein. Dann gehe ich ins Bad. Wenn ich aus dem Bad komme, ist es 6:05 Uhr (2). Ich frühstücke und trinke Kaffee. Um 6:15 Uhr (3) gehe ich aus dem Haus und zur Bushaltestelle. Der Bus fährt um 6:25 Uhr (4) ab und kommt um 6:55 Uhr an (5). Jetzt muss ich mich beeilen, denn um 7:00 Uhr (6) muss ich in der Firma sein.

1. ______________________________

2. ______________________________

3. ______________________________

4. ______________________________

5. ______________________________

6. ______________________________

156. Schreiben Sie die Wörter als Zahlen.

B1

sechshundertelf ______________

dreihunderteinundachtzig ______________

siebenhundertfünfundzwanzig ______________

viertausenddreihundertzweiundfünfzig ______________

achtzigtausendsiebenunddreißig ______________

eine Million fünfhundertdreißigtausendachthundert ______________

zweiunddreißig minus vier ist achtundzwanzig ______________

ein Zweiunddreißigstel ______________

ein Fünfhundertstel ______________

Zusammengesetzte Nomen

das **Eis** + **die Verkäuferin** → **die Eisverkäuferin**

Man kann Wörter verschiedener Wortarten mit Nomen zusammensetzen und so neue Nomen bilden.

Nomen + Nomen	das Zimmer + die Pflanze die Umwelt + der Schutz	→ die Zimmerpflanze → der Umweltschutz
Verbstamm + Nomen	wasch~~en~~ + die Maschine rasier~~en~~ + der Apparat	→ die Waschmaschine → der Rasierapparat
Adjektiv + Nomen	neu + der Wagen alt + das Papier	→ der Neuwagen → das Altpapier
Präposition + Nomen	vor + der Name nach + der Name	→ der Vorname → der Nachname

Das letzte Wort ist das Grundwort. Das Wort davor gibt weitere Informationen:
▶ die Zimmer**pflanze** = die **Pflanze** *für das Zimmer*
▶ der Groß**einkauf** = der *große* **Einkauf**

Das zusammengesetzte Nomen hat das Genus des Grundworts:
▶ die Umwelt + **der Schutz** → **der** Umwelt**schutz**
▶ der Garten + **das Haus** → **das** Garten**haus**

Ein zusammengesetztes Nomen kann auch aus drei oder mehr Wörtern bestehen:
▶ der Fußballweltmeister, der Haustürschlüssel, der Grundwortschatz

Zwischen den Teilen eines zusammengesetzten Nomens steht manchmal (ca. 30 %) ***-e-***, ***-(e)s-***, ***-(e)n-*** oder ***-er-***, z. B.:
▶ Hund**e**futter, Arbeit**s**platz, Stund**en**plan, Nummer**n**schild, Kind**er**schuhe

A1 **157.** Was bedeuten diese zusammengesetzten Nomen?

1. Ein Papierkorb ist ein Korb für ____.

2. Ein Tomatensaft ist ein Saft aus ____.

3. Eine Hautcreme ist eine Creme für die ____.

158. *Kennen Sie die Speisen?* Schreiben Sie zusammengesetzte Nomen mit Artikel. A1

1. der Apfel + der Kuchen → ______
2. die Nudel + der Salat → ______
3. die Kartoffel + die Suppe → ______
4. die Butter + das Brot → ______

159. *Was ist das?* Schreiben Sie zusammengesetzte Nomen mit Artikel. A1

1. die Schüssel für Salat → die Salatschüssel
2. die Tüte aus Plastik → ______
3. die Tasse für Kaffee → ______
4. das Tuch für den Tisch → ______

160. *Was ist das?* Schreiben Sie zusammengesetzte Nomen mit ***-n-*** und ergänzen Sie den Artikel. A1

= der Blumentopf (1)
= ______ (2)

= ______ (3)
= ______ (4)

161. *Was ist das?* Schreiben Sie zusammengesetzte Nomen mit Artikel. A1

1. das Rad zum Fahren = das Fahrrad
2. das Zimmer zum Schlafen = ______
3. der Topf zum Kochen = ______
4. die Pfanne zum Braten = ______

162. *Adjektiv + Nomen.* Schreiben Sie zusammengesetzte Nomen mit Artikel. A1

~~alt~~ • früh • groß • weiß	Brot *(n.)* • Eltern *(Pl.)* • Jahr *(n.)* • ~~Papier *(n.)*~~

das Altpapier

163. *Präposition + Nomen.* Schreiben Sie zusammengesetzte Nomen mit Artikel. A1

nach *(2 x)* • neben *(2 x)* • vor *(2 x)*	Kosten *(Pl.)* • Mittag *(m.)* *(2 x)* • Speise *(f.)* *(2 x)* • Straße *(f.)*

______

Nomen mit Suffix und Infinitive als Nomen

die Katze

das K**ä**tz**chen**

Man kann aus anderen Wörtern mit Suffixen *(-chen, -er, -ung, -heit…)* neue Nomen bilden.

Nomen			
+ *-chen/ -lein (mit Umlaut)*	die Katze → das K**ä**tz**chen** das Brot → das Br**ö**t**chen** das Buch → das B**ü**ch**lein**	Neutrum	*Verkleinerung*
+ *-in*	der Arzt (Pl. die Ärzte) → die **Ä**rzt**in** (Pl. die **Ä**rzt**innen**) der Russe (Pl. die Russen) → die Russ**in** (Pl. die Russ**innen**)	Femininum	*weibliche Person*
+ *-er/-ler*	die Musik → der Musik**er** die Wissenschaft → der Wissenschaft**ler**	Maskulinum	*männliche Person*

Verbstamm			
+ *-er*	fahren → der Fahr**er** lehren → der Lehr**er** rasieren → der Rasier**er**	Maskulinum	*männliche Person* *Maschine/Gerät*
+ *-ung*	wohnen → die Wohn**ung** erklären → die Erklär**ung**	Femininum	

Infinitiv	
lachen → das **Lachen** putzen → das **Putzen** ▶ Ich mag ihr Lachen. ▶ Beim Putzen höre ich Radio.	Neutrum

Adjektive		
+ *-heit*	sicher → die Sicher**heit** zufrieden → die Zufrieden**heit**	Femininum
+ *-keit*	ähnlich → die Ähnlich**keit** schwierig → die Schwierig**keit**	Femininum

Nomen schreibt man immer groß (↑ S. 242):
- ▶ singen → das **S**ingen, beim **S**ingen; schwimmen → vor dem **S**chwimmen
- ▶ jugendlich → der/die **J**ugendliche (↑ S. 68)

164. *Kleine Dinge.* Schreiben Sie Nomen mit *-chen* oder *-lein* mit Artikel.

A1

1. das Brot → das Brötchen
2. die Wurst → ____________________
3. das Buch → ____________________
4. das Haus → ____________________
5. der Baum → ____________________
6. das Tier → ____________________

Das Suffix zur Verkleinerung ist regional unterschiedlich.
Im Standarddeutschen verwendet man fast immer *-chen;*
-lein verwendet man fast nur dann, wenn ein Nomen auf *-ch* endet.

165. *Berufe – Männer und Frauen.* Ergänzen Sie die Tabelle.

A1

Mann	Frau	Mann	Frau
1. der Friseur	→ die Friseurin	4. der Briefträger	→ ____________
2. ____________	→ die Lehrerin	5. ____________	→ die Apothekerin
3. der Taxifahrer	→ ____________	6. der Zahnarzt	→ ____________

166. *Wie nennt man diese Personen?* Schreiben Sie die Nomen.

A2

1. Ein Mann, der malt, ist ein Maler.
2. Eine Frau, die schwimmt, ist eine ____________________.
3. Ein Mann, der zuschaut, ist ein ____________________.
4. Eine Frau, die singt, ist eine ____________________.
5. Ein Mann, der raucht, ist ein ____________________.
6. Eine Frau, die aus Leipzig kommt, ist eine ____________________.
7. Ein Mann, der mit dem Rad fährt, ist ein ____________________.
8. Eine Frau, die Fußball spielt, ist eine ____________________.

167. Schreiben Sie die Infinitive als Nomen.

A2

1. Henriette bastelt gern. Das Basteln macht ihr Spaß.
2. Philipp geht jeden Morgen schwimmen. Das tägliche ____________________ tut ihm gut.
3. Ich jogge jeden Samstag. Beim ____________________ kann ich mich gut entspannen.
4. Ich räume jetzt mal auf. Hat jemand Zeit, mir beim ____________________ zu helfen?
5. Ich kaufe gern ein, weil ich beim ____________________ immer etwas Neues finde.
6. Rauchst du nicht mehr? – Nein, ich habe mit dem ____________________ aufgehört.
7. Ich lese gern, aber zu langes ____________________ macht mich müde.

Zusammengesetzte Adjektive, Adjektive mit Suffix/Präfix

Lass uns spazieren gehen, draußen ist es heute **eiskalt**, aber sehr **sonnig**.

Gern! Morgen soll es wieder **windig** und **regnerisch** werden …

Man kann Wörter verschiedener Wortarten mit Adjektiven zusammensetzen und so neue Adjektive bilden.

Nomen + Adjektiv	der Zucker + arm das Kind + reich das Risiko + frei die Hoffnung + voll	→ zuckerarm → kinderreich → risikofrei → hoffnungsvoll	*mit wenig Zucker* *mit vielen Kindern* *ohne Risiko* *voll von Hoffnung*
	der Stein + hart der Schnee + weiß	→ steinhart → schneeweiß	*hart wie ein Stein* *weiß wie Schnee*
Adjektiv + Adjektiv	hell + rot nass + kalt	→ hellrot → nasskalt	

Aus Nomen und Verben kann man mit Suffixen *(-ig, -lich …)* Adjektive bilden.

Nomen/Verbstamm		
+ *-ig*	Wind → wind**ig** Fieber → fiebr**ig**	Sand → sand**ig** zitter~~n~~ → zitter**ig**
+ *-(er)isch*	Spanien → span**isch** Alphabet → alphabet**isch**	Technik → techn**isch** wähl~~en~~ → wähl**erisch**
+ *-lich*	Kind → kind**lich** Gesetz → gesetz**lich**	Staat → staat**lich** beweg~~en~~ → beweg**lich**
+ *-los*	Arbeit → arbeits**los** Fantasie → fantasie**los**	*-los* = „ohne" arbeitslos = *ohne Arbeit*

Verbstamm		
+ *-bar*	ess~~en~~ → ess**bar** trenn~~en~~ → trenn**bar** liefer~~n~~ → liefer**bar**	*-bar* = „etwas kann gemacht werden" *Der Pilz ist essbar.* = *Der Pilz kann gegessen werden.*

Mit dem Präfix *un-* drückt man das Gegenteil aus.

un- + Adjektiv	deutlich ↔ **un**deutlich fair ↔ **un**fair freundlich ↔ **un**freundlich	undeutlich = *nicht deutlich*

Zwischen den Teilen eines zusammengesetzten Adjektivs steht manchmal ***-e-*, *-(e)s-*, *-(e)n-*** oder ***-er-*:**
▶ hilf**s**bereit, sonn**en**klar, kind**er**reich …
Nach *-heit, -keit, -ion, -ung, schaft* steht fast immer ein ***-s:***
▶ Öffentlichkeit**s**arbeit, Aktion**s**tag, Wohnung**s**schlüssel …

168. *Essen und Getränke.* Bilden Sie zusammengesetzte Adjektive mit *-arm, -frei* und *-reich*. A2

1. Dieses Menü hat wenige *Kalorien*, es ist ______________________________.
2. Dieser Salat hat viele *Vitamine*, er ist ______________________________.
3. Dieses Getränk hat keinen *Alkohol*, es ist ______________________________.
4. Diese Milch hat wenig *Fett*, sie ist ______________________________.
5. Dieser Text ist ohne *Fehler*, er ist ______________________________.

169. Schreiben Sie zusammengesetzte Adjektive. A2

1. leicht wie eine Feder: ____________
2. grün wie Gras: ____________
3. blau wie der Himmel: ____________
4. trocken wie Staub: ____________
5. klar wie Glas: ____________
6. schnell wie ein Blitz: ____________
7. rot wie Feuer: ____________
8. hell wie der Tag: ____________

170. Bilden Sie Adjektive mit *un-/-bar.* A2

1. Man kann dieses Verb trennen. → Das Verb ist ____________________.
2. Man kann das bezahlen. → Das ist ____________________.
3. Man kann dieses Problem lösen. → Dieses Problem ist ____________________.
4. Man kann dieses Problem nicht lösen. → Dieses Problem ist ____________________.
5. Man kann das Wasser trinken. → Das Wasser ist ____________________.
6. Man kann dieses Ziel nicht erreichen. → Dieses Ziel ist ____________________.
7. Man kann die Bücher ausleihen. → Die Bücher sind ____________________.
8. Man kann den Lärm nicht überhören. → Der Lärm ist ____________________

171. Bilden Sie Adjektive und ergänzen Sie den Text. A2

sommer- • sonn- • täg- • wind- • wolken- • -ig *(2x)* • -lich *(2x)* • -los

Iris fährt ____________________ *(jeden Tag)* (1) mit dem Fahrrad zur Arbeit. Heute ist es warm und ____________________ *(die Sonne scheint)* (2), der Himmel ist ____________________ *(ohne Wolken)* (3). Es ist April, aber die Temperaturen sind fast schon ____________________ *(wie im Sommer)* (4). Allerdings ist es ein bisschen ____________________ *(es weht Wind)* (5).

Alles verstanden?

A2

172. *Was ist das?* Ordnen Sie zu. Schreiben Sie zusammengesetzte Nomen mit ***-s-*** und ergänzen Sie den Artikel.

die Arbeit		der Kiosk	= ______________________	(1)
die Reinigung	+ ***-s-*** +	die Tür	= ______________________	(2)
die Wohnung		der Platz	= ______________________	(3)
die Zeitung		das Tuch	= ______________________	(4)

A2

173. Bilden Sie Wörter und ergänzen Sie bei Nomen den Artikel.

1. der Kuchen mit Obst = ______________________
2. mit viel Salz = ______________________
3. das Regal für Bücher = ______________________
4. die Tür zum Keller = ______________________
5. kann man austauschen = ______________________
6. das Wohnheim für Studenten = ______________________
7. nicht klar = ______________________
8. ohne Bargeld = ______________________
9. nicht sicher = ______________________

A2

174. *Welches Gerät ist das?* Schreiben Sie Nomen mit Artikel.

1. Man kann damit etwas drucken. = der Drucker
2. Man kann damit staubsaugen. = ______________________
3. Man kann damit etwas ein- oder ausschalten. = ______________________
4. Man kann damit Wasser kochen. = ______________________
5. Man kann damit das Geschirr spülen. = ______________________
6. Man kann damit etwas mixen. = ______________________
7. Man kann damit Wäsche trocknen. = ______________________

B1

175. Bilden Sie Wörter mit *-heit, -keit* oder *-ung* und schreiben Sie sie in die Tabelle.

ähnlich • ausbilden • beraten • beschäftigen • betreuen • dunkel • entschuldigen • frei • gesund • höflich • krank • möglich • pünktlich • regieren • sauber • schön • schwierig • vergangen • versichern • wahr • wirklich

-heit (Artikel: die)	***-keit*** (Artikel: ________)	***-ung*** (Artikel: ________)
________	________	________
________	________	________
________	________	________
________	________	________
________	________	________
________	________	________

176. *Eine Party.* Bilden Sie die passenden Zusammensetzungen.

B1

1. Nächsten Sonntag laden wir unsere Freunde und Verwandten zu einer ________________ ein. *(eine Party im Garten)*

2. Wir haben ________________ und ________________ für alle gekauft. *(Fleisch zum Grillen, Gemüse zum Grillen)*

3. Patrick macht einen ________________ *(ein Salat aus Kartoffeln)*

4. Meine Schwester bringt einen Kasten ________________ und zwei Flaschen ________________ mit. *(Saft aus Äpfeln, roter Wein)*

5. Wir haben nicht genug Geschirr und benutzen deshalb ________________. *(Teller aus Pappe)*

6. Wenn die Sonne scheint, stellen wir einen großen ________________ auf. *(ein Schirm, der vor der Sonne schützt)*

177. *Quiz.* Bilden Sie die passenden Personenbezeichnungen.

B1

1. Welcher ________________ *(Mann, der Kunst schafft)* wurde in Wien geboren?

○ *Friedensreich Hundertwasser* ○ *Pablo Picasso* ○ *Joseph Beuys*

2. Welche ________________ *(Frau, die Tennis spielt)* gewann 22 Grand-Slam-Turniere?

○ *Franziska van Almsick* ○ *Steffi Graf* ○ *Boris Becker*

3. Welcher ________________ *(Mann, der zeichnet)* illustrierte Asterix und Obelix?

○ *Albert Uderzo* ○ *René Goscinny* ○ *Hergé*

Präsens

	kommen
ich	komm**e**
du	komm**st**
er/sie/es	komm**t**
wir	komm**en**
ihr	komm**t**
sie/Sie	komm**en**

In der gesprochenen Sprache hören Sie oft: *ich lach, ich komm, ich geh* (ohne -e).

Besonderheiten:

	Verben auf *-t/-d* ***arbeiten***	**Verben auf *-s/-ss/-ß/-z*** ***reisen***	**Verben auf *-el*** ***wechseln***
ich	arbeite	reise	wechs**le**
du	arbeit**e**st	rei**st**	wechselst
er/sie/es	arbeit**e**t	reist	wechselt
wir	arbeiten	reisen	wechse**ln**
ihr	arbeit**e**t	reist	wechselt
sie/Sie	arbeiten	reisen	wechse**ln**
auch:	*baden, bitten, husten …*	*heißen, passen, sitzen …*	*basteln, lächeln, sammeln …*

A1 **178.** Welches Pronomen passt? Kreuzen Sie an.

1. ◯ *Ich* ◯ *Wir* ◯ *Ihr* kommen aus Tunesien. Und woher kommst du?

2. Lernt ◯ *ihr* ◯ *Sie* ◯ *du* auch Spanisch? – Nein, wir lernen Französisch.

3. Brauchst ◯ *du* ◯ *sie* ◯ *er* ein Wörterbuch? – Nein, ich brauche eine Grammatik.

4. Wohnen ◯ *er* ◯ *du* ◯ *Sie* auch in Düsseldorf? – Nein, ich wohne in Bonn.

5. Besucht ◯ *du* ◯ *ihr* ◯ *Sie* uns am Wochenende? – Ja, sehr gern!

6. Kommt ◯ *du* ◯ *sie* ◯ *Sie* aus China? – Ich weiß es nicht.

7. Gehen ◯ *sie* ◯ *ich* ◯ *du* schwimmen? – Nein, sie wollen zu Hause bleiben.

8. Bist ◯ *du* ◯ *wir* ◯ *er* am Vormittag im Büro? – Ja, aber erst nach 10 Uhr.

179. Ergänzen Sie die Tabelle.

A1

ich	komme			
du		lernst		
er/sie/es	kommt			
wir				
ihr				benutzt
sie/Sie			reden	

180. *Im Sprachkurs.* Ergänzen Sie die Endungen.

A1

1. Der Lehrer begrüß_____ uns und wir begrüß_____ den Lehrer.
2. Carlo geh_____ zum Fenster und schließ_____ es.
3. Der Unterricht beginn_____. Wir hör_____ einen Dialog.
4. Der Lehrer schreib_____ ein Wort an die Tafel und markier_____ die Endung.
5. Wir versteh_____ das Wort nicht. Der Lehrer erklär_____ es.
6. Clara frag_____ den Lehrer. Der Lehrer antwort_____ ihr.
7. Thilo such_____ seinen Stift, aber er find_____ ihn nicht.

181. *Am Telefon.* Ergänzen Sie die Endungen.

A1

- Hallo, Stefan, was mach_____ (1) du gerade? Komm_____ (2) du gleich zum Sportfest?
- Nein. Ich bin gerade in Wien. Ich besuch_____ (3) Silke; sie wohn_____ (4) jetzt hier.
- Was mach_____ (5) sie denn in Wien? Studier_____ (6) sie noch Physik?
- Sie arbeit_____ (7) jetzt als Physikerin.
- Und ihr Freund, leb_____ (8) er jetzt auch in Wien? Er komm_____ (9) doch aus Köln, oder?
- Ja, das stimm_____ (10). Und jetzt wohn_____ (11) sie beide in Wien.

Wenn man betonen will, dass etwas *jetzt, in diesem Moment* passiert, kann man das Adverb *gerade* verwenden:
▶ Wo bist du **gerade**? – Ich bin **gerade** bei meinen Eltern in München.

Präsens: Verben mit Vokalwechsel

Wie kommt ihr zur Arbeit?

Sina **fährt** mit der U5 bis zum Alexanderplatz und dann **läuft** sie noch fünf Minuten.

Ich **fahre** zwei Stationen mit dem Bus, aber manchmal **laufe** ich auch.

Manche Verben ändern im Präsens in der 2. und 3. Person Singular den Vokal.

	e → i(e)		***a → ä, au → äu***	
ich	gebe	sehe	fahre	laufe
du	g**i**bst	**sie**hst	f**ä**hrst	l**äu**fst
er/sie/es	g**i**bt	**sie**ht	f**ä**hrt	l**äu**ft
wir	geben	sehen	fahren	laufen
ihr	gebt	seht	fahrt	lauft
sie/Sie	geben	sehen	fahren	laufen
auch:	*e → i: brechen, essen, gelten, helfen, nehmen, sprechen, stechen, treten, vergessen, werfen …* *e → ie: befehlen, empfehlen, geschehen, lesen …*		*braten, einladen, empfangen, halten, fahren, fallen, lassen, laufen, raten, schlafen, schlagen, tragen, wachsen, waschen …*	

auch: *o → ö (stoßen, ich stoße, du stößt, er/sie/es stößt)*

Verben mit Vokalwechsel sind unregelmäßige Verben. Sie müssen sie lernen (↑ Verbtabelle, S. 268).

A1

182. Präsens mit oder ohne Vokalwechsel? Ergänzen Sie die Verbformen mit *du*.

Ich gehe, du ______________ (1). Ich sehe, du ______________ (2). Ich lebe, du ______________ (3).

Ich gebe, du ______________ (4). Ich trage, du ______________ (5). Ich sage, du ______________ (6).

Ich kaufe, du ______________ (7). Ich laufe, du ______________ (8). Ich brauche, du ______________ (9).

A1

183. Präsens mit oder ohne Vokalwechsel? Ergänzen Sie die Verbformen.

ich	lasse		wasche		helfe	
du						sitzt
er/sie/es						
ihr		steht		lest		

184. *Wortschatz-Quiz: Rund um die Wohnung.* Ergänzen Sie die Verben im Präsens. A1

1. Was ________________ *(zahlen)* man monatlich, wenn man eine Wohnung mietet?
2. In welchen Zimmern ________________ *(essen)* man normalerweise?
3. In welchem Raum ________________ *(stehen)* das Auto?
4. In welchem Zimmer ________________ *(schlafen)* man?
5. In welchem Raum ________________ *(waschen)* man sich?
6. Wer ________________ *(wohnen)* im Haus oder in der Wohnung neben mir?

185. *Endlich Wochenende.* Ergänzen Sie die Verben im Präsens. A1

1. Nadine ________________ *(treffen)* ihre Freundinnen und Freunde im Café.
2. Sandra und Leopold ________________ *(sitzen)* auf dem Balkon. Er ________________ *(hören)* Musik und sie ________________ *(lesen)* Zeitung.
3. Frau Müller ________________ *(laufen)* mit dem Hund durch den Park.
4. Herr Kunz ________________ *(kaufen)* ein Bahnticket und ________________ *(fahren)* nach Stuttgart.
5. Svenja ________________ *(helfen)* ihrem Freund beim Kochen.

186. *Ein Wochenendseminar.* Ergänzen Sie die Verben im Präsens. A2

Senden	**Von:** m.berger@mailforyou.com
	An: l.hofmann@mailforyou.com
	Betreff: Freitag

Hi, Lena,

Du ________________ *(fahren)* (1) auch zu dem Wochenendseminar „Schneller ________________ *(lesen)*" (2) nach Kiel, richtig? Ich ________________ *(sehen)* (3) gerade, dass es am Samstag schon um 9 Uhr ________________ *(beginnen)* (4)! Das ________________ *(finden)* (5) ich wirklich früh. Ich ________________ *(nehmen)* (6) schon den Zug am Freitag. ________________ *(fahren)* (7) Du auch schon am Freitagabend? Und ________________ *(schlafen)* (8) Du von Freitag auf Samstag auch in dem Hotel in Kiel? Dann ________________ *(sehen)* (9) wir uns dort!

Liebe Grüße

Max

Präsens: Verben mit Präfix

Der Film **fängt** um acht Uhr **an**.

Wir **bezahlen** 9 Euro Eintritt.

Verben mit Präfix können trennbar oder untrennbar sein.

trennbare Verben	
Präfixe sind immer **betont**: ***an****fangen* → *ich fange* ***an***	
ab-	ich hole ab
an-	ich fange an
auf-	ich höre auf
aus-	ich gehe aus
ein-	ich kaufe ein
mit-	ich komme mit
vor-	ich lese vor
zu-	ich höre zu
auch: *bei-, dabei-, durch-, her-, (he)raus-, (he)rein-, hin-, hinaus-, hinein-, um-, vorher-, weg-, zurück-, zusammen-…*	

untrennbare Verben	
Präfixe sind nie **betont**: *be****zahlen*** → *ich be****zahle***	
be-	ich bezahle
emp-	ich empfehle
ent-	ich entschuldige
er-	ich erzähle
ge-	ich gefalle
miss-	ich misstraue
ver-	ich verstehe
zer-	ich zerstöre

Präfixe von trennbaren Verben existieren auch unabhängig (als Präposition oder Adverb, z. B. ***an** der Haltestelle, **mit** dir*).

Struktur

POS. 1	POS. 2		ENDE
Der Film	fängt	um acht Uhr	an.
Der Film	muss	heute später	anfangen.
Wir	bezahlen	9 Euro Eintritt.	
Wir	müssen	9 Euro Eintritt	bezahlen.

187. Trennbare Verben. Ergänzen Sie.

A1

ab • an *(2 x)* • aus • ein • mit *(2 x)* • zu

Ich kaufe am Nachmittag ______ (1). Ich rufe dich später ______ (2). Kommt ihr auch ______ (3) ins Kino? Bringst du noch Obst ______ (4)? Wann fährt der Zug ______ (5)? Ordnen Sie die Namen den Bildern ______ (6). Dieses Bild sieht schön ______ (7)! Wir fangen jetzt ______ (8).

188. *Am Morgen.* Ergänzen Sie die trennbaren Verben.

A1

anmachen • anziehen • aufstehen • ausmachen • einsteigen

1. Um 6 Uhr klingelt der Wecker. Ich *mache* ihn *aus* und dann ______ ich ______.
2. Es ist dunkel. Ich ______ das Licht ______ und gehe ins Bad.
3. Um 7 Uhr ______ ich meine Schuhe ______ und gehe aus dem Haus.
4. Der Bus kommt pünktlich. Ich ______ ______ und fahre zur Arbeit.

189. Trennbar oder nicht trennbar? Unterstreichen Sie die trennbaren Verben und schreiben Sie sie auf die Linie.

A2

anziehen • aufräumen • ausfüllen • bedeuten • bestellen • empfehlen • erlauben • mitbringen • verbieten • vorstellen • wegbringen • zuhören • zurückkommen

______

______

190. Trennbar oder nicht trennbar? Schreiben Sie Sätze.

A2

1. Carlas Schwester – uns – am Wochenende – besuchen
   Carlas Schwester besucht uns am Wochenende.
2. wir – sie – vom Busbahnhof – abholen
   Wir ...
3. am Samstagabend – wir – sie – ins Theater – einladen
   Am Samstagabend ...
4. den Sonntag – wir – gemeinsam – in den Bergen – verbringen
   Den Sonntag ...

Präsens: *haben, sein, werden*

Timo **ist** Manager.
Er **hat** heute viele Termine.

Jetzt **wird** er langsam müde.

	haben	*sein*	*werden*
ich	habe	**bin**	werde
du	**hast**	**bist**	**wirst**
er/sie/es	**hat**	**ist**	**wird**
wir	haben	**sind**	werden
ihr	habt	**seid**	werdet
sie/Sie	haben	**sind**	werden

Das Verb *sein* kann mit Nomen im Nominativ, mit Adjektiven und Adverbien stehen:
▶ Sie ist Studentin. Ich bin müde. Bist du schon dort?

Das Verb *haben* steht mit einem Akkusativobjekt:
▶ Ich habe ein Fahrrad. Sie hat ein Auto. Sie haben Streit.

Das Verb *werden* kann mit Nomen im Nominativ und Adjektiven stehen:
▶ Er wird einmal ein guter Lehrer. Ich werde langsam müde. Er wird rot.

Haben, sein und *werden* sind auch Hilfsverben. Man bildet damit Tempusformen (z. B. *ich habe gekauft,* ↑ S. 114; *ich werde kommen,* ↑ S. 128) und das Passiv (z. B. *Das Auto wird gewaschen,* ↑ S. 140).

A1 **191.** *Das neue Team.* Ergänzen Sie das Verb *sein* im Präsens.

Hallo, wir ______________ (1) das neue Team und möchten uns kurz vorstellen. Ich ______________ (2) Daniela und das ______________ (3) mein Kollege Ali. Aber wo ______________ (4) Christian? Es ______________ (5) schon nach neun Uhr und er ______________ (6) noch nicht hier. Ich rufe ihn mal an … Hallo, Christian, wo ______________ (7) du? Wir ______________ (8) schon alle da. – Hallo, Daniela, wo ______________ (9) ihr denn? Ich suche euch schon seit zehn Minuten.

192. *Gespräche im Büro.* Ergänzen Sie das Verb *haben* im Präsens.

A1

1. Ich ________________ keinen Stift. ________________ jemand einen Stift für mich?
2. Andreas ________________ kein Auto. Er fährt mit dem Fahrrad zur Arbeit.
3. ________________ ihr schon eine neue Wohnung? – Ja, wir ________________ jetzt eine neue Zwei-Zimmer-Wohnung.
4. Herr Müller, ________________ Sie nach der Mittagspause kurz Zeit? Ich ________________ ein paar Fragen.

193. Ergänzen Sie das Verb *werden* im Präsens.

A2

1. Man merkt schon, dass es Herbst ________________. Die Tage ________________ kürzer, und die Bäume im Park ________________ schon gelb.
2. Seit ein paar Tagen ________________ ich immer so schnell müde. – Trink doch mal eine Tasse Kaffee. Dann ________________ du wieder wach.
3. Mein Mann und ich spielen jede Woche Lotto, mit etwas Glück können wir reich ________________. – Ich glaube nicht, dass ihr auf diese Weise reich ________________.
4. Hast du schon gehört? Paul studiert jetzt Medizin. Er will Arzt ________________.

194. Ergänzen Sie *haben, sein* oder *werden* im Präsens.

A2

1. Ist die Heizung an? Mir ________________ kalt. Und Kopfschmerzen ________________ ich auch. Ich glaube, ich ________________ langsam krank.
2. Ich muss jetzt losfahren, denn es ________________ bald dunkel. Ich ________________ einen weiten Weg, und ich ________________ kein Licht an meinem Fahrrad.
   – Wirklich? Du ________________ kein Licht an deinem Fahrrad?
   – Doch. Aber es ________________ kaputt.
3. Hallo, Sabrina, ich kann heute nicht zur Arbeit kommen. Ich ________________ ziemlich erkältet, ich ________________ Fieber und muss im Bett bleiben.
   – Dann ruh dich aus, damit du wieder gesund ________________.
4. Ich habe ihn dreimal erinnert, dass wir morgen einen Termin ________________. Aber er ________ keine Zeit. Jetzt mache ich wieder alles allein; langsam ________________ ich müde.

A1 **195.** Schreiben Sie die Verben in die Tabelle.

verkaufen • steht auf • spricht • mache • machen • machst • verkaufst • verkauft • stehe auf • spreche • stehen auf • sprechen

ich		verkaufe		
du			stehst auf	sprichst
er/sie/es	macht			
wir				

A1 **196.** Ordnen Sie zu.

1. Du	___ **a)** um 7 Uhr auf.
2. Morgen stehe ich	___ **b)** denn meine Tasche?
3. Wo ist	___ **c)** fährt nie mit der Bahn.
4. Warum sind	___ **d)** du wieder nach Hamburg?
5. Wann kommst	___ **e)** die Kinder noch in der Schule?
6. Eva	___ **f)** fährst mit dem Bus.

7. Linda und Heike	___ **g)** ihr heute zum Frühstück?
8. Hat	___ **h)** nicht so gern Fleisch, richtig?
9. Du isst	___ **i)** er keine Arbeit?
10. Haben	___ **j)** ihr heute Zeit?
11. Was esst	___ **k)** essen heute sehr wenig.
12. Habt	___ **l)** Sie Kinder?

A1 **197.** Ergänzen Sie die Verben im Präsens.

- ____________________ *(gehen)* (1) wir jetzt zum Stadion?
- Tut mir leid, ich ____________________ *(lernen)* (2) noch für die Prüfung.
- Gut, dann ____________________ *(gehen)* (3) ich allein.
- Aber ich ____________________ *(sein)* (4) bald fertig. Wenn du noch 20 Minuten ____________________ *(warten)* (5), können wir zusammen gehen.
- Ja, aber das Spiel ____________________ *(beginnen)* (6) um 16 Uhr!

198. Welches Präfix fehlt? Ordnen Sie zu.

A2

1. Ich glaube, heute komme ich nicht ____ a) zu.
2. Es ist hell draußen. Ich mache das Licht ____ b) aus.
3. Wann fängt der Film ____ c) ein.
4. Du kennst sie also noch nicht? Dann stelle ich sie dir einmal ____ d) mit.
5. Ich muss dich etwas fragen. – Frag nur, ich höre dir ____ e) vor.
6. Um wie viel Uhr holst du Oma vom Flughafen ____ f) ab?
7. *(Am Telefon:)* Was machst du? – Ich bin im Supermarkt, ich kaufe ____ g) an?

199. Ergänzen Sie die Verben.

A2

empfiehlst • erkältest • hilfst • ist • missverstehst • seid • sind

1. Du hast beide Bücher gelesen. Welches von den beiden ____________ du mir?
2. *(Am Telefon:)* Hallo, Jürgen, wo ____________ ihr denn? Wir warten nur noch auf euch, alle anderen ____________ schon da.
3. Es ist sehr kalt. Du ____________ dich, wenn du die Jacke nicht anziehst.
4. Ich habe es nicht so gemeint, du ____________ mich.
5. Es ____________ zu warm hier, kann jemand die Heizung ausschalten?
6. ____________ du mir bitte? Der Koffer ist sehr schwer.

200. Schreiben Sie die Sätze in der 3. Person *(er)*.

A2

1. Ich spreche schon Englisch und Russisch, und ich lerne auch Französisch.

____

____

2. Ich stehe auf, esse zwei Brötchen und trinke eine Tasse Kaffee, und dann nehme ich den Bus und fahre zur Arbeit.

____

____

3. Ich räume zuerst den Schreibtisch auf, und dann fange ich mit der Arbeit an. Nach der Arbeit fahre ich zum Training.

____

____

Präsens: *müssen, dürfen*

Ich **muss** meinen Koffer packen.
Morgen fliege ich nach Paris.

müssen	Notwendigkeit	Ich **muss** für die Prüfung lernen. Sie **müssen** erst eine Fahrkarte kaufen.
dürfen	Erlaubnis	Sie **darf** heute früher gehen. Wir **dürfen** nicht mehr als fünfzig Personen anrufen.
	Höflichkeit	**Darf** ich dich zum Essen einladen? **Dürfen** wir Ihnen einen Tee anbieten?

Modalverben verwendet man normalerweise zusammen mit einem Vollverb im Infinitiv. Manchmal kann man das Vollverb aber auch weglassen:
▶ Ich muss nach Hause (gehen).

	müssen	***dürfen***
ich	muss	darf
du	mus**st**	darf**st**
er/sie/es	muss	darf
wir	müss**en**	dürf**en**
ihr	müss**t**	dürf**t**
sie/Sie	müss**en**	dürf**en**

Modalverben haben im Präsens in der 1. und 3. Person Singular keine Endung.

Struktur

POS. 1	**POS. 2**		**ENDE**
	Darfst	du	mitkommen?
Ich	muss	mein Flugticket	kaufen.

A1 **201.** *Wer muss was machen?* Ergänzen Sie *müssen* im Präsens.

1. Sie sind Sportlerinnen. Sie ____________________ viel trainieren.

2. Du bist krank. Du ____________________ zum Arzt gehen.

3. Ich bin Postbote. Ich ____________________ den Leuten die Post bringen.

4. Wir arbeiten in einer Bäckerei. Wir ____________________ morgens früh aufstehen.

5. Ihr seid Schüler. Ihr ____________________ in die Schule gehen.

202. Ergänzen Sie *müssen* oder *dürfen* im Präsens.

A1

1. ______________ ich dich zum Essen einladen? – Ja, gern!
2. Ich ______________ oft Präsentationen auf Englisch halten.
3. Ich habe Hunger. Ich ________________ jetzt mal etwas essen.
4. Es ist schon spät. Wir ________________ noch einkaufen gehen.
5. ______________ ihr bei dem Test euer Handy benutzen? – Nein, natürlich nicht!
6. Wie lange ____________________ euer Sohn fernsehen? – Eine halbe Stunde am Tag.
7. ____________________ man hier rauchen? – Nein, das ist hier verboten.
8. Ich möchte zum Bahnhof fahren. Welchen Bus ____________________ ich nehmen?

203. Was passt? Kreuzen Sie an.

A2

■ Hast du deine Eltern schon gefragt, ob du morgen Nachmittag mit uns ins Kino gehen

☐ *darfst* ☐ *musst*? (1)

☐ Ja, ich ☐ *darf* ☐ *muss* (2) mitgehen. Aber zuerst *darf* ☐ *muss* (3) ich meine Hausaufgaben machen.

■ Und Jonathan? ☐ *Darf* ☐ *Muss* (4) er auch mitgehen?

☐ Nein, er ☐ *darf* ☐ *muss* (5) für die Mathearbeit lernen.

204. Schreiben Sie Fragen mit *müssen* und *dürfen* im Präsens.

A2

1. du – dürfen – schon Auto fahren?

   Darfst du schon Auto fahren?

2. dürfen – ich – etwas – Sie – fragen?

   ____

3. wo – ich – müssen – bezahlen?

   ____

4. ich – das Fenster – öffnen – dürfen?

   ____

5. ihr – müssen – in den Ferien – für die Schule lernen?

   ____

6. müssen – Ben – viel im Haushalt helfen?

   ____

Präsens: *wollen, mögen, möcht-*

wollen	Plan, Wunsch	Ich **will** nach Hamburg fahren. Ich **will** einen Tee trinken.
möcht-	Plan, höflicher Wunsch	Ich **möchte** nach Hamburg fahren. Ich **möchte** einen Tee trinken.
mögen (seltener)	Plan, Wunsch	**Magst** du noch etwas essen? Ich **mag** keinen Fisch essen.

Das Verb *mögen* verwendet man **häufiger** als **Vollverb** *(= ohne Infinitiv):*
mögen + Akkusativ = *gern haben*
▶ Ich mag Schokolade. Ich mag dich. – Ich mag dich auch.

Auch *wollen* und *möcht-* kann man ohne Vollverb gebrauchen:
▶ Ich will ein neues Auto (haben). Möchtest du ein Glas Wasser (haben)?

	wollen	***„möcht-"***	***mögen***
ich	will	möchte	mag
du	will**st**	möchte**st**	mag**st**
er/sie/es	will	möchte	mag
wir	woll**en**	möcht**en**	mög**en**
ihr	woll**t**	möcht**et**	mög**t**
sie/Sie	woll**en**	möcht**en**	mög**en**

Ich mag nicht mehr bedeutet meistens: *Ich möchte nicht mehr.*
In der Schweiz bedeutet es: *Ich kann nicht mehr.*

Struktur

POS. 1	POS. 2		ENDE
Ich	will	eine Pizza	kaufen.
	Möchtest	du etwas	bestellen?

205. Ergänzen Sie *wollen* und *möcht-* im Präsens.

A1

1. Was ____________________ wir am Wochenende machen? *(wollen)*
   – Ich ______________________ auf jeden Fall schwimmen gehen. *(wollen)*
2. Guten Tag! Was ____________________ Sie trinken? *(möcht-)*
   – Ich ______________________ eine Cola. *(möcht-)*
   – Und wir ______________________ zusammen eine große Flasche Mineralwasser. *(möcht-)*

206. *Höflich sein.* Ergänzen Sie *wollen* und *möcht-* im Präsens.

A2

Schon Kinder lernen, dass man besser „ich ____________" (1) als „ich ____________" (2) sagt. Aber was ist der Unterschied? Wenn Sie zu Besuch bei Freunden sind und sagen: „Ich __________ (3) einen Apfelsaft", ist das grammatikalisch richtig, aber es ist nicht höflich. Sie können das Modalverb *wollen* aber zum Beispiel benutzen, wenn Sie über einen festen Plan sprechen: „Ich ____________ (4) Architekt werden."

207. Schreiben Sie Sätze mit *wollen, möcht-, mögen* im Präsens. In manchen Sätzen werden die Modalverben ohne Infinitiv verwendet.

A2

1. ich – nach Paris – möcht- – fahren
   Ich möchte nach Paris fahren.
2. wollen – du – nach Hause?
   ____
3. ihr – wollen – Kaffee oder Tee?
   ____
4. am liebsten – Sofie – mögen – Gummibärchen
   Am liebsten …
5. haben – das Kind – wollen – eine neue Puppe
   Das Kind …
6. möcht- – mit mir – du – wegfahren?
   ____
7. mögen – erzählen – eine Geschichte – du – mir?
   ____

Präsens: *können*

Leon und Amira **können** gut tanzen.

Möglichkeit	Du **kannst** gern zum Mittagessen bei uns bleiben. Sie **können** morgen Vormittag in unsere Praxis kommen.
Fähigkeit	Amira **kann** gut tanzen und singen. Leon **kann** außerdem gut Gitarre spielen.
Erlaubnis	Du **kannst** gern mein Wörterbuch benutzen. Er **kann** einen Privatparkplatz benutzen.
Bitte	**Können** Sie mir helfen? **Könnt** ihr mir Bananen mitbringen?

Das Vollverb lässt man manchmal weg:

▶ Ich kann Türkisch (sprechen). Ich kann morgen Abend nicht (kommen, ins Kino gehen …).

ich	k**a**nn
du	k**a**nn**st**
er/sie/es	k**a**nn
wir	könn**en**
ihr	könn**t**
sie/Sie	könn**en**

Modalverben haben im Präsens in der 1. und 3. Person Singular keine Endung.

Struktur

POS. 1	POS. 2		ENDE
Sie	kann	sehr gut	tanzen.
	Kann	ich mich neben dich	setzen?

A2 **208.** Welche Bedeutung/Funktion hat das Modalverb *können* in den folgenden Beispielen: Möglichkeit (M), Fähigkeit (F), Erlaubnis (E) oder Bitte (B)? Kreuzen Sie an. Es können zwei Lösungen richtig sein.

	M	F	E	B
1. Kannst du schwimmen?	☐	☐	☐	☐
2. Du kannst heute früher gehen.	☐	☐	☐	☐
3. Können Sie mir ein Wasser bringen?	☐	☐	☐	☐
4. Wo kann man hier gut essen?	☐	☐	☐	☐

209. *Im Unterricht.* Sagen Sie es höflicher mit *können* im Präsens.

A2

1. Helft mir bitte. → Könnt ihr mir bitte helfen?
2. Sprechen Sie bitte langsamer. → ______
3. Gib mir bitte den Stift. → ______
4. Schreiben Sie bitte das Wort an die Tafel. → ______

210. *Quiz.* Ergänzen Sie das Verb *können* im Präsens.

A2

1. In welcher Stadt ______ du das größte technische Museum der Welt besichtigen?
   ☐ *Hamburg* ☐ *München* ☐ *Berlin*
2. Seit welchem Jahr ______ Frauen in ganz Deutschland wählen?
   ☐ *1891* ☐ *1918* ☐ *1945*
3. Welches Tier ______ am schnellsten laufen?
   ☐ *Hauskatze* ☐ *Pferd* ☐ *Maus*

211. *Ein Internetforum.* Kreuzen Sie die richtigen Modalverben an.

A2

	Mein Kind kann schon rechnen und schreiben – gut oder schlecht?
lucy323	Hallo! Unsere Tochter Mia kommt im Herbst in die Schule. Sie ☐ *kann* ☐ *darf* (1) aber jetzt schon lesen und schreiben. Ich habe Angst, dass sie sich langweilt! ☐ *Könnt* ☐ *Müsst* (2) ihr mir helfen? Was ☐ *darf* ☐ *kann* (3) ich tun?
bine53	Ich kenne das: Kinder sind neugierig. Meine Emilia, 3 Jahre, hat mir gestern gesagt: Mama, ich ☐ *will* ☐ *darf* (4) schreiben lernen! Das ist okay – und du ☐ *musst* ☐ *willst* (5) ihr helfen.
ponyhof	Unsere Söhne sind in der ersten Klasse, ☐ *können* ☐ *müssen* (6) aber schon von 1 bis 10 000 zählen. Du ☐ *musst* ☐ *willst* (7) mit den Lehrern sprechen. Sie ☐ *können* ☐ *mögen* (8) jedem Kind individuelle Aufgaben geben.
lena_q	Mia ist sicher nicht allein: Auch andere Kinder ☐ *können* ☐ *wollen* (9) schon lesen und schreiben, wenn sie in die Schule kommen.

Präsens: *sollen*

Rat, Empfehlung, Auftrag von anderer Person	Ich **soll** mehr Obst und Gemüse essen. *(Das hat die Ärztin gesagt.)* Ich **soll** euch von Petra grüßen. *(Das hat Petra gesagt.)*
allgemeine Verpflichtung	Man **soll** immer freundlich sein. Man **soll** anderen Menschen helfen.
Vorschläge (Fragen in der 1. Person)	**Soll** ich mitkommen? **Soll** ich dir eine Zeitung kaufen?

Das Vollverb lässt man manchmal weg:
▶ Was sollen wir hier? Was soll das?

ich	soll
du	soll**st**
er/sie/es	soll
wir	soll**en**
ihr	soll**t**
sie/Sie	soll**en**

Modalverben haben im Präsens in der 1. und 3. Person Singular keine Endung.

Struktur

POS. 1	POS. 2		ENDE
	Soll	ich dir etwas aus der Stadt	mitbringen?
Wir	sollen	mehr Obst	essen.

A1 **212.** Ergänzen Sie *sollen* im Präsens.

1. Vielleicht kommt Lea auch mit ins Kino. ______________ wir sie mal fragen?
2. Ich gehe jetzt zum Bäcker. ______________ ich dir etwas mitbringen?
3. Heinz fragt, wann wir uns morgen treffen. Was ______________ ich ihm antworten? – Schreib ihm, er ______________ um halb acht am Bahnhof sein.
4. Haben wir alles für morgen, oder ______________ wir noch einkaufen gehen?
5. Hallo, David! Leander war gerade hier. Er hat gesagt, du ______________ sofort zu ihm ins Büro kommen.
6. Was ______________ wir machen? – Das weiß ich nicht.

213. *Wer soll was machen?* Schreiben Sie Sätze im Präsens.

A2

1. Der Chef sagt, wir – jetzt – eine Pause – machen – sollen

   Der Chef sagt, wir …

2. Er sagt, du – die Briefe – zur Post – bringen – sollen

   Er sagt, du …

3. Thomas – die Rechnungen – ausdrucken – sollen

   Thomas …

4. Andrea und Ingo – das Sommerfest – organisieren – sollen

   Andrea und Ingo …

5. ich – neue Termine – vereinbaren – sollen

   Ich …

214. *Eine Reise nach New York.* Schreiben Sie die unterstrichenen Sätze neu.

A2

Jan und Ulrike fliegen morgen nach New York und besuchen Vanessa.

> Hallo, Jan,
>
> ich freue mich schon auf Ulrike und dich! Wenn ihr direkt zu mir fahren wollt, nehmt morgen vom Flughafen aus am besten den Bus Richtung Manhattan. Wartet am Grand Central Terminal auf mich. Ruft mich an, wenn ihr da seid! Ach ja: Sag Ulrike, sie muss unbedingt warme Kleidung einpacken. Hier in New York ist es eiskalt, und sie friert ja so schnell ….
>
> Liebe Grüße und guten Flug
>
> Vanessa

Wenn wir direkt zu ihr fahren wollen, sollen wir morgen vom Flughafen aus …

Negation der Modalverben

Hier **darf** man **nicht** schwimmen.

Ich **soll nicht** rauchen.

Lena **braucht nicht zu** klingeln. (= Lena **muss nicht** klingeln.) Sie hat einen Schlüssel.

nicht dürfen: Es ist verboten.	Hier **dürfen** Sie **nicht** parken. Bei Rot **darf** man **nicht** fahren.

nicht sollen: Es ist unerwünscht.	Ich **soll nicht** rauchen. *(Das hat der Arzt gesagt.)* Du **sollst nicht** immer so frech sein!

nicht müssen = nicht brauchen: Es ist nicht nötig.	Deshalb **musst** du doch **nicht** weinen! Du **brauchst** mir **nicht zu** helfen.

In der Standardsprache steht *nicht brauchen* mit *zu*.
In der Umgangssprache verwendet man *nicht brauchen* oft ohne *zu*.

Struktur

POS. 1	POS. 2		ENDE
	Darf	man hier nicht	schwimmen?
Du	musst	mir nicht	helfen.

A2 **215.** *Wer soll was nicht machen?* Ergänzen Sie *sollen* im Präsens.

1. Sag ihm, er ______________ seinen Pass nicht vergessen.

2. Eure Lehrerin hat gesagt, ihr ______________ nicht zu spät zum Unterricht kommen.

3. Der Zahnarzt sagt, ich ___________ nicht so viele Süßigkeiten essen.

4. Warum rauchst du? Ich habe dir doch gesagt, du ______________ nicht rauchen.

5. Katja meinte, du ______________ den Mantel nicht heute kaufen – ab morgen ist er im Angebot und kostet 20 Euro weniger!

6. Ich habe Andrea gesagt, sie ______________ die neue Kollegin nicht so unfreundlich behandeln.

7. Du ________________ Tante Helga nicht immer um Geld bitten.

8. Sie meint, wir ______________ nicht mit dem Zug fahren. Der Bus ist viel billiger.

216. Was muss oder darf man hier nicht machen? Schreiben Sie Sätze und ordnen Sie zu.

A2

a) 

b) 

c) 

d) 

1. Hier darf man nicht parken ______ *(parken).* b
2. Hier… ______ *(essen).* ______
3. Hier… ______ *(Tempo 30 fahren).* ______
4. Hier… ______ *(Fahrrad fahren).* ______

217. Ergänzen Sie *dürfen, müssen* oder *brauchen* im Präsens (in der Standardsprache).

A2

1. Du ______ nichts zu bezahlen. Der Eintritt ist heute frei.
2. Wir ______ hier nicht grillen. Grillen ist hier verboten.
3. Er ______ uns nicht zu helfen. Wir schaffen das auch ohne ihn.
4. Du ______ nicht mehr einkaufen. Ich habe schon eingekauft.

218. Welches Verb passt (in der Standardsprache)? Kreuzen Sie an.

A2

1. Endlich haben wir Ferien und ich ◯ *darf* ◯ *muss* ◯ *brauche* nicht jeden Tag so früh aufstehen.
2. Ich habe jetzt ein Auto und ◯ *soll* ◯ *muss* ◯ *brauche* nicht immer auf den Bus zu warten.
3. Im Restaurant ◯ *darf* ◯ *braucht* ◯ *muss* man nicht rauchen. Das ist verboten.

219. Antworten Sie in ganzen Sätzen mit *dürfen, müssen* oder *brauchen* (in der Standardsprache). Manchmal gibt es zwei Möglichkeiten.

A2

1. Darf ich hier parken?

   Nein, du ______

2. Muss Raphael morgen arbeiten?

   Nein, er ______

3. Muss ich alles allein machen?

   Nein, du ______

Alles verstanden?

A2 **220.** Was passt? Kreuzen Sie an.

1. ☐ *Möchten* ☐ *Sollen* ☐ *Wollen* wir zu eurer Party etwas mitbringen? – Nein, danke, ihr ☐ *müsst* ☐ *sollt* ☐ *braucht* nichts mitzubringen.

2. Meine Schwester ☐ *kann* ☐ *will* ☐ *mag* doch so gut Deutsch. Wenn du sie bittest, ☐ *kann* ☐ *muss* ☐ *darf* sie dir sicher bei deinen Hausaufgaben helfen.

3. Wenn du ☐ *magst* ☐ *möchtest* ☐ *darfst*, dass Annette mit dir zur Karnevalsfeier geht, dann ☐ *musst* ☐ *magst* ☐ *brauchst* du sie einfach mal fragen.

A2 **221.** Was muss oder darf man hier (nicht) machen? Ergänzen Sie die Sätze und ordnen Sie zu.

a) 

b) 

c) 

d) 

1. Hier __________ man nicht schneller als 60 Stundenkilometer fahren. ___a___

2. Hier __________ man aufpassen. ______

3. Hier __________ man nicht nach links fahren. ______

4. Hier __________ Kinder auf der Straße spielen. ______

A2 **222.** Kreuzen Sie die passenden Modalverben an.

1. Diesen Film ☐ *darf* ☐ *will* man erst ab sechzehn Jahren sehen.

2. Tanja ☐ *kann* ☐ *darf* sehr gut Trompete spielen.

3. ☐ *Möchtest* ☐ *kannst* du auch eine Tasse Tee? – Ja, gern.

4. Es ist schon spät. Wir ☐ *müssen* ☐ *dürfen* uns beeilen. Der Zug fährt in zehn Minuten, und wir ☐ *müssen* ☐ *dürfen* ihn nicht verpassen.

5. Sandra ☐ *kann* ☐ *mag* heute nicht ins Training kommen. Sie ist krank. – Was hat sie denn? – Das weiß ich nicht. Sie sagt, sie ☐ *muss* ☐ *kann* Medikamente einnehmen und ☐ *darf* ☐ *muss* keinen Sport machen.

6. Entschuldigung, ☐ *müssen* ☐ *können* Sie mir sagen, wie ich zum Bahnhof komme? – Ja, Sie ☐ *müssen* ☐ *möchten* dort an der Ampel nach links abbiegen.

7. ☐ *Darf* ☐ *Soll* ich dir eine Tasse Kaffee anbieten? – Nein, danke, ich ☐ *muss* ☐ *mag* keinen Kaffee.

8. Paula hat gesagt, ich ☐ *soll* ☐ *will* zu Hause bleiben, wenn ich so krank bin.

223. Kreuzen Sie die passenden Modalverben an. A2

Senden

Von: n.schumann@mailforyou.com
An: f.reimann@mailforyou.com; o.oswald@mailforyou.com
Betreff: Einladung

Hallo, Ihr Lieben,

am Samstag, dem 15.10., feiern wir Christians Geburtstag und ○ *möchten* ○ *können* (1) Euch herzlich dazu einladen. Wir hoffen sehr, dass Ihr Zeit habt und kommen ○ *könnt* ○ *sollt* (2). Eure Kinder ○ *könnt* ○ *wollt* (3) Ihr natürlich auch gern mitbringen. Wenn Ihr kommt, sagt Eurer Tochter, sie ○ *will* ○ *soll* (4) ihre Gitarre mitbringen. Dann ○ *müssen* ○ *können* (5) wir zusammen Musik machen. Ihr ○ *könnt* ○ *sollt* (6) auch alle bei uns übernachten, wenn Ihr ○ *sollt* ○ *möchtet* (7). Platz haben wir ja genug.

Herzliche Grüße, auch von Christian

Nadine

224. *Urlaubsplanung.* Schreiben Sie Sätze. A2

1. mit meinem Freund – fahren – ich – wollen – nach Rügen

   Ich will mit ....

2. dort – schwimmen – jeden Tag – können – wir

   Dort ...

3. nicht – unsere 17-jährige Tochter – wollen – aber – mitkommen

   Aber unsere ...

4. wollen – sie – verbringen – den Sommer – mit ihren Freundinnen und Freunden

   Sie ...

5. natürlich – nicht – sie – mit uns fahren – brauchen

   Natürlich ...

6. sie – selbst entscheiden – können

   Sie ...

7. sollen – sie – aber – jeden Tag – die Katzen füttern

   Aber sie ...

Imperativ

Der Imperativ drückt einen Befehl, eine Bitte, eine Aufforderung aus.

		***du*-Form**	***ihr*-Form**	***Sie*-Form**
	(Präsens)	du singst	ihr singt	Sie singen
Verben ohne Vokalwechsel	*singen*	Sing(e)*!	Singt!	Singen Sie!
Verben mit Stamm auf *-t/-d*	*arbeiten*	Arbeit**e**!	Arbeitet!	Arbeiten Sie!
Verben mit Stamm auf *-el/-er*	*sammeln*	Samm(e)l**e**!	Sammelt!	Sammeln Sie!
Verben mit Vokalwechsel *e → i(e)* *a → ä, au → äu*	 *geben* *fahren*	 Gib! F**a**hr(e)*!	 Gebt! Fahrt!	 Geben Sie! Fahren Sie!
trennbare Verben	*einkaufen*	Kauf ein!	Kauft ein!	Kaufen Sie ein!
haben	*haben*	**Hab**(e)*!	Habt!	Haben Sie!
sein	*sein*	**Sei**!	Seid!	**Seien** Sie!

* Die Form mit -*e* ist formell und vor allem in der Schriftsprache verbreitet.
Das -*e* muss aber stehen, wenn der Stamm auf *-d, -t, -el, -er* oder *-ig* endet.

Nicht nur mit *bitte*, sondern auch mit *doch* und *mal* (↑ S. 168) kann man einen Imperativ höflicher machen.
▶ Komm **doch mal** her! – Hilf mir **mal bitte**!

A1 **225.** Ergänzen Sie die fehlenden Formen (Infinitiv oder Imperativ).

Infinitiv	***du*-Form**	***ihr*-Form**	***Sie*-Form**
gehen	Geh!		
			Essen Sie!
weglaufen			
klingeln			
			Sprechen Sie!

226. *Frau Naumann ist krank. Was sagt der Arzt?* Ergänzen Sie die Imperative. A1

bleiben • essen • ~~nehmen~~ • rauchen • schlafen • trinken

Nehmen Sie (1) täglich zwei von diesen Tabletten. ______ (2) viel Tee, Wasser oder Saft. ______ (3) viel Obst. ______ (4) zu Hause. ______ (5) viel und ______ (6) nicht.

Auch bei Verben mit Stamm auf *-m/-n* ist das *-e* im Imperativ (*du*-Form) obligatorisch:
▶ Atm**e**! Öffn**e**!
Ausnahme: Verben mit *r* oder *l* vor *m* oder *n* (*fi**l**men, le**r**nen …*).

227. *Empfehlungen an eine Freundin / einen Freund.* Ergänzen Sie die Imperative. A1

1. ______ *(fragen)* doch mal deinen Lehrer.
2. ______ *(gehen)* doch mal zum Arzt.
3. ______ *(haben)* keine Angst. Der Hund will doch nur spielen!
4. ______ *(ordnen)* mal deine Papiere, dann findest du sicher den Brief.

228. *Im Deutschkurs. Was sagt die Lehrerin?* Schreiben Sie Sätze mit dem Imperativ. A1

1. *(das Buch öffnen)* Bitte öffnen Sie das Buch.
2. *(den Text lesen)* ______
3. *(antworten)* ______
4. *(ankreuzen)* ______
5. *(den Test abgeben)* ______

229. *In der Schule. Was sagt die Lehrerin zu den Kindern?* Schreiben Sie Sätze mit dem Imperativ. A1

1. *(eure Hefte mitbringen)* Bitte bringt eure Hefte mit.
2. *(das Buch öffnen)* ______
3. *(die Hausaufgaben machen)* ______
4. *(nicht zu spät kommen)* ______
5. *(nicht so laut sein)* ______

Perfekt mit *haben*

Das Perfekt beschreibt Ereignisse in der Vergangenheit. Man bildet das Perfekt mit einem Hilfsverb (meist: *haben*) im Präsens und dem Partizip Perfekt.

	Präsens von *haben*	**Partizip Perfekt**
ich	habe	geschrieben
du	hast	
er/sie/es	hat	
wir	haben	
ihr	habt	
sie/Sie	haben	

regelmäßige Verben	
Infinitiv	**Partizip Perfekt**
machen	→ **ge**mach**t**
hören	→ **ge**hör**t**
arbeiten	→ **ge**arbeit**et**
	ge ▬ (e)t
	Der Stamm bleibt gleich.

Wenn der Stamm auf *-d/-t* endet, endet das Partizip *auf -et.*

Unregelmäßige Verben: Sie müssen die Formen lernen (↑ Verbtabelle, S. 268).

unregelmäßige Verben	
Infinitiv	**Partizip Perfekt**
schreiben	→ **ge**schr**ie**b**en**
sehen	→ **ge**seh**en**
singen	→ **ge**s**u**ng**en**
	ge ▬ en
	Der Stamm kann sich ändern.

Nur wenige unregelmäßige Verben haben ein Partizip Perfekt auf *-t*:
bringen → gebracht,
denken → gedacht,
kennen → gekannt,
wissen → gewusst…

Struktur

POS. 1	POS. 2		ENDE
	Hast	du die Karte	geschrieben?
Ich	habe	die Karte	geschrieben.

230. Bilden Sie zu den Verben das Partizip Perfekt oder den Infinitiv.

A1

1. warten	________________	**5.** bleiben	________________
2. ________________	gefahren	**6.** ________________	gesucht
3. fragen	________________	**7.** stellen	________________
4. kaufen	________________	**8.** ________________	gezahlt

231. Ergänzen Sie die Verben im Perfekt.

A1

1. Gestern __________ ich den ganzen Tag ______________ *(schlafen)*.

2. Wo __________ du diese Jacke ______________ *(kaufen)*?

3. __________ Lisa dir die Fotos schon ______________ *(zeigen)*?

4. Wie viel __________ die Schuhe ______________ *(kosten)*?

5. Was __________ ihr heute im Kurs ______________ *(lernen)*?

6. __________ du mit deiner Mutter ______________ *(sprechen)*?

232. *Sonja erzählt ihren Lebenslauf.* Ergänzen Sie die Verben im Perfekt.

A2

Als Jugendliche ____________ ich in Leipzig ________________ *(wohnen)* (1). 2009 ______________ ich dort das Abitur __________________________ *(machen)* (2). Nach dem Abitur _______ mein Freund und ich ein Jahr in Ecuador ________________ *(leben)* (3) und in einem Tierheim ________________________ *(helfen)* (4). Danach _______________ ich an der Freien Universität in Berlin Anglistik als Studienfach ______________________ *(wählen)* (5). Im Studium ____________ ich drei Praktika __________________ *(machen)* (6): In zwei Sprachenschulen _________ ich Englischunterricht ______________________ *(geben)* (7) und Prüfungsarbeiten ___________________ *(lesen)* (8). Bei einer kleinen Lokalzeitung ___________ ich Artikel _________________ *(schreiben)* (9) und auf Leserbriefe ______________________ *(antworten)* (10). Außerdem ______________ ich neben dem Studium drei Jahre lang als Fitnesstrainerin ________________________ *(arbeiten)* (11) und eine Streetdance-Kindergruppe __________________ *(leiten)* (12). Nach meinem Abschluss, 2014, ________________ ich eine Stelle als Englischlehrerin _____________________ *(finden)* (13).

Partizip Perfekt: Verben mit Präfix und auf *-ieren*

Der Film **hat** um acht Uhr **angefangen**.

Er **hat** uns nicht **gefallen**.

Deshalb **haben** wir den Kinosaal nach zwanzig Minuten **verlassen**.

	trennbare Verben		**untrennbare Verben**	
	Infinitiv	**Partizip Perfekt**	**Infinitiv**	**Partizip Perfekt**
regelmäßige Verben	einkaufen zuhören	→ ein**ge**kauf**t** → zu**ge**hör**t** ■ **ge** ■ **t**	verreisen erlauben	→ verreis**t** → erlaub**t** ■ ■ **t**
unregelmäßige Verben	anfangen abschneiden	→ an**ge**fang**en** → ab**ge**schnitt**en** ■ **ge** ■ **en**	gefallen verlassen	→ gefall**en** → verlass**en** ■ ■ **en**
	-ge- zwischen Präfix und Stamm		ohne *-ge-*	

Verben auf *-ieren*	
Infinitiv	**Partizip Perfekt**
telefonieren passieren	→ telefonier**t** → passier**t** ■ **t**
ohne *-ge-*	

A1

233. Schreiben Sie zu den Verben das Partizip Perfekt.

1. abholen __________________

2. anrufen __________________

3. reservieren __________________

4. bekommen __________________

5. aufmachen __________________

6. zusehen __________________

7. mitspielen __________________

8. verstehen __________________

9. kontrollieren __________________

10. verkaufen __________________

Welche Verben sind trennbar? ____________________________________

234. Ergänzen Sie die Verben im Perfekt.

A1

1. Was __________ ihr im Supermarkt __________________________ *(einkaufen)*?
2. __________ du die Geschenke __________________________ *(einpacken)*?
3. Gestern __________ wir meine Schwester __________________________ *(besuchen)*.
4. __________ Laura ihre Tickets __________________________ *(mitnehmen)*?
5. Ich __________ meinen Schlüssel __________________________ *(verlieren)*.
6. __________ du dein Fahrrad schon __________________________ *(reparieren)*?

235. Schreiben Sie Sätze im Perfekt.

A2

1. wir – letzte Woche – viel – trainieren

   Wir ... ____

2. euer Team – gestern – gewinnen?

   ____

3. wir – die Prüfung – bestehen

   Wir ... ____

4. was – du – reparieren?

   ____

5. ich – gestern – meine Tante – besuchen

   Ich ... ____

236. *Ein Tag im Leben von Martin.* Schreiben Sie Sätze mit Verben im Perfekt und im Präsens.

A2

1. ~~Kinder zur Schule bringen~~ • ~~zur Arbeit fahren~~
2. einen Kunden beraten • nachmittags einen Bericht schreiben
3. den Bericht ausdrucken • den Bus nach Hause nehmen
4. sich umziehen • durch den Park joggen
5. eine halbe Stunde fernsehen • schlafen gehen

1. Nachdem er die Kinder zur Schule gebracht hat, fährt er zur Arbeit.
2. Nachdem ... ____
3. Nachdem ... ____
4. Nachdem ... ____
5. Nachdem ... ____

Perfekt mit *sein*

Wir sind in München. →

Wir sind am Meer.

Ortsveränderung/ Bewegung:

In den Ferien **sind** wir ans Meer **gefahren**.

Der Baum ist klein. →

Der Baum ist größer.

Zustandsveränderung:

Der Baum **ist gewachsen**.

Manche Verben bilden das Perfekt mit dem Hilfsverb *sein*.

Verben der Ortsveränderung/Bewegung	gehen, fahren, fliegen, kommen …
Verben der Zustandsveränderung	aufwachen, einschlafen, sterben, werden …
wenige andere Verben	sein, bleiben, geschehen, passieren …

Im Süden sagt man:
▶ ich **bin** gesessen, gestanden, gelegen

Verben der Ortsveränderung/Bewegung
ohne **Akkusativobjekt**: Perfekt mit *sein* ▶ Ich **bin** zum Bahnhof **gefahren.**
mit **Akkusativobjekt**: Perfekt mit *haben* ▶ Ich **habe meinen Sohn** zum Bahnhof **gefahren.**

A1 **237.** Welche Verben bilden das Perfekt mit *haben*, welche mit *sein*?

einsteigen • holen • kochen • laufen • sammeln • sehen • treffen • wachsen

Perfekt mit *haben*	Perfekt mit *sein*

238. Ergänzen Sie die Verben im Perfekt.

A1

1. Wo ___ Sie zur Schule ___ *(gehen)*?
2. Wie lange ___ ihr gestern auf der Party ___ *(bleiben)*?
3. Da bist du ja! Wo ___ du denn so lange ___ *(sein)*?
4. ___ du mit der U-Bahn ___ *(kommen)*?
5. Ich ___ mit dem Motorrad ___ *(kommen)*.
6. ___ du deine Freundin nach Hause ___ *(fahren)*?
7. Constanze ___ mit dem Bus nach Hause ___ *(fahren)*.
8. ___ ihr schon einmal in die USA ___ *(fliegen)*?
9. ___ du heute Morgen durch den Park ___ *(laufen)*?
10. Ihr ___ gestern nicht in der Schule ___ *(sein)*.

239. *Ein Ausflug zum See.* Ergänzen Sie die Verben im Perfekt.

A2

~~fahren~~ • fallen • grillen • holen • laufen • schwimmen • spielen • springen • werden

Am Sonntag _sind_ wir an den See _gefahren_ (1). Am Morgen war es noch ein bisschen kalt. Aber dann ___ es wärmer ___ (2). Tina und Marco ___ gleich ins Wasser ___ (3) und über den See ___ (4). Die Kinder ___ zum Spielplatz ___ (5) und ___ mit den anderen Kindern Fußball ___ (6). Dann ___ der Ball ins Wasser ___ (7) und Erik ___ ihn wieder aus dem Wasser ___ (8). Maria, Ralf und Tamara ___ Gemüse und Würstchen ___ (9).

240. *Quiz.* Ergänzen Sie die Verben im Perfekt.

A2

1. Wer ___ 1927 als Erster allein über den Atlantik ___ *(fliegen)*?
   ○ *Charles Lindbergh* ○ *Orville Wright* ○ *Hermann Köhl*
2. Wann ___ die Titanic ___ *(sinken)*?
   ○ *1902* ○ *1912* ○ *1922*
3. Welchen Namen ___ sich Norma Jean Baker ___ *(geben)*?
   ○ *Ava Gardner* ○ *Josephine Baker* ○ *Marilyn Monroe*

Alles verstanden?

A2

241. *„Du wirst nie mit der Arbeit fertig?" Tipps von einem Psychologen.*
Bilden Sie den Imperativ in der *du*-Form.

- ✓ eine To-do-Liste schreiben
- ✓ den Tag gut planen
- ✓ mit der Arbeit pünktlich anfangen
- ✓ Pausen machen
- ✓ nach Pausen schnell weiterarbeiten
- ✓ immer ruhig bleiben
- ✓ genug schlafen
- ✓ sich über Erfolge freuen
- ✓ nicht die Freizeit vergessen

1. Schreib eine To-do-Liste!
2. ______
3. ______
4. ______
5. ______
6. ______
7. ______
8. ______
9. ______

A1

242. Ergänzen Sie die fehlenden Formen.

Infinitiv	Präsens	Partizip Perfekt
	du bittest	
einkaufen		
legen		
		geschrieben
		gesucht
	du hoffst	

Welche Verben sind unregelmäßig? ______

A1

243. Ergänzen Sie die richtigen Formen von *haben* oder *sein*.

1. Was für einen Film ______ du gestern gesehen? – Eine französische Komödie.
2. ______ du gestern mit dem Zug gekommen? – Nein, mit dem Bus.
3. Wann ______ du heute Morgen aufgewacht? – Um halb acht.
4. Warum ______ du mit dem Tanzkurs aufgehört? – Er war zu schwer.
5. Wie ______ dir die Wohnung gefallen? – Sehr gut.
6. ______ du deine Tante zum Flughafen gefahren? – Nein, ich hatte keine Zeit.

244. *Interview: Ein Sommersprachkurs.* Ergänzen Sie die Verben im Perfekt. A2

- Hallo, Francisco, du __________ dieses Jahr einen Sommersprachkurs in Deutschland __________________ *(besuchen)* (1) – in welcher Stadt?
- Ich __________ vier Wochen in Heidelberg __________________ *(verbringen)* (2).
- Wie _________ es dir __________________ *(gefallen)* (3)?
- Sehr gut. Morgens hatte ich Unterricht, und ich ___________ wirklich viel _______________ *(lernen)* (4). Am Nachmittag und am Wochenende ___________ sie uns verschiedene Ausflüge und Aktivitäten _______________________________ *(anbieten)* (5).
- Erzähl mal – was ________ ihr ______________ *(sehen)* (6)?
- Wir __________ zum Beispiel das Heidelberger Schloss ___________________ *(besichtigen)* (7) und _____________ einen Tag nach Köln _______________ *(fahren)* (8).
- Und wo ____________ du ______________ *(wohnen)* (9)?
- Bei einer Familie mit zwei kleinen Kindern – ich ________ viel Deutsch mit ihnen __________________ *(sprechen)* (10). Aber auch ein bisschen Spanisch – die Mutter ___________ nämlich vor langer Zeit ein Semester in Spanien ___________ *(studieren)* (11)!
- Danke für das Interview, Francisco!

245. *Mit dem Bus zur Arbeit.* Ergänzen Sie die Verben im Perfekt. B1

Heute Morgen __habe__ ich __verschlafen__ *(verschlafen)* (1). Deshalb ___________ ich erst um Viertel vor acht __________________ *(aufstehen)* (2). Ich __________ mich sofort _______________________ *(anziehen)* (3) und ___________ gleich zur Bushaltestelle ___________________ *(laufen)* (4). In diesem Moment ___________ der Bus aber schon _______________________ *(losfahren)* (5). Ich ___________ dann in den nächsten Bus ______________________ *(einsteigen)* (6). Ich _________ nicht gleich ______________ *(bemerken)* (7), dass es der falsche Bus war. Deshalb ___________ ich noch einmal _______________________ *(umsteigen)* (8). Am Ende ___________ ich aber gut ___________________ *(ankommen)* (9) und ___________ mich nur ein bisschen __________________ *(verspäten)* (10).

Präteritum

Im Mittelalter **lebten** die meisten Menschen in Europa auf dem Land, nur wenige **wohnten** in Städten. Die Städte **lagen** oft an einem Fluss oder am Meer; ihr Zentrum **war** der Marktplatz.

Das Präteritum beschreibt Ereignisse in der Vergangenheit.

Unterschiede im Gebrauch: Präteritum/Perfekt

häufiger Präteritum	häufiger Perfekt
▶ in formellen Texten (Schriftsprache) ▶ in literarischen Erzählungen ▶ bei einigen Verben: *haben*, *sein*, *werden*, Modalverben	▶ in informellen Texten (z. B. persönliche E-Mails, persönliche Briefe) ▶ in gesprochener Sprache ▶ wenn man ein Ergebnis beschreibt: „Ihr Taxi ist gekommen!“, „Ich habe schon gegessen“.

	regelmäßige Verben		unregelmäßige Verben
	leben	***arbeiten***	***liegen***
ich	leb**te**	arbeit**ete**	la**g**
du	leb**test**	arbeit**etest**	la**gst**
er/sie/es	leb**te**	arbeit**ete**	la**g**
wir	leb**ten**	arbeit**eten**	la**gen**
ihr	leb**tet**	arbeit**etet**	la**gt**
sie/Sie	leb**ten**	arbeit**eten**	la**gen**

Nur wenige unregelmäßige Verben haben die Endungen *-te, -test, -ten, -tet:* *bringen → brachte, denken → dachte, kennen → kannte, wissen → wusste …*

Wenn der Stamm auf *-d/-t* endet, steht zwischen Stamm und Endung ein e.

Unregelmäßige Verben: Der Stamm kann sich ändern. Sie müssen die Formen lernen (↑ Verbtabellen, S. 268).

	haben	***sein***	***werden***
ich	hatte	war	wurde
du	hattest	warst	wurdest
er/sie/es	hatte	war	wurde
wir	hatten	waren	wurden
ihr	hattet	wart	wurdet
sie/Sie	hatten	waren	wurden

246. Ergänzen Sie *haben* und *sein* im Präteritum. A2

Letzte Woche ______________ (1) Vanessa und Sebastian Urlaub und ______________ (2) jeden Tag in einer anderen Stadt. Sie ______________ (3) Glück: Das Wetter ______________ (4) die ganze Woche schön, auch die Abende ______________ (5) noch warm.

247. *Ausflug am Sonntag* (Teil 1). Ergänzen Sie die Verben im Präteritum. B1

Am Sonntag ______________ *(fahren)* (1) Vanessa und Sebastian nach Neustadt. Ganz früh am Morgen ______________ *(gehen)* (2) sie zum Bahnhof. Dort ______________ *(kaufen)* (3) Sebastian eine Zeitung, Vanessa ______________ *(holen)* (4) zwei Becher Kaffee. Fünf Minuten vor der Abfahrt ______________ *(bemerken)* (5) die beiden, dass sie noch keine Fahrkarten ______________ *(haben)* (6). Also ______________ *(laufen)* (7) sie schnell zu den Fahrkartenautomaten. Sie ______________ *(wählen)* (8) ihr Ticket und ______________ *(zahlen)* (9) schnell. Dann ______________ *(nehmen)* (10) sie ihr Ticket und ______________ *(rennen)* (11) zum Zug. Sie ______________ *(schaffen)* (12) es in letzter Sekunde.

248. *Ausflug am Sonntag* (Teil 2). Schreiben Sie Sätze im Präteritum. B1

1. Vanessa und Sebastian – in den Zug – einsteigen

Vanessa und Sebastian ... ______________

2. im Zug – sie – die Zeitung – lesen – und – den Kaffee – trinken

Im Zug ... ______________

3. ein Zugbegleiter – ihre Tickets – kontrollieren; er – sehr nett – sein

Ein Zugbegleiter ... ______________

4. ihre Freunde in Neustadt – Vanessa und Sebastian – am Bahnhof – abholen

Ihre Freunde ... ______________

5. sie – ihnen – die Stadt – zeigen – und – sie – in ein gemütliches Lokal – bringen

Sie ... ______________

6. am Abend – sie – zusammen – ein Konzert – besuchen

Am Abend ... ______________

Präteritum: Modalverben

Matthias ist Lehrer. Gestern Abend **musste** er zwanzig Aufsätze korrigieren.

Modalverben stehen in der Vergangenheit meistens im Präteritum, auch in der gesprochenen Sprache:

▶ Warst du gestern bei Peters Party?
▶ Nein, ich **konnte** nicht kommen. / Ich **konnte** nicht.

	müssen	***dürfen***	***wollen***	***mögen***	***können***	***sollen***
ich	mu**ss**te	du**rf**te	wollte	m**o**chte	k**o**nnte	sollte
du	musstest	durftest	wolltest	mochtest	konntest	solltest
er/sie/es	musste	durfte	wollte	mochte	konnte	sollte
wir	mussten	durften	wollten	mochten	konnten	sollten
ihr	musstet	durftet	wolltet	mochtet	konntet	solltet
sie/Sie	mussten	durften	wollten	mochten	konnten	sollten

Die Modalverben haben im Präteritum **keinen** Umlaut *(ö, ü)*.
Als Präteritum von *ich möchte* verwendet man *ich wollte*.

Modalverben können aber auch ein Perfekt (↑ S. 114) und ein Plusquamperfekt (↑ S. 126) bilden:

als Modalverb *(mit Infinitiv)*	Ich kann *(darf, will …)* nicht kommen. Ich habe/hatte leider nicht kommen **können *(dürfen, wollen …)***.
als Vollverb *(ohne Infinitiv)*	Ich kann *(darf, will …)* nicht. Ich habe/hatte leider nicht **gekonnt *(gedurft, gewollt …)***.

Struktur

POS. 1	**POS. 2**		**ENDE**
Der Lehrer	musste	gestern zwanzig Aufsätze	korrigieren.
	Konntest	du zu Yvonnes Party	gehen?

249. Schreiben Sie das Modalverb (mit Pronomen) im Präteritum. A2

1. Am Sonntag wollen wir ins Schwimmbad gehen. wollten wir
2. Er kann nicht arbeiten gehen. ____________
3. Ich kann nicht zu deiner Geburtstagsfeier kommen. ____________
4. In diesem Restaurant darf man nicht rauchen. ____________
5. Magst du deinen Lehrer? ____________
6. Ich möchte nicht mitkommen. ____________
7. Du musst einkaufen gehen. ____________
8. Ich will Ingenieurin werden. ____________
9. Ihr dürft hier nicht parken. ____________
10. Er muss genug Geld mitnehmen. ____________

250. Ergänzen Sie *müssen* oder *dürfen* im Präteritum. A2

- Papa, wie lange ____________ du mit 16 Jahren abends weggehen? (1)
- Ich ____________ um zehn Uhr wieder zu Hause sein – wie du. (2)
- Ab wann ____________ man damals Auto fahren? (3)
- Ab 18, und vorher ____________ man natürlich den Führerschein machen. (4)
- Und ____________ du deinen Eltern viel im Haushalt helfen? (5)
- Ja, natürlich – alle von uns ____________ mithelfen! (6)

251. *Alles anders als früher.* Ergänzen Sie *wollen* und *mögen* im Präteritum. A2

Früher	Heute
Als Kind ____________ (1) ich Pilot werden.	Heute bin ich Lehrer.
Früher ____________ (2) ich keinen Sport.	Heute trainiere ich jeden Tag.
Früher ____________ (3) meine Freunde und ich immer im Wald spielen.	Heute treffen wir uns gern im Café.
In der Schule ____________ (4) Lisa mich nicht.	Heute sind wir verheiratet.

Plusquamperfekt

Das Plusquamperfekt drückt aus, dass ein Ereignis A *vor* einem Ereignis B in der Vergangenheit stattgefunden hat.

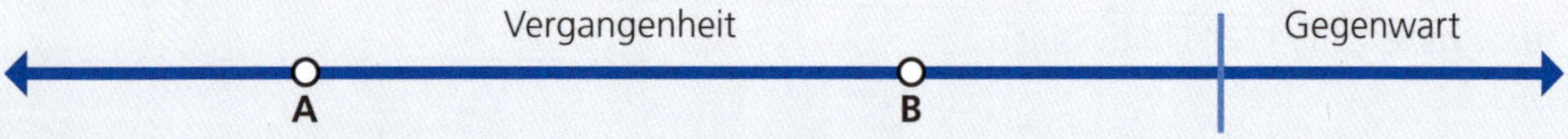

A: Was ist vorher passiert? → Plusquamperfekt	B: Was ist dann passiert? → Präteritum/Perfekt
Felix **hatte eingekauft**.	Katharina kam nach Hause.
Nachdem Felix **eingekauft hatte**,	kam Katharina nach Hause.

	Präteritum von *haben*	**Partizip Perfekt**
ich	hatte	eingekauft
du	hattest	
er/sie/es	hatte	
wir	hatten	
ihr	hattet	
sie/Sie	hatten	

	Präteritum von *sein*	**Partizip Perfekt**
ich	war	gekommen
du	warst	
er/sie/es	war	
wir	waren	
ihr	wart	
sie/Sie	waren	

Die Regeln für die Wahl von *haben* oder *sein* sind die gleichen wie für das Perfekt (↑ S. 114/118).
- ▶ wir **haben** gemacht, wir **hatten** gemacht *(machen*: Hilfsverb *haben)*
- ▶ wir **sind** geblieben, wir **waren** geblieben *(bleiben*: Hilfsverb *sein)*

In der Umgangssprache ersetzt man das Plusquamperfekt häufig durch das Perfekt, z. B.:
▶ Nachdem Felix **eingekauft hat**, ist Katharina nach Hause gekommen.

Struktur

POS. 1	POS. 2		ENDE
Felix	hatte	schon	eingekauft.

252. Ergänzen Sie das passende Hilfsverb – *haben* oder *sein* – im Präteritum. B1

1. Du ____________ schon weggegangen.

2. Ich ______________ schon gegessen.

3. Wir ____________ schon telefoniert.

4. Die Studenten ________ schon eingezogen.

5. Er _____________ einen Kuchen gebacken.

6. Jemand ____________ schon hier gewesen.

253. Ergänzen Sie die Verben im Plusquamperfekt. B1

1. Gestern habe ich meinen Schlüssel gefunden, den ich vor ein paar Tagen ______________________ __________ *(verlegen)*.

2. Ich hatte ein gutes Gefühl bei der Prüfung, denn ich _________ viel ______________ *(lernen)*.

3. Ich musste eine Strafe von 60 Euro bezahlen, nachdem ich mit dem Auto durch die Fußgängerzone ____________________ _______ *(fahren)*.

4. Obwohl ich das Geld sofort _____________________ __________ *(überweisen)*, bekam ich zwei Wochen später eine Mahnung.

5. Gestern __________ ich kaum aus dem Haus _____________________ *(gehen)*, als ich bemerkte, dass ich meinen Schirm _____________________ __________ *(vergessen)*.

254. *Pünktlich zum Date*. Ergänzen Sie die Verben im Plusquamperfekt. B1

Gestern war ich den ganzen Tag sehr müde, denn ich _________ nachts schlecht ___________________ *(schlafen)* (1). Dabei hatte ich am Abend noch eine wichtige Verabredung: ein Date mit Nadine. Nachdem ich von der Arbeit nach Hause __________________ _______ *(kommen)* (2), machte ich mir erst einmal einen doppelten Espresso. Und tatsächlich – nachdem ich den Kaffee __________________ ________ *(trinken)* (3), wurde ich langsam wieder wach. Ich musste mich beeilen, denn ich _________ schon letztes Mal zu spät zu unserem Treffen ___________________ *(kommen)* (4), und Nadine hat sich sehr geärgert. Obwohl ich _________ __________________ _________ *(sich beeilen)* (5), verpasste ich wieder den Bus. Aber als ich das Handy herausholte und Nadine eine Nachricht schreiben wollte, sah ich, dass sie mir schon selbst ____________________ _________ *(schreiben)* (6): „Ich komme eine halbe Stunde später, sorry!" Der Abend war gerettet!

Futur

Ich fahre morgen nach Berlin. Dort besuche ich Anna.	=	Ich **werde** morgen nach Berlin **fahren**. Dort **werde** ich Anna **besuchen**.

Ereignisse in der Zukunft kann man mit dem Präsens oder mit dem Futur beschreiben.

Präsens mit Zeitangabe *(in einer Stunde, morgen, in den Ferien …)*	**Futur** mit oder ohne Zeitangabe *(in einer Stunde, morgen, in den Ferien …)*
Ich fahre morgen nach Berlin.	Ich **werde** (morgen) nach Berlin **fahren**.

Meistens verwendet man das Präsens, vor allem, wenn die Zukunft relativ sicher ist.

Manchmal ergänzt man beim Futur auch *wohl* oder *wahrscheinlich*.

▶ Was meinst du: Wer wird (wohl) die nächsten Wahlen gewinnen?

▶ Nächstes Jahr im April werden wir (wahrscheinlich) schon in Frankfurt wohnen.

Mit dem Futur kann man auch eine Vermutung in der Gegenwart ausdrücken.

▶ Wo ist Klaus? – Klaus wird zu Hause sein.
(= Ich denke, Klaus ist zu Hause.)

	Präsens von *werden*	**Infinitiv**
ich	werde	fahren
du	wirst	
er/sie/es	wird	
wir	werden	
ihr	werdet	
sie/Sie	werden	

Struktur

POS. 1	POS. 2		ENDE
Ich	werde	nach Berlin	fahren.

B1 **255.** Ergänzen Sie die Verben im Futur.

1. Nächstes Jahr ______________ wir mehr Sport ______________ *(machen)*.

2. Wenn Sie mich zum Bürgermeister wählen, ______________ ich ein neues Schwimmbad ______________ *(bauen lassen)*.

3. Wenn du im Krankenhaus bist, ______________ wir dich jeden Tag ______________ *(besuchen)*.

4. Im Jahr 2050 ______________ 9 Milliarden Menschen auf der Erde ______________ *(leben)*.

256. *Pläne für die Ferien*. Ergänzen Sie das Hilfsverb *werden*.

B1

- Was macht ihr in den Sommerferien?
- Wir __________ (1) wahrscheinlich zu Hause bleiben.
- Wolltet ihr nicht wegfahren?
- Ja, aber Benedikt __________ (2) vermutlich keinen Urlaub bekommen. Er __________ (3) wohl arbeiten müssen.
- Und die Kinder?
- Die Kinder __________ (4) zu ihrer Oma fahren.
- Und du? __________ (5) du auch arbeiten?
- Nein. Ich habe Urlaub. Ich mache in den Ferien einen Italienischkurs.

257. *Ins Kino gehen*. Ergänzen Sie die Verben im Futur.

B1

Senden	**Von:** j.thürmann@mailforyou.com
	An: t.mann@mailforyou.com
	Betreff: Morgen Kino?

Hallo, Tabea,

Paul und ich __________ morgen ins Kino __________ *(gehen)* (1). Wollt Ihr nicht mitkommen? Wir haben auch Dominique gefragt, aber sie meldet sich nicht. Sie __________ wohl für die Prüfung __________ *(lernen)* (2). Und Constanze hat Urlaub und __________ verreist __________ *(sein)* (3). Meldet euch mal! Morgen __________ es __________ *(regnen)* (4), da kann man sowieso nichts anderes machen.

Liebe Grüße

Jenny

258. *Unsere Bekannten sind im Urlaub. Was werden sie jetzt gerade wohl machen?* Schreiben Sie Sätze im Futur.

B1

1. Klaus – liegen – den ganzen Tag am Strand

Klaus wird den ganzen Tag am Strand liegen.

2. Lisa und Franz – sitzen – an der Bar – und – trinken – Bier

____

3. Daniela und Andrea – sitzen – vor dem Zelt – und – spielen – Schach

____

Alles verstanden?

B1 **259.** *Eine Zeitungsmeldung.* Ergänzen Sie die Verben im Präteritum.

Mann verliert Kontrolle über Auto. Stuttgart. Auf der Bundesstraße 27a ________________ *(sich ereignen)* (1) am Donnerstagmorgen ein schwerer Verkehrsunfall. Wie die Polizei berichtet, ____________ *(fahren)* (2) ein 48 Jahre alter Autofahrer gegen 6:15 Uhr in Richtung Zuffenhausen, als er die Kontrolle über sein Auto ________________ *(verlieren)* (3). An der Kreuzung _____________ er nach links _______________________ *(abbiegen wollen)* (4), ______________ *(übersehen)* (5) dabei aber das entgegenkommende Fahrzeug eines 52-Jährigen. Beide Fahrer ________________ *(bleiben)* (6) unverletzt. Es _________________ *(entstehen)* (7) ein Sachschaden von rund 12 000 Euro.

B1 **260.** *Als Katharina nach Hause kam …* (Teil 1). Schreiben Sie Sätze im Plusquamperfekt.

Gestern hatte Katharina Geburtstag! Als sie nach Hause kam …

1. *(ihr Freund Felix: Salate machen)*
   … hatte ihr Freund Felix Salate gemacht.
2. *(ihre kleine Tochter: Luftballons aufhängen)*
   ____
3. *(ihre Schwester: den Tisch decken)*
   ____
4. *(ihr Cousin: einen Kuchen backen)*
   ____
5. *(die Nachbarin: den Eingang dekorieren)*
   ____
6. *(der Pizzaservice: die Pizza liefern)*
   ____
7. *(der Getränkehändler: die Getränke bringen)*
   ____
8. *(alle acht Gäste: kommen und sich an den Tisch setzen)*
   ____

261. *Als Katharina nach Hause kam …* (Teil 2). Ergänzen Sie die Verben im Präteritum oder – in *nachdem*-Sätzen – im Plusquamperfekt. B1

Katharina __________ ______ *(sich freuen)* (1) und ____________ *(begrüßen)* (2) ihre Gäste. Nachdem ihr die Gäste ____________________ ________ *(gratulieren)* (3), ____________ sie alle die Pizza ____ *(auspacken)* (4). Felix ___________ *(stellen)* (5) die Salate auf den Tisch, und das Essen __________ _________ *(beginnen können)* (6). Die Pizza ___________________ *(schmecken)* (7) sehr gut, auch wenn sie schon ein bisschen kalt __________ *(sein)* (8). Nachdem alle ______________ _________ *(essen)* (9), ____________________ *(öffnen)* (10) Katharina die Geschenke. Von ihrer Schwester __________________ *(bekommen)* (11) sie ein tolles Parfum; ihre Tochter _________________ *(schenken)* (12) ihr ein selbst gemaltes Bild. Die Gäste _______________ __________ *(sich unterhalten)* (13) lange, denn es war Freitag und am nächsten Tag _______________ sie nicht früh ___________________ *(aufstehen müssen)* (14). Die Letzten von ihnen ___________ *(bleiben)* (15) bis Mitternacht. Katharina ________ *(sein)* (16) am Ende müde, aber sehr zufrieden.

262. *Sportquiz.* Ergänzen Sie die Verben im Präteritum. B1

1. Wer __________ *(gewinnen)* die Fußballweltmeisterschaft der Männer 1998?
   ◯ *Frankreich* ◯ *Brasilien* ◯ *Deutschland*
2. Wann _____ die ersten Olympischen Spiele der Neuzeit _____ *(stattfinden)*?
   ◯ *1896* ◯ *1918* ◯ *1954*
3. Wie oft ____________ *(werden)* Michael Schumacher Formel-1-Weltmeister?
   ◯ *3-mal* ◯ *5-mal* ◯ *7-mal*

263. *Ein freier Tag.* Ergänzen Sie die Verben im Futur. B1

Morgen ist Samstag und ich habe frei! Ich _______ lange ___________ *(schlafen)* (1), mindestens bis elf Uhr. Dann ___________ ich zum Pilates-Training ___________ *(gehen)* (2). Anschließend ____________ ich meine beste Freundin ___________ *(anrufen)* (3). Abends _____________ mein Freund ___________ *(kommen)* (4) und wir ________ zusammen ein Konzert ________________ *(besuchen)* (5).

Konjunktiv II: Formen

Könnten Sie mir bitte mit den Koffern **helfen**?

An Ihrer Stelle **würde** ich den Aufzug **nehmen**.

Der Konjunktiv II hat verschiedene Funktionen: höfliche Bitten, Ratschläge, Vorschläge, irreale Wünsche (↑ S. 134) und Bedingungen (↑ S. 136).

Den Konjunktiv II von unregelmäßigen Verben bildet man aus dem Präteritum + *-(e)* und Umlaut *(a, o, u → ä, ö, ü)*. Am häufigsten kommt er bei *haben, sein, werden* und den Modalverben vor, zum Beispiel:

▸ ich war → ich w**äre**, ich musste → ich m**ü**ss**te**

	haben	*sein*	*werden*	*müssen*
ich	h**ä**tt**e**	w**ä**r**e**	w**ü**rd**e**	m**ü**ss**te**
du	h**ä**tt**est**	w**ä**r**(e)st**	w**ü**rd**est**	m**ü**ss**test**
er/sie/es	h**ä**tt**e**	w**ä**r**e**	w**ü**rd**e**	m**ü**ss**te**
wir	h**ä**tt**en**	w**ä**r**en**	w**ü**rd**en**	m**ü**ss**ten**
ihr	h**ä**tt**et**	w**ä**r**(e)t**	w**ü**rd**et**	m**ü**ss**tet**
sie/Sie	h**ä**tt**en**	w**ä**r**en**	w**ü**rd**en**	m**ü**ss**ten**

	dürfen	*wollen*	*können*	*sollen*
ich	d**ü**rft**e**	wollt**e**	k**ö**nnt**e**	sollt**e**
du	d**ü**rft**est**	wollt**est**	k**ö**nnt**est**	sollt**est**
er/sie/es	d**ü**rft**e**	wollt**e**	k**ö**nnt**e**	sollt**e**
wir	d**ü**rft**en**	wollt**en**	k**ö**nnt**en**	sollt**en**
ihr	d**ü**rft**et**	wollt**et**	k**ö**nnt**et**	sollt**et**
sie/Sie	d**ü**rft**en**	wollt**en**	k**ö**nnt**en**	sollt**en**

Die Modalverben *wollen* und *sollen* haben im Konjunktiv II keinen Umlaut.
▸ wollen → ich w**o**ll**te**, sollen → ich s**o**ll**te**

Auch von **einigen anderen unregelmäßigen Verben** verwendet man Konjunktiv-II-Formen, z. B. von *geben, kommen* (Übung **265**).

Bei **allen anderen Verben** ersetzt man die Konjunktiv-II-Formen meistens durch ***würde-* + Infinitiv**:

	Konj. II von *werden*	**Infinitiv**
ich	würde	nehmen
du	würdest	
er/sie/es	würde	
wir	würden	
ihr	würdet	
sie/Sie	würden	

264. Bilden Sie das Präteritum und den Konjunktiv II und tragen Sie die Formen in die Tabelle ein. A2

Präsens	Präteritum	Konjunktiv II
ich werde		ich würde
du bist	du warst	
		Sie müssten
du sollst		
wir haben	wir hatten	
		er wäre
		sie würden
ich kann		
		wir sollten
er darf		
du musst		
ihr wollt		

265. Bilden Sie das Präteritum und den Konjunktiv II und tragen Sie die Formen in die Tabelle ein. B1

Vor allem in **schriftlichen, formellen** Texten verwendet man auch Konjunktiv-II-Formen von einigen anderen unregelmäßigen Verben, vor allem *geben, kommen, wissen, gehen, bleiben.*

	Präteritum	Konjunktiv II
ich	kam	käm**e**
du	kamst	käm**(e)st**
er/sie/es	kam	käm**e**
wir	kamen	käm**en**
ihr	kamt	käm**(e)t**
sie/Sie	kamen	käm**en**

Infinitiv	Präteritum	Konjunktiv II
wissen	sie wusste	sie wüsste
gehen	wir gingen	wir
geben	er	er
bleiben	wir	wir

Konjunktiv II: Bitten, Ratschläge, Vorschläge, Wünsche

Ich **wäre** gern eine berühmte Sängerin.

höfliche Bitten	Ich **hätte** gern einen Tee. **Könntest** du mir bitte zwei Flaschen Wasser **mitbringen?**
Ratschläge und Vorschläge	Du **solltest** mal Urlaub **machen.** An deiner Stelle **würde** ich mal Urlaub **machen.** Es **wäre** gut, wenn du mal Urlaub **machen würdest.** Wir **könnten** zusammen in den Urlaub **fahren.**
irreale Wünsche	Ich **wäre** gern Millionär. Wenn ich doch noch einmal 20 Jahre alt **wäre!** **Wäre** ich doch noch einmal 20 Jahre alt!

Wunschsätze ohne *wenn*: Das Verb steht am Satzbeginn.

In Wunschsätzen mit Konjunktiv II steht oft *gern (lieber, am liebsten).*
Wenn die Wunschsätze mit *wenn* oder mit dem Verb anfangen, verwendet man immer *doch.*

A2

266. *Höfliche Bitten im Konjunktiv II.* Ergänzen Sie *können* oder *würde-*.

1. Ich glaube, ich schaffe das nicht. Könntest/Würdest du mir ______ *(helfen)*?
2. ______ Sie mir bis morgen fünf Euro ______ *(leihen)*?
3. ______ Sie bitte Ihre Musik leiser ______ *(machen)*?
4. ______ du bitte deine Sachen hier ______ *(wegräumen)*?

A2

267. *Vorschläge im Konjunktiv II.* Ergänzen Sie *können.*

1. Wir ______ heute Abend ins Theater ______ *(gehen)*. Hast du Lust?
2. Du hast so viel zu tun – ich ______ dir ______ *(helfen)*!
3. Hast du Hunger? Wir ______ zusammen ______ *(essen gehen)*.
4. Der letzte Bus ist schon weg. Du ______ dir ein Taxi ______ *(nehmen)*.

268. *Ratschläge.* Ergänzen Sie das passende Verb im Konjunktiv II. B1

1. Du hustest schon seit einer Woche. An deiner Stelle ______________ ich zum Arzt gehen.
2. Es ist kalt geworden. Du ______________ vielleicht deine Jacke anziehen.
3. Wenn er im Team immer so unfreundlich zu ihr ist, dann ______________ sie vielleicht mal allein mit ihm reden.
4. Ihr seht ziemlich gestresst aus. Ihr ______________ mal eine Pause machen.
5. Es ____________________ gut, wenn du dir einen neuen Job suchen ______________.
6. Bei einem Bewerbungsgespräch ______________ man gut vorbereitet sein.
7. Du siehst müde aus. An deiner Stelle __________ ich heute früh schlafen gehen.

269. *Irreale Wünsche.* Ergänzen Sie *haben* oder *sein* im Konjunktiv II. B1

1. Wenn ich nur mehr Geld ________________!
2. Immer dieses Regenwetter! Am liebsten ________________ ich jetzt im Urlaub.
3. Wenn wir doch endlich Ferien ________________!
4. Dieses Auto ist ständig kaputt. ________________ ich es nur nicht gekauft!
5. Na, Nico, wie gefällt dir dein neuer Job? – Der gefällt mir gar nicht. ________________ ich doch bei euch in der Firma geblieben!
6. Wenn das Wetter doch endlich besser ______________!

270. Formulieren Sie irreale Wünsche im Konjunktiv II mit verschiedenen Verbpositionen. B1

1. Ich kann nicht gut tanzen.
   a) Wenn ich doch gut tanzen könnte!
   b) ____________ ich doch ______________________________!
2. Meine Freundin hat keine Zeit für mich.
   a) ____!
   b) ____!
3. Ich werde immer so schnell müde.
   a) ____!
   b) ____!

Konjunktiv II: Konditionalsätze

Wenn das Wetter besser **wäre,**
könnte Christoph auf dem Balkon **sitzen**.

Der Konjunktiv II mit Bezug auf die Gegenwart oder die Vergangenheit steht in Konditionalsätzen.

Konditionalsätze im Konjunktiv II (Gegenwart)

Bedingungen und Folgen sind **unmöglich (irreal)** …	Wenn ich Zeit **hätte**, **würde** ich dir gern **helfen**. Wenn ich Millionär **wäre**, **würde** ich mir ein großes Auto **kaufen**.
… oder **möglich**.	Wenn du mich **besuchen könntest**, **würde** ich mich **freuen**. Wenn er bald **käme**, **könnten** wir ins Kino **gehen**.

Konditionalsätze im Konjunktiv II (Vergangenheit)

Bedingungen und Folgen sind immer **unmöglich (irreal)**.	Wenn ich Zeit **gehabt hätte**, **hätte** ich dir gern **geholfen**. Wenn ich im Lotto **gewonnen hätte**, **hätte** ich **aufgehört** zu arbeiten. **Hätte** ich im Lotto **gewonnen**, **hätte** ich **aufgehört** zu arbeiten.

Konditionalsätze ohne *wenn*: Das Verb steht am Satzbeginn.

Konjunktiv II (Vergangenheit): Formen

	Konj. II von *haben*	**Partizip Perfekt**
ich	hätte	geholfen
du	hättest	
er/sie/es	hätte	
wir	hätten	
ihr	hättet	
sie/Sie	hätten	

	Konj. II von *sein*	**Partizip Perfekt**
ich	wäre	gekommen
du	wär(e)st	
er/sie/es	wäre	
wir	wären	
ihr	wär(e)t	
sie/Sie	wären	

B1 **271.** Ergänzen Sie *haben, sein* oder *werden* im Konjunktiv II (Gegenwart).

1. Wenn es nicht regnen ________________, ________________ ich jetzt spazieren gehen.

2. Er ________________ heute mitkommen, wenn er nicht krank ________________________.

3. Wenn wir mehr Geld ________________, ________________ wir Urlaub machen.

4. Wenn ihr uns helfen ________________, ________________ wir in zwei Stunden fertig.

5. Wir ________________ mehr Platz, wenn du deine Bücher aufräumen ________________.

272. Schreiben Sie Konditionalsätze im Konjunktiv II (Gegenwart). B1

1. Sein Drucker ist kaputt. Er muss in den Copyshop gehen.

Wenn sein Drucker nicht kaputt wäre, müsste er nicht in den Copyshop gehen.

2. Er hat kein Geld. Er kann sich keinen neuen Drucker kaufen.

____

3. Er kann seinen Drucker nicht selbst reparieren. Er muss ihn zur Reparatur bringen.

____

4. Er hat kein Auto. Er muss mit dem Bus zum Händler fahren.

____

273. Ergänzen Sie die Verben im Konjunktiv II (Vergangenheit). B1

1. Wenn ich ________ ________ *(wissen)*, dass du zu Hause warst, ________ ich bei dir ________ *(klingeln)*.

2. Wenn du nicht jedes Jahr nach Frankreich ________ ________ *(fahren)*, ________ du nicht so schnell Französisch ________ *(lernen)*.

274. *Australien.* Schreiben Sie die Geschichte mit Konditionalsätzen im Konjunktiv II (Vergangenheit). B1

Nach dem Abitur habe ich Medizin studiert. Ich machte ein Krankenhauspraktikum in Australien. Dort lernte ich John, einen sympathischen Assistenzarzt, kennen. Wir eröffneten zusammen eine Praxis. Ich blieb in Australien.

Wenn ich nach dem Abitur nicht Medizin studiert hätte, hätte ich kein Krankenhauspraktikum in Australien gemacht.
Wenn ich kein Krankenhauspraktikum …

____

Alles verstanden?

A2 **275.** *Im Geschäft.* Formulieren Sie die Bitten höflicher – mit *würde/könnte + Infinitiv.*

1. Geben Sie mir bitte 200 g Salami.

____?

2. Helfen Sie mir bitte.

____?

3. Erklären Sie mir bitte, wie das Gerät funktioniert.

____?

B1 **276.** Welche Bedeutung hat der Konjunktiv II hier? Ordnen Sie zu.

A: Höfliche Bitte • B: Ratschlag • C: irrealer Wunsch

1. Du solltest besser auf dein Geld aufpassen. B

2. Könntest du mir bitte helfen? ____

3. Wenn ich du wäre, würde ich Daniel nicht heiraten. ____

4. Wenn ich doch früher Urlaub genommen hätte! ____

5. Könnte ich bitte noch ein Wasser haben? ____

6. Guten Tag! Ich hätte gern drei Brötchen. ____

B1 **277.** Ordnen Sie zu.

1. Hätte ich gewusst, dass du kommst,	____	**a)** nicht so viel am Computer spielen.
2. An deiner Stelle	____	**b)** wenn du uns bald wieder besuchen würdest.
3. Du solltest	____	**c)** hätte ich für dich Kuchen gekauft.
4. Wir würden uns freuen,	____	**d)** würde ich den Text noch einmal korrigieren.

B1 **278.** Ergänzen Sie die Sätze und verwenden Sie die Verben im Konjunktiv II (Gegenwart).

1. Wenn ich eine Lösung ____________ *(wissen),* ____________ ____________ *(dir helfen).*

2. Wenn er ____________ *(pünktlich kommen),* ____________ *(wir – losgehen können).*

3. Wenn Manuel ____________ *(tanzen können),* ____________ *(mit seiner Freundin zum Ball gehen).*

279. Ergänzen Sie die Verben im Konjunktiv II (Vergangenheit).

B1

1. Ich wusste nicht, dass du auf meinen Anruf wartest. Sonst hätte ich dich früher angerufen (anrufen).
2. Niemand hat mir gesagt, dass sie krank ist. Sonst ______________________ (besuchen).
3. Wir wussten nicht, dass er wieder in Magdeburg ist. Sonst ______________________ (einladen).
4. Mir war nicht klar, dass er noch nicht informiert wurde. Sonst ______________________ (benachrichtigen).

280. Schreiben Sie Sätze im Konjunktiv II (Gegenwart).

B1

1. nicht arbeiten müssen *(ich)* → mehr Zeit haben *(ich)*
   Wenn ich nicht arbeiten müsste, hätte ich mehr Zeit.
2. einen Hund haben *(du)* → öfter an der frischen Luft sein *(du)*
   ______________________.
3. mehr reisen *(sie)* → viele Freunde auf der ganzen Welt haben *(sie)*
   ______________________.
4. nicht in Stuttgart leben *(du)* → sich häufiger sehen können *(wir)*
   ______________________.

281. *Zeitumstellung*. Schreiben Sie Sätze im Konjunktiv II (Vergangenheit).

B1

● Hallo, Kai, da bist du ja endlich! Es ____________ schön ____________ *(sein)* (1), wenn du pünktlich ____________ ____________ *(kommen)* (2)!

○ Wollten wir uns nicht um sieben Uhr treffen?

● Ja, aber es ist jetzt acht Uhr. Die Uhr wurde heute Nacht auf Sommerzeit umgestellt.

○ Tut mir leid, das wusste ich nicht. Wenn ich es ____________ ____________ *(wissen)* (3), dann ____________ ich natürlich früher ____________ *(kommen)* (4).

● Ich habe dir eine Nachricht geschrieben. Wenn du meine Nachricht ____________ ____________ *(lesen)* (5), dann ____________ du es ____________ *(wissen)* (6).

Passiv

Der Koch **schneidet** den Braten.

Der Braten **wird geschnitten.**

Aktiv:	**Passiv:**
Wer schneidet den Braten? – **Der Koch.**	Was passiert mit dem Braten? – Er **wird geschnitten.**
▶ *Die **Person, die handelt,** ist wichtig.*	▶ *Die **Handlung** ist wichtig.*

Aktivsätze mit Akkusativobjekt → **Passivsätze mit Subjekt**

Der Koch schneidet **den Braten.** [Nominativ] [Akkusativ]	**Der Braten** wird **[vom Koch]** geschnitten. [Nominativ] [*von* + Dativ]

	Präsens	
ich	werde	gesehen
du	wirst	
er/sie/es	wird	
wir	werden	
ihr	werdet	
sie/Sie	werden	

	Präteritum	
ich	wurde	gesehen
du	wurdest	
er/sie/es	wurde	
wir	wurden	
ihr	wurdet	
sie/Sie	wurden	

	Perfekt	
ich	bin	gesehen **worden**
du	bist	
er/sie/es	ist	
wir	sind	
ihr	seid	
sie/Sie	sind	

Das Passiv Perfekt bildet man mit der Form **worden** (*nicht:* geworden).

Aktivsätze ohne Akkusativobjekt → **Passivsätze mit *es* als Subjekt**

Wir essen.	**Subjekt** = *es*, wenn es keinen anderen Satzteil in Position 1 gibt	→ **Es** wird gegessen.
Wir essen **um 18 Uhr.**		→ **Es** wird **um 18 Uhr** gegessen. / *(Besser:)* **Um 18 Uhr** wird gegessen.

Struktur

POS. 1	POS. 2		ENDE
Der Braten	wird/wurde		geschnitten.

282. *Ein Rezept.* Schreiben Sie den Text im Passiv. A2

Kartoffelsalat für 4 Personen

1. 1 kg Kartoffeln kochen.
2. Die gekochten Kartoffeln schälen, in Scheiben schneiden und in eine Schüssel geben.
3. Frische Kräuter und 3 Zwiebeln klein schneiden.
4. Die Kräuter und Zwiebeln mit Salz und Pfeffer, Essig und Öl mischen.
5. Die Flüssigkeit über die Kartoffeln gießen.

Guten Appetit!

1. Die Kartoffeln werden gekocht.
2. Die gekochten Kartoffeln ______________________

____
3. Frische Kräuter und Zwiebeln ______________________
4. Die Kräuter und Zwiebeln ______________________
5. Die Flüssigkeit ______________________

283. *Im Büro.* Was wird wann gemacht? Schreiben Sie die Sätze im Aktiv / im Passiv. A2

Aktiv	Passiv
1. Um 8 Uhr beginnen wir mit der Arbeit.	1. Um 8 Uhr wird …
2. ______________________	2. Zuerst werden die E-Mails beantwortet.
3. Bis mittags telefonieren wir.	3. ______________________
4. ______________________	4. Um 13 Uhr wird zu Mittag gegessen.

284. *Quiz.* Schreiben Sie Sätze im Passiv Präteritum. B1

?

1. Wann *(die Berliner Mauer, bauen)*? ______________________
2. Wo *(die Mozartkugel, erfinden)*? ______________________
3. Von wem *(Amerika, entdecken)*? ______________________

Passiv mit Modalverben

Die Bilder **dürfen** nicht **fotografiert werden.**

Das Auto **muss gewaschen werden.**

Manchmal steht das Passiv mit Modalverben.

Struktur

POS. 1	POS. 2		ENDE
Das Auto	konnte	gestern nicht	gewaschen werden.
Es	muss	heute	gewaschen werden.

B1

285. *Die Grillparty.* Was muss als Vorbereitung gemacht werden? Und was musste am Tag nach der Party gemacht werden?

– *die Gäste einladen*
– *Getränke und Fleisch kaufen*
– *Stühle und Tische ausleihen*
– *Teller besorgen*
– *den Grill aufstellen*
– *den Salat zubereiten*
– *das Brot schneiden*
– *die Lichterkette aufhängen*

1. Die Gäste müssen eingeladen werden.
2. ______
3. ______
4. ______
5. ______
6. ______
7. ______
8. ______

aufräumen • ~~einsammeln~~ • reinigen • spülen • werfen

Die Party war ein großer Erfolg! Am nächsten Tag gab es viel Arbeit … Zuerst musste der Müll eingesammelt werden (1) und in den Müllcontainer ______ ______ (2). Das schmutzige Geschirr ______ ______ ______ (3). Der Grill ______ gründlich ______ ______ (4). Am Schluss ______ noch die Wohnung und der Partykeller ______ ______ (5).

286. *Checkliste für eine Wohnungsbesichtigung.* Schreiben Sie Passivsätze mit *können.* B1

1. *(die Heizung regulieren)* Kann die Heizung reguliert werden?
2. *(den Teppich leicht reinigen)* ______________________?
3. *(noch einige Steckdosen montieren)* ______________________?
4. *(die kaputte Spülmaschine noch reparieren)* ______________________?

Oft kann man statt des Passivs mit *können* auch *sich lassen* + Infinitiv verwenden:
▶ Die Heizung lässt sich regulieren (↑ S. 150).

287. *Regeln in unserem Kindergarten.* Schreiben Sie Passivsätze mit Modalverben. B1

1. Im Haus muss man die Schuhe ausziehen.
2. Vor dem Eingang darf man keine Fahrräder abstellen.
3. Geld und andere Wertsachen sollten die Kinder nicht mitbringen.
4. Man sollte in unseren Räumen nicht mit dem Handy telefonieren.
5. Sie können Ihr Kind bis 17 Uhr abholen.

Liebe Eltern,

bitte beachten Sie die folgenden Regeln in unserer Einrichtung:

1. Im Haus ...
2. Vor dem Eingang ...
3. Geld und andere Wertsachen ...
4. In unseren Räumen ...
5. Ihr Kind ...

Vielen Dank!

Ihr Kindergartenteam

288. *In der Werkstatt.* Schreiben Sie Passivsätze mit *müssen* im Präteritum. B1

1. *(das Öl wechseln)* Das Öl musste gewechselt werden.
2. *(die Bremsen reparieren)* ______________________
3. *(die Lenkung einstellen)* ______________________
4. *(alle vier Reifen ersetzen)* ______________________

Alles verstanden?

B1 **289.** Ergänzen Sie die richtigen Formen von *werden* und *sein*.

1. Guten Tag! Ich suche den Roman *Das Parfum*. – Tut mir leid, das Buch __________ letzte Woche ausgeliehen worden.

2. Wo ist denn der Drucker? – Er __________ gestern zur Reparatur gebracht.

3. In diesem Geschäft __________ seit Oktober auch Fernseher verkauft.

4. Soll ich die Briefe zur Post bringen? – Nein, sie __________ noch nicht unterschrieben worden.

5. Heute Morgen __________ das Büro aufgeräumt, und ich kann jetzt nichts mehr finden.

B1 **290.** Bilden Sie Fragen mit „Von wem …?" im Passiv Präteritum.

1. *(diesen Roman verfassen)* Von wem wurde dieser Roman verfasst?

2. *(den Film produzieren)* __________

3. *(das Lied komponieren)* __________

4. *(dieses Bild malen)* __________

5. *(den Text schreiben)* __________

B1 **291.** *Schon erledigt!* Formulieren Sie Sätze im Passiv Perfekt.

1. Wir müssen den Brief abschicken.

✓ Der Brief ist schon abgeschickt worden.

2. Wir sollten noch die Einladungen ausdrucken.

✓ Die Einladungen sind …

3. Wir sollten auch Herrn Wolff informieren.

✓ __________

4. Wir müssen noch das Formular unterschreiben.

✓ __________

Das **Zustandspassiv** mit dem Hilfsverb *sein* betont das Ergebnis einer Handlung:
▶ Das Problem ist/war gelöst. Die Frage ist/war beantwortet.
Der Brief ist/war abgeschickt.

292. *Was auf der Party gemacht wurde.* Bilden Sie das Passiv mit *es*. B1

1. *(viel reden)* Es wurde … ______
2. *(über Politik diskutieren)* Es … ______
3. *(zum Glück nicht streiten)* Es … ______
4. *(viel essen und trinken)* Es … ______
5. *(lange tanzen)* Es … ______
6. *(bis zum Morgen feiern)* Es … ______

293. *Hausordnung.* Schreiben Sie die Sätze im Passiv. B1

1. Man muss den Gehweg vor dem Haus kehren.
   Der Gehweg vor dem Haus … ______
2. Man muss einmal pro Woche die Treppe putzen.
   Einmal pro Woche … ______
3. Im Hof darf man keine Müllsäcke lagern.
   Im Hof … ______
4. Man darf keine Pflanzen ins Treppenhaus stellen.
   Ins Treppenhaus … ______
5. Man muss die Haustür um 20 Uhr abschließen.
   Um 20 Uhr … ______
6. Man muss im Winter den Schnee auf dem Gehweg wegräumen.
   Im Winter … ______

294. Was muss oder darf hier (nicht) gemacht werden? Schreiben Sie Sätze im Passiv. B1

1. 

2. 

3. 

4. 

1. Hier ______ *(rauchen)*.
2. Hier ______ *(parken)*.
3. Hier ______ *(Fahrräder abstellen)*.
4. Hier ______ *(Hunde an der Leine führen)*.

Reflexive Verben

Marion zieht ihren Sohn an.

Marion **zieht sich an**.

Marion **zieht sich** die Schuhe **an**.

einige Verben: **immer mit** Reflexivpronomen	sich beeilen, sich bedanken, sich freuen, sich verabreden, sich verlieben …

Das Reflexivpronomen hat dann **keine eigene Bedeutung**.

alle anderen Verben: **mit oder ohne** Reflexivpronomen	ändern / sich ändern, anziehen / sich anziehen, bewegen / sich bewegen, waschen / sich waschen …

Das Reflexivpronomen bedeutet, dass Subjekt und Objekt **dieselbe** Person (oder Sache) sind.

Wenn es im Satz ein **Akkusativobjekt** gibt, steht das Reflexivpronomen *(sich)* normalerweise im Dativ:

Ich ziehe **mich** an. (mich = Akkusativ)

Aber: Ich ziehe **mir die Jacke** an. (mir = Dativ, die Jacke = Akkusativ)

	Akkusativ	Dativ
ich	mich	mir
du	dich	dir
er/sie/es	sich	sich
wir	uns	uns
ihr	euch	euch
sie/Sie	sich	sich

Nur die **3. Person** des Reflexivpronomens hat eine besondere Form *(sich)*. Alle anderen Formen sind identisch mit dem **Personalpronomen**.

Das Perfekt bildet man bei reflexiven Verben immer mit *haben* (↑ S. 114).

Struktur

POS. 1	POS. 2	
Marion	wäscht	**sich** die Haare.
Morgens	wäscht	**sich** Marion die Haare.
Morgens	wäscht	Marion **sich** die Haare.
Morgens	wäscht	sie **sich** die Haare.

295. Ergänzen Sie die Reflexivpronomen. A2

- Wir sehen ____________ (1) heute das Fußballspiel an. Möchtest du mitkommen? Du interessierst ____________ (2) doch für Fußball.
- Ich kann ____________ (3) das Spiel heute leider nicht ansehen. Ich habe morgen eine wichtige Prüfung und muss _________ (4) noch darauf vorbereiten.

296. Ergänzen Sie die reflexiven Verben. A2

- Malik, wo bleibst du denn? Bitte ____________________ ____________ *(sich beeilen)* (1). In 10 Minuten wollen uns Tina und Tim abholen.
- Ich komme gleich. Ich muss ____________ nur noch ________________________ *(sich rasieren)* (2). Aber Tina und Tim _____________________ ____________ *(sich verspäten)* (3) bestimmt. Sie kommen nie pünktlich. Bist du denn schon fertig?
- Ja, gleich – ich muss ________________ nur schnell die Haare ______________________ *(sich kämmen)* (4). – Oh, es hat geklingelt. Hallo, ihr zwei! Kommt rein und ______________ __________________ *(sich setzen)* (5). Malik kommt gleich. Er muss ____________ nur noch ___________________ ____________ *(sich fertig machen)* (6). Dann können wir losgehen.

297. Schreiben Sie die Sätze im Präsens und im Perfekt. A2

1. die Kinder – auf die Ferien – sich freuen

   Die Kinder freuen ...

   Die Kinder haben ...

2. ich – nach dem Sport – sich duschen

   Nach dem Sport ...

   ____

3. wo – du – für den Deutschkurs – sich anmelden?

   ____

   ____

4. ihr – schon – sich verabschieden?

   ____

   ____

Infinitiv ohne *zu*

Florian **lernt** Geige **spielen.**

gehen, fahren	Ich **gehe** jetzt **einkaufen.** Ich **fahre** mit meinem Cabrio **spazieren.**
bleiben	Das Buch ist gestern hier **liegen geblieben.** An der roten Ampel muss man **stehen bleiben.**

lernen	Sie **lernt**(,) Fahrrad (zu) **fahren.** (↑ S. 212)
helfen	**Hilfst** du mir(,) **auf**(zu)**räumen?** (↑ S. 212)

lernen und *helfen*: Infinitiv **mit** oder **ohne** *zu*

Beatrix **sieht** ihren Sohn nach Hause **kommen.**

sehen, hören, fühlen, spüren …	Ich **sehe** meinen Sohn **spielen.** → Ich sehe **meinen Sohn. Mein Sohn** spielt. **Hörst** du ihn **kommen?** → Ich höre **ihn. Er** kommt.

Perfekt: Hast du ihn kommen **hören?**
Ich habe meinen Sohn im Hof spielen **sehen.**

Infinitiv statt Partizip Perfekt (~~gehört~~, ~~gesehen~~)

Struktur

POS. 1	POS. 2		ENDE
Florian	lernt	Geige	spielen.

298. *Wer macht was am Wochenende?* Ergänzen Sie die Sätze.

B1

1. Anna geht morgens joggen *(joggen gehen)*.
2. Und ich ______________ meiner Freundin am Samstag den Keller ______________ *(aufräumen helfen)*, bevor wir abends zusammen __________ __________ *(essen gehen)*.
3. Diego will das ganze Wochenende ______________ ______________ *(wandern gehen)*.
4. Am Samstag ________ Nina ______________ ______________ *(Fußball spielen gehen)*, am Sonntag will sie ____________ ____________ ____________ *(Klavier spielen üben)*.
5. Philipp ______________ am Samstag ein Geschenk ______________ *(kaufen gehen)*, weil er zu einem Geburtstag eingeladen ist.

299. *Quiz. Wo lernt man was?* Formulieren Sie Fragen.

B1

1. Wo – Auto fahren – lernen – man?

   ____

2. Wo – schwimmen – lernen – können – man?

   ____

3. Wo – rechnen und schreiben – üben – Kinder?

   ____

4. Wo – Tango – tanzen – lernen – man?

   ____

300. Schreiben Sie Sätze im Perfekt und verwenden Sie Verben mit Infinitiv.

B1

1. Ursulas Sohn ist ein großes Musiktalent: *Beim Schulkonzert habe ich gehört, wie er Trompete spielte.*

   Beim Schulkonzert habe ich ihn ____

2. *Gestern habe ich Kai gesehen, als er durch den Park gejoggt ist.*

   Gestern ____

3. Du hast mich ganz schön erschreckt! – *Hast du denn nicht gehört, dass ich gekommen bin?*

   Hast du ____

4. Weißt du eigentlich, dass deine Tochter raucht? – Das glaube ich nicht. – *Doch, ich habe gesehen, dass sie raucht.*

   Ich habe ____

Das Verb *lassen*

Sie **lässt** das Handy im Zug **liegen**.

lassen mit Infinitiv

aktive Bedeutung	
▶ ***etwas erlauben:***	
Die Eltern **lassen** den kleinen Lars heute am Computer **spielen**.	*(= Die Eltern erlauben, dass der kleine Lars heute am Computer spielt.)*
▶ ***nichts an etwas ändern; etwas lassen, wie/wo es ist:***	
Ich **lasse** die Zeitung **liegen**.	*(= Ich ändere nichts daran: Die Zeitung bleibt liegen.)*

passive Bedeutung	
▶ ***etwas in Auftrag geben, veranlassen:***	
Wir **lassen** das Büro einmal in der Woche **putzen**.	*(= Wir geben in Auftrag, dass das Büro einmal in der Woche geputzt wird.)*
▶ ***etwas kann gemacht werden:***	
Die Fenster in diesem Büro **lassen sich** leicht **öffnen**. *(reflexiv)*	*(= Die Fenster in diesem Büro können leicht geöffnet werden.)*

Perfekt: Ich habe die Zeitung liegen **lassen**.
Die Fenster haben sich leicht öffnen **lassen**.

Infinitiv statt Partizip Perfekt (~~gelassen~~)

lassen ohne Infinitiv

Warum **lässt** du das nicht? **Lass** das bitte!	▶ ***etwas nicht tun, mit etwas aufhören*** (Auch: *Warum* ***lässt*** *du das nicht* ***sein***?)
Nimmst du deinen Koffer mit in die Stadt? – Nein, ich **lasse** ihn hier.	▶ ***etwas, jemanden zurücklassen*** (Auch: *Ich* ***lasse*** *ihn hier* ***stehen***.)

Perfekt: Warum hast du das nicht **gelassen**?
Ich habe den Koffer am Bahnhof **gelassen**.

Struktur

POS. 1	POS. 2		ENDE
Die Fenster	lassen	sich leicht	öffnen.

301. Ergänzen Sie *lassen* und das Verb im Infinitiv. B1

liegen • probieren • reparieren *(2x)* • stehen

1. Deine Pizza sieht aber lecker aus. ________ du mich mal ________________?
2. Heute war ich in der Werkstatt. Aber mein Motorrad __________ sich leider nicht mehr __________________________.
3. Du bist betrunken. ________ dein Auto hier ________________ und fahr mit dem Bus nach Hause.
4. Warum hast du nicht angerufen? – Tut mir leid, aber ich habe mein Handy zu Hause ________________ __________________________.
5. Mein Fernseher ist kaputt. – Und warum _________ du ihn nicht __________________?

302. Welche Bedeutung hat *lassen* in den Sätzen in Übung **301**? Ordnen Sie die Sätze 1 bis 5 den folgenden Bedeutungen zu. B1

Satz ____: *etwas erlauben*

Satz ____: *etwas in Auftrag geben*

Satz ____ und ____: *etwas lassen, wie/wo es ist*

Satz ____: *etwas kann (nicht) gemacht werden*

303. Kreuzen Sie an – *lassen* oder *gelassen*? B1

1. Mein Motorrad habe ich heute zu Hause ▢ *lassen* ▢ *gelassen*, weil die Straßen so glatt waren.
2. Ich habe jetzt mein Visum verlängern ▢ *lassen* ▢ *gelassen*.
3. Gestern Abend haben wir uns Pizza liefern ▢ *lassen* ▢ *gelassen*.

304. Antworten Sie. Schreiben Sie Sätze mit *lassen* im Perfekt. B1

1. Hast du deine Präsentation schon erstellt? – *(sie – von meinem Assistenten – erstellen lassen)*
   Ich ...
2. Wie bist du zum Bahnhof gekommen? – *(von Eva – sich fahren lassen)*
   ____
3. Wo ist denn dein Laptop? – *(ihn – zu Hause – lassen)*
   ____

Alles verstanden?

A2 **305.** *Urlaub.* Ergänzen Sie die Reflexivpronomen.

- Warum ärgerst du __________ (1) denn so?
- Ich ärgere __________ (2), weil ich eigentlich drei Wochen Urlaub nehmen wollte, aber nur zwei Wochen bekomme.
- Aber in zwei Wochen kann man __________ (3) doch auch gut erholen.
- Ja, vielleicht hast du recht, ich sollte das nicht so negativ sehen. Auch meine Kinder und mein Mann freuen __________ (4) ja schon auf diese zwei Wochen.

A2 **306.** *Im Café.* Schreiben Sie Sätze mit Reflexivpronomen.

- Gestern – ich – mit Michael – getroffen – habe – mich.

  Gestern… __________ (1)

  Wir – im Café am Altstadt-Kino – verabredet – haben – uns.

  Wir… __________ (2)
- Habt – ihr – einen Film – angesehen – euch?

  __________ (3)
- Nein. Michael – leider nicht – für Filme – interessiert – sich.

  Michael… __________ (4)

  Wir – nur – unterhalten – haben – uns.

  Wir… __________ (5)

B1 **307.** Ergänzen Sie die Verben mit Infinitiv.

1. Am Sonntag __________ ich immer __________ *(schwimmen gehen).*
2. Wir __________ jetzt einen Kaffee __________ *(trinken gehen).* Kommst du mit?
3. Meine Tochter __________ jetzt Gitarre __________ *(spielen lernen).*
4. Im nächsten Winter __________ ich Ski __________ *(fahren lernen).*
5. Papa, die Ampel ist rot! __________ __________ *(stehen bleiben)!*
6. Manchmal __________ ich unseren Nachbarn bis in die Nacht __________ *(arbeiten hören).*
7. Es ärgert mich, wenn ich die Leute so über die heutige Jugend __________ __________ *(schimpfen hören).*

308. Verben mit Infinitiv. Schreiben Sie Fragen im Präsens.

A2

1. *(du – mit mir – spazieren – gehen)* ______________________________?
2. *(warum – der Zug – stehen – bleiben)* ______________________________?
3. *(ihr – den Mann – dort sitzen – sehen)* ______________________________?
4. *(du – den Vogel – singen – hören)* ______________________________?

309. *Erlaubt oder verboten?* Schreiben Sie Sätze mit *lassen* und Infinitiv.

B1

1. Ich darf nicht in diese Disko gehen. Meine Eltern erlauben es nicht.
   = Meine Eltern lassen mich nicht in diese Disko gehen. *(Präsens)*
2. Mein Vater erlaubt, dass ich mit seinem Auto fahre.
   = Mein Vater … *(Präsens)*
3. Svenja darf im Büro keine Privatgespräche führen. Die Chefin erlaubt es nicht.
   = ______________________________ *(Präsens)*
4. Wir durften heute länger Pause machen. Der Lehrer hat es erlaubt.
   = ______________________________ *(Perfekt)*
5. Gestern durfte ich nicht ins Kino gehen. Meine Großeltern haben es nicht erlaubt.
   = ______________________________ *(Perfekt)*

310. Kreuzen Sie an – *lassen* oder *gelassen*?

B1

1. Du hast eine neue Frisur! Bei welchem Friseur warst du denn? – Ich habe mir die Haare diesmal von meinem Bruder schneiden ▢ *lassen* ▢ *gelassen.*
2. Hallo, Iris! Schön, dass du da bist. Wo sind denn deine Kinder? Hast du sie allein zu Hause ▢ *lassen* ▢ *gelassen*? – Nein, nein. Meine Mutter passt auf sie auf.
3. Ich verstehe immer noch nicht, wie das Passiv gebildet wird. – Vielleicht solltest du es dir noch einmal von der Lehrerin erklären ▢ *lassen* ▢ *gelassen.*
4. Du hattest so viel Arbeit! Warum hast du dir nicht helfen ▢ *lassen* ▢ *gelassen*?
5. Hoffentlich regnet es jetzt nicht. Heute Morgen war so schönes Wetter, da habe ich meinen Schirm zu Hause ▢ *lassen* ▢ *gelassen.*
6. Ich muss noch einmal zurückgehen. Ich glaube, ich habe mein Portemonnaie in der Kantine liegen ▢ *lassen* ▢ *gelassen.*

Verben mit Akkusativ

Oliver **lacht.**

Verena **öffnet den Schrank.**

Das Verb bestimmt die Zahl und die Kasus der Ergänzungen (Subjekt und Objekte) in einem Satz.

Das **Subjekt** steht im Nominativ. Manche Verben stehen **nur** mit einem Subjekt.

Subjekt (Nominativ) ——	Verb
Der Mann	lacht.
Wer	lacht?
Der Baum	wächst.
Was	wächst?

Weitere Verben:
atmen, brennen, lachen, landen, laufen, rennen, schwimmen, sterben, wachsen, weinen …

Viele Verben können außerdem mit einem **Akkusativobjekt** stehen:

Subjekt (Nominativ) ——	Verb ——	Akkusativobjekt
Die Frau	öffnet	den Schrank.
Sie	öffnet	ihn.
Wer	öffnet	was?
Die laute Musik	stört	den Nachbarn.
Sie	stört	ihn.
Was	stört	wen?

Weitere Verben:
bestellen, besuchen, essen, hören, lieben, nehmen, schreiben, sehen, trinken, verstehen …

A1 **311.** Unterstreichen Sie das Subjekt mit einer Linie und das Akkusativobjekt mit zwei Linien. Ergänzen Sie die Tabelle.

1. Theresa feiert heute Geburtstag.
2. Sie hat ihre Freundinnen eingeladen.
3. Sie stellt die Geburtstagstorte auf den Tisch.
4. Alle essen die Torte.
5. Einige trinken auch Kaffee.

	Verb	Subjekt	Akkusativobjekt
1.	feiert	Theresa	Geburtstag
2.	hat eingeladen		
3.	stellt		
4.			
5.			

312. Unterstreichen Sie das Subjekt mit einer Linie und das Akkusativobjekt mit zwei Linien. Ergänzen Sie die Tabelle. Nicht alle Verben haben ein Akkusativobjekt. A2

	Subjekt	Akkusativobjekt
● Hast du das Computerprogramm	du	das Computer-
gekauft? (1)		programm
○ Ja, gestern habe ich es geholt, (2)		
aber es funktioniert nicht. (3)		
● Du kannst Irina fragen, (4)		
sie kennt viele Programme. (5)		
○ Ja, ich habe sie gestern angerufen. (6)		
Sie ist gerade hier in Köln. (7)		
● Und was hat sie gesagt? (8)		
○ Sie besucht mich morgen (9)		
und wir lösen das Problem. (10)		

313. Ergänzen Sie die Pronomen im Nominativ oder Akkusativ. A2

● Ist Michael heute nicht im Büro? Ich habe ________ (1) heute noch nicht gesehen.

○ Er hat drei Tage Urlaub genommen. Seine Freundin und ________ (2) haben endlich eine Wohnung gefunden, und jetzt ziehen ________ (3) um.

● Und Silke?

○ Silke ist auch nicht da, ________ (4) ist krank.

● Dann sag ihr doch gute Besserung, wenn du ________ (5) heute Abend siehst.

Verben mit Akkusativ und Dativ / Verben mit Dativ

Felicitas gibt **ihrer Kollegin** **ein Buch**.

Manche Verben stehen mit **Akkusativ-** **und Dativobjekt**:

Subjekt (Nominativ) —	Verb —	Dativobjekt —	Akkusativobjekt
Felicitas	gibt	**ihrer Kollegin**	**ein Buch.**
Wer	gibt	**wem**	**was?**
Die Lehrerin	erklärt	**den Kindern**	**die Regeln.**

Weitere Verben:
erzählen, leihen, schenken, stehlen, wünschen … (↑ Verbtabelle, S. 263)

Meistens sind die **Dativobjekte** *Personen*, die **Akkusativobjekte** *Sachen*.

Wenige Verben stehen **nur** mit einem **Dativobjekt**:

Subjekt (Nominativ) —	Verb —	Dativobjekt
Carola	hilft	**ihrem Vater.**
Wer	hilft	**wem?**
Das Heft	gehört	**Sven.**

Weitere Verben:
begegnen, folgen, nützen, passen, schaden, schmecken, zuhören, zusehen … (↑ Verbtabelle, S. 264)

Struktur (Dativ- und Akkusativobjekt)

POS. 1	POS. 2	
Felicitas	gibt	**ihrer Kollegin das Buch.**
Felicitas	gibt	**es ihrer Kollegin.**
Felicitas	gibt	**es ihr.**

Position des Dativ- und Akkusativobjekts (↑ S. 194):
- ▶ Nomen + Nomen: zuerst **Dativ** *(meistens)*
- ▶ Pronomen + Nomen: zuerst Pronomen
- ▶ Pronomen + Pronomen: zuerst **Akkusativ**

A1 **314.** Unterstreichen Sie die Verben, die Akkusativ- **und** Dativobjekt haben können, und schreiben Sie sie auf die Linie.

anrufen • bringen • empfehlen • finden • kennen • schicken • schmecken • verkaufen

___

315. Unterstreichen Sie das Subjekt mit einer Linie und das Dativobjekt mit zwei Linien. A1

1. Gehört das Buch dir? – Nein, es gehört meinem Bruder.
2. Hast du Tante Wiebke geschrieben? – Ja, aber sie hat mir noch nicht geantwortet.
3. Diese Jacke passt mir nicht. – Die Farbe steht dir aber gut.
4. Hat dir die Rede gefallen? – Ich habe dem Redner leider nicht zugehört.

316. Unterstreichen Sie das Akkusativobjekt mit einer Linie und das Dativobjekt mit zwei Linien. Ergänzen Sie die Tabelle. A1

1. Er gibt den Kindern die Bücher.
2. Sie erklärt uns die Grammatik.
3. Die Oma zeigt den Kindern die Fotos.
4. Charlotte schenkt ihrer Oma eine Blume.

	Verb	Dativobjekt	Akkusativobjekt
1.	gibt	den Kindern	die Bücher
2.			
3.			
4.			

317. Ergänzen Sie Akkusativ- und Dativobjekt. A2

● Ich habe gehört, dass Rainer ______ *(seine Nachbarin – sein Auto)* geschenkt hat. Stimmt das? (1)

○ Nein. Er hat ______ *(es – sie)* verkauft. (2)

● Rainers Bruder hat ______ *(ich – eine andere Geschichte)* erzählt. (3)

○ Vielleicht hat Rainer ______ *(sein Bruder – nicht die Wahrheit)* gesagt. (4)

318. *In der Firma.* Antworten Sie mit Pronomen im Akkusativ und Dativ. B1

● Könnten Sie der neuen Mitarbeiterin ihr Büro zeigen?

○ Ich habe es ihr schon gezeigt. (1)

● Dann könnten Sie der neuen Mitarbeiterin noch ihre beiden Kollegen vorstellen.

○ Ich … (2)

● Gut. Dann müssten Sie unseren Kunden und Kundinnen noch die neuen Angebote schicken.

○ ______ (3)

Verben mit Präpositionen

Martina **wartet auf den Bus** und **telefoniert mit ihrem Freund.**

Manche Verben haben eine feste Präposition, die mit **Akkusativ** oder **Dativ** steht (= Präpositionalobjekt).

Subjekt (Nominativ) ——	**Verb** ——	**Präposition + Akkusativ**
Martina	wartet	**auf den Bus.**
Der Kunde	interessiert sich	**für dieses Handy.**

Verben mit Präposition + Akkusativ	**für, gegen, über, um**	*sorgen* ***für,*** *stimmen* ***für***… *bitten* ***um,*** *sich kümmern* ***um***… *sich aufregen* ***über,*** *reden* ***über***…

Subjekt (Nominativ) ——	**Verb** ——	**Präposition + Dativ**	
Martina	telefoniert	**mit ihrem Freund.**	
Vier Kollegen	nehmen	**an der Besprechung**	teil.

Verben mit Präposition + Dativ	**aus, bei, mit, nach, unter, von, vor, zu**	*sich bedanken* ***bei,*** *sich entschuldigen* ***bei***… *aufhören* ***mit,*** *sich beschäftigen* ***mit***… *gratulieren* ***zu,*** *überreden* ***zu***…

Den **Akkusativ oder Dativ** haben Präpositionalobjekte mit ***an, auf*** und ***in:***
- ▶ Erinnerst du dich **an unseren Deutschlehrer**? (*sich erinnern an* + **Akkusativ**)
- ▶ Nimmst du auch **an dem Treffen** nächste Woche teil? (*teilnehmen an* + **Dativ**)

Lernen Sie die Verben immer mit ihrer Präposition (↑ Verbtabelle, S. 265)!

A2 **319.** Was passt? Ordnen Sie zu.

1. Nicole wartet	____ **a)** für Philosophie.
2. Annalisa erzählt	____ **b)** über ein Fußballspiel.
3. Olaf interessiert sich nicht	____ **c)** an ihren Freund.
4. Die Freunde diskutieren	____ **d)** bei den Touristinnen.
5. Christine denkt nur	____ **e)** auf den Zug.
6. Die Kellnerin bedankt sich	____ **f)** von ihrer Arbeit.

Martina **telefoniert mit ihm**.

320. *Quiz: Rund ums Essen.* Ergänzen Sie die Präpositionen. B1

aus • bei • um • zu

1. Was besteht meistens ____________ Eiern, Butter, Mehl?
   ▢ *Brot* ▢ *Kuchen* ▢ *Kartoffelsalat*
2. Welches Gericht gehört __________ den Nachspeisen?
   ▢ *Suppe* ▢ *Pudding* ▢ *Müsli*
3. Wie bedankt man sich ________ jemandem, der „Guten Appetit" sagt?
   ▢ *Danke, gleichfalls!* ▢ *Danke, gute Besserung!* ▢ *Danke, Gesundheit!*
4. Wer kümmert sich _____ die Bedienung der Gäste in einem Restaurant?
   ▢ *die Assistentin* ▢ *der Kameramann* ▢ *der Kellner*

321. *Gesundheitstipps.* Ergänzen Sie die Präpositionen. B1

auf *(3x)* • bei • für • mit

Ernähren Sie sich gesund!

Erkundigen Sie sich ___________ (1) Ihrem Arzt nach der idealen Ernährung für Sie.

Entscheiden Sie sich in Restaurants öfter mal ___________ (2) vegetarische Gerichte.

Sehen Sie beim Essen nicht fern; konzentrieren Sie sich ________ (3) das Essen.

Verzichten Sie ___________ (4) Zigaretten und zu viel Alkohol.

Das ist schwer? Dann beginnen Sie ___________ (5) einem „gesunden Tag" pro Woche.

Freuen Sie sich __________ (6) die positive Wirkung!

Manche Verben können gleichzeitig **mit zwei Präpositionalobjekten** stehen:
▸ Ich bedanke mich **bei ihm für den Brief.**

322. Verben mit zwei Präpositionalobjekten. Ergänzen Sie die Präpositionen. B1

bei • für • mit *(2x)* • über *(2x)*

1. Sofia hat sich ________ ihrem Lehrer ___________ ihre berufliche Zukunft unterhalten.
2. Du musst dich __________deiner Freundin ___________ dein Verhalten entschuldigen.
3. Kevin hat __________ einer Lehrerin __________ seine Bewerbung gesprochen.

Alles verstanden?

A2 **323.** Was passt? Kreuzen Sie an.

1. Hast du ◯ *dein Vater* ◯ *deinen Vater* ◯ *deinem Vater* schon geschrieben? – Ja, aber er hat ◯ *mir* ◯ *mich* ◯ *sich* noch nicht geantwortet. Vielleicht sollte ich ◯ *ihn* ◯ *er* ◯ *ihm* lieber anrufen.
2. Katja ärgert sich ◯ *auf* ◯ *über* ◯ *um* zwei Schüler in ihrer Klasse.
3. Heike freut sich ◯ *auf* ◯ *für* ◯ *zu* die Ferien und träumt ◯ *an* ◯ *bei* ◯ *von* Sonne und Meer.
4. Markus bedankt sich ◯ *bei* ◯ *mit* ◯ *zu* seiner Kollegin ◯ *über* ◯ *für* ◯ *gegen* das Geschenk.

A2 **324.** Ergänzen Sie Dativ- oder Akkusativobjekte.

Morgens liest Peer gern ____________________ *(die Zeitung)* (1). Zum Frühstück isst er ________________ *(ein Apfel [m.])* (2); rote, besonders süße Äpfel schmecken ____________________ *(seine Kinder und er)* (3) am besten. Peer braucht ________________ *(kein Auto [n.])* (4), denn um 9 Uhr holt ________________ *(er)* (5) immer sein Kollege und Freund Jannis zu Hause ab. Auf der Fahrt zur Firma erzählt Paul ____________ *(er)* (6) meistens etwas von seiner Familie und den Kindern; Peer hört ____________________ *(er)* (7) gern zu. Manchmal besucht Peer ______________________________________ *(sein Freund Paul)* (8) auch zu Hause und hilft _____________ *(er)* (9) im Garten – auf diese Weise dankt er _______________ *(er)* (10).

B1 **325.** Akkusativ oder Dativ? Kreuzen Sie an.

■ Wer hat ◯ *dich* ◯ *dir* (1) denn gerade angerufen?

□ Sofia. Sie hat ◯ *mich* ◯ *mir* (2) zum Geburtstag gratuliert.

■ Oh nein, entschuldige! Ich habe ◯ *ihn* ◯ *ihm* (3) doch wirklich vergessen …

□ Früher hast du ◯ *mich* ◯ *mir* (4) zum Geburtstag immer schon morgens mit einem Geschenk überrascht und ◯ *mich* ◯ *mir* (5) abends zum Essen eingeladen. Und heute – nichts mehr. Kannst du ◯ *mich* ◯ *mir* (6) das erklären?

■ Nein. Es tut ◯ *mich* ◯ *mir* (7) wirklich leid. Ich hoffe, du verzeihst ◯ *mich* ◯ *mir* (8). Ich wünsche ◯ *dich* ◯ *dir* (9) alles Gute, mein Schatz!

326. Schreiben Sie Sätze im Präsens. Das unterstrichene Pronomen muss im Dativ stehen.

B1

1. Ich weiß nicht, was ich machen soll. *(was – du – <u>ich</u> – raten?)*

   Was rätst du mir?

2. Max hat schon mehrmals Lügen erzählt. *(ich – <u>er</u> – nicht mehr – vertrauen)*

   Ich ...

3. Gestern sind wir den ganzen Tag gewandert. *(heute – <u>ich</u> – die Beine – wehtun)*

   Heute ...

4. Er denkt, dass er immer recht hat. *(du – dürfen – <u>er</u> – nicht – widersprechen)*

   Du ...

5. Ja, da hast du recht. *(da – müssen – ich – <u>du</u> – wirklich – zustimmen)*

   Da ...

6. Ich weiß noch nicht, wie wir das Problem lösen können. *(<u>du</u> – etwas – einfallen?)*

   Fällt ...

7. Ich bin sprachlos, das ist eine Frechheit! *(so etwas – selten – <u>ich</u> – passieren)*

   So etwas ...

327. Ergänzen Sie die richtige Präposition.

B1

an • auf • bei • für *(2x)* • mit • über • von

1. Guten Tag. Ich möchte mich ________ einen Computerkurs anmelden.
2. Ich habe schon ________ zwei Kochkursen teilgenommen, ich interessiere mich besonders ________ die asiatische Küche.
3. Wie kann ich mich ________ die Prüfung vorbereiten? – Indem du dich mit den anderen triffst und über die Themen diskutierst.
4. Ich habe ihr immer geholfen, aber sie hat sich nie ________ mir bedankt.
5. Hast du dich schon ________ unserem neuen Kollegen unterhalten? – Ja. Er ist eigentlich sehr nett. Aber er redet immer nur ________ das Wetter.
6. Liebe Kolleginnen und Kollegen, ich muss mich leider ________ euch verabschieden. Ich habe eine neue Stelle gefunden.

Lokaladverbien

Michael kommt **von unten** und geht **nach oben**.

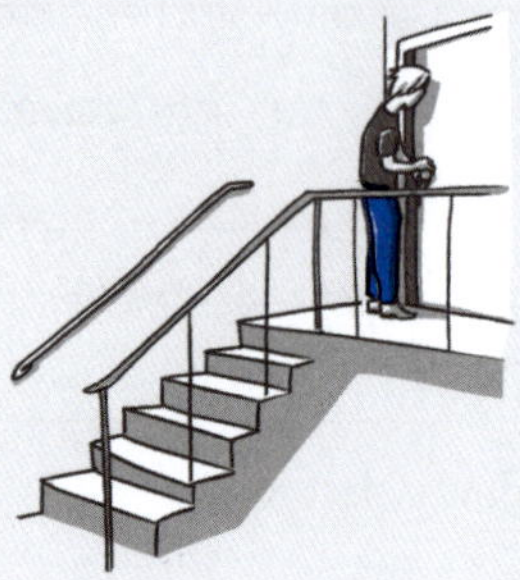

Michael ist **oben**.

Michael kommt **von oben** und geht **nach unten**.

Adverbien kann man normalerweise nicht verändern.
Lokaladverbien geben Informationen über den Ort.

Woher?	von oben, von unten, von vorn, von hinten von links, von rechts, von drinnen, von draußen, von innen, von außen von hier, von dort / dorther, von da / daher (von) überallher, (von) irgendwoher, (von) nirgendwoher, (von) woandersher
Wo?	oben, unten, vorn, hinten links, rechts, drinnen, draußen, innen, außen hier, dort, da überall, irgendwo, nirgendwo, woanders
Wohin?	nach oben, nach unten, nach vorn, nach hinten nach links, nach rechts, nach drinnen, nach draußen, nach innen, nach außen hierhin, dorthin, dahin überallhin, irgendwohin, nirgendwohin, woandershin geradeaus, vorwärts, rückwärts, abwärts, aufwärts

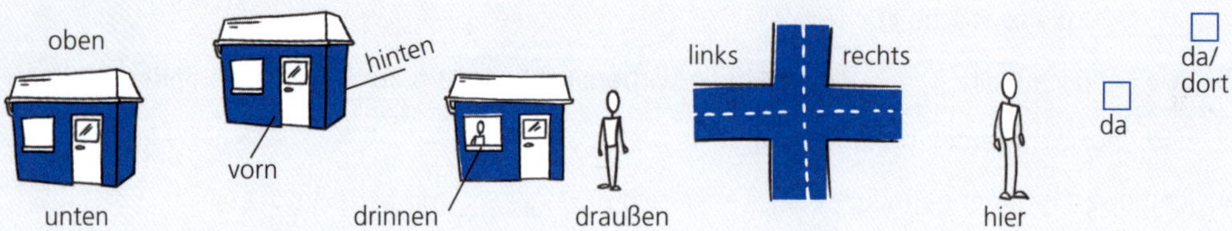

Auch:

	schriftlich	**mündlich**
nach unten	= herunter, hinunter	runter
nach oben	= herauf, hinauf	rauf
nach drinnen	= herein, hinein	rein
nach draußen	= heraus, hinaus	raus

her- (herunter, herauf …):
zum Sprecher hin
hin- (hinunter, hinauf …):
vom Sprecher weg

Lokaladverbien kann man kombinieren:
▶ **Irgendwo hier** muss mein Schlüssel doch sein!
▶ **Hinten links / links hinten** steht meine Tante.

328. *Mein Schreibtisch.* Ergänzen Sie die Adverbien.

A2

draußen • links hinten • links vorn • oben • rechts

Hier siehst du meinen Schreibtisch.

__________________ (1) liegt ein Notizblock.

__________________ (2) steht der Drucker,

__________ (3) der Laptop. ________________ (4)

auf dem Regal stehen ein paar Bücher. __________ (5)

vor dem Fenster laufen manchmal Leute vorbei, die Wohnung liegt im Erdgeschoss.

329. Kreuzen Sie an.

A2

1. Sieh mal, bei uns ◯ *hier* ◯ *dort* im Dorf regnet es, und ◯ *unten* ◯ *oben* auf den Bergen liegt schon Schnee.
2. In der Konzerthalle gehen manche Menschen ganz ◯ *nach hinten* ◯ *nach vorn*, direkt vor die Bühne. So können sie die Band besser sehen.
3. Wir wohnen jetzt in einem Hochhaus, ganz ◯ *oben* ◯ *nach oben*. Man hat ◯ *nach hier oben* ◯ *von hier oben* einen sehr schönen Blick über die ganze Stadt.
4. Wenn man rauchen möchte, muss man ◯ *draußen* ◯ *nach draußen* gehen.
5. Beim Ballonwettbewerb sind 150 Ballons gleichzeitig ◯ *oben* ◯ *nach oben* geflogen. Man hat sie ◯ *überall* ◯ *überallhin* am Himmel gesehen.

Die Adverbien *herunter, hinunter, runter* usw. können allein stehen oder Präfixe von trennbaren Verben (↑ S. 94) sein:
▶ hinausgehen → ich gehe hinaus

330. Kreuzen Sie an.

A2

1. Pass auf! Fall nicht die Treppe ◯ *hinunter* ◯ *hinaus*.
2. Hallo, ihr beiden. Das ist ja eine Überraschung! Wo kommt ihr denn ◯ *hin* ◯ *her*? Kommt ◯ *hinein* ◯ *herein*.
3. Ich muss jetzt in den Keller ◯ *hinuntergehen* ◯ *heruntergehen* und die Getränke ◯ *hinaufholen* ◯ *heraufholen*.

Temporaladverbien

morgens

mittags

abends

Temporaladverbien geben Informationen über die Zeit.

Zeitpunkt: *wann?*

vorgestern – gestern – (heute) – morgen – übermorgen

damals – kürzlich/neulich – vorhin – eben/gerade – (jetzt/gerade) – sofort/gleich – bald

zuerst/erst … dann/danach/darauf/anschließend … schließlich/zuletzt

vorher – ( ) – nachher/hinterher

erstens … zweitens … drittens … viertens …

Wiederholung: *wann / wie oft?*

Tagesabschnitte + ***-s*** ▶ morgen**s**, mittag**s**, abend**s**, nacht**s** … *(= jeden Morgen …)*

Wochentage + ***-s*** ▶ montag**s**, dienstag**s**, mittwoch**s** … *(= jeden Montag …)*

andere Zeitabschnitte + ***-lich*** ▶ jähr**lich**, wöchent**lich**, täg**lich** … *(= jedes Jahr …)*

nie → immer

selten – manchmal – öfter(s) – häufig/oft – meistens

einmal, zweimal, dreimal …

331. *Unterrichtszeiten.* Ergänzen Sie die Adverbien. A2

heute • mittags • morgens • nachmittags

Der Unterricht an deutschen Schulen beginnt montags bis freitags normalerweise ______________ (1) um acht Uhr. Das Ende des Schultags ist unterschiedlich – für manche Klassen schon ______________ (2) um 12 oder 13 Uhr. Vor allem die älteren Schüler und Schülerinnen haben aber auch später – also ______________ (3) – Unterricht. Früher mussten die Kinder auch samstags zur Schule gehen. ______________ (4) ist das nicht mehr so; am Wochenende haben sie frei.

332. *Freitagabend.* Kreuzen Sie an. A2

● Was machst du ☐ *gestern* ☐ *heute* (1) nach dem Sprachkurs?

○ Also, ☐ *dann* ☐ *zuerst* (2) fahre ich nach Hause und ☐ *dann* ☐ *zuerst* (3) gehen Amelie und ich in unsere Lieblingsbar. Da spielt heute eine Band.

● Spielen in eurer Kneipe ☐ *damals* ☐ *oft* (4) Bands?

○ Nein, nicht so ☐ *oft* ☐ *manchmal* (5). Nur ☐ *freitags* ☐ *täglich* (6) oder am Wochenende.

333. *Ein ehemaliger Kollege.* Ergänzen Sie die Adverbien. B1

damals • jetzt • nachts • ~~neulich~~ • nie

● Neulich (1) habe ich in Hamburg Lars getroffen, unseren alten Kollegen!

○ Lars? Der hat doch ______________ (2), vor zehn Jahren, seinen Job bei uns gekündigt und wollte sich selbstständig machen. Wie geht es ihm?

● Er hat ______________ (3) eine kleine Softwarefirma. Ich habe ihn gefragt, ob wir uns mal treffen wollen, aber er hat gesagt, dass er eigentlich ______________ (4) Zeit hat und dass er auch ______________ (5) arbeitet.

334. *Quiz: Logisches Denken.* Kreuzen Sie an. B1

Welcher Tag war vorgestern, wenn der Tag nach übermorgen zwei Tage vor Freitag liegt?

☐ *Donnerstag* ☐ *Freitag* ☐ *Sonntag*

Präpositionaladverbien

Woran denkst du?

An unseren Urlaub.

Ich denke auch noch oft **daran**.

Die **Präpositionaladverbien *da(r)-/wo(r)-* + Präposition** können sich auf **Präpositionalobjekte**, **Sätze** oder **Orte** und **Zeiten** beziehen.

Präpositionalobjekte (bei Sachen, nicht Personen):

Sachen: Präpositionaladverb	Personen: Präposition + Pronomen
Denkst du auch noch an unseren Urlaub? – Ja, ich denke auch noch oft **daran**.	Denkst du oft an deinen Freund? – Ja, ich denke oft **an ihn**.
Wovon hast du ihr erzählt? – Ich habe ihr von unserem Urlaub erzählt.	**Von wem** hast du ihr erzählt? – Ich habe ihr von meinem Freund erzählt.

Sätze:

Ich komme heute erst spät nach Hause. Denk **daran**!

Denk **daran**, dass ich heute erst spät nach Hause komme.

Orte und **Zeiten:**

Das Buch liegt auf dem Tisch.
Daneben *(= neben dem Buch)* liegen die Schlüssel.
Dahinter *(= hinter dem Buch)* steht die Vase.

10:40–11:25 Uhr	Mathematik
11:30–12:15 Uhr	Musik
12:15–13:00 Uhr	Mittagspause
13:00–13:45 Uhr	Englisch

Von 12:15 Uhr bis 13:00 Uhr haben wir Mittagspause.
Davor *(= vor der Pause)* haben wir Musik.
Danach *(= nach der Pause)* haben wir Englisch.

für, nach, gegen …: **Konsonant** zu Beginn **wo-/da-**	**wo**für	**da**für
	wonach	**da**nach
an, über, auf …: **Vokal** zu Beginn **wo-/da-** + **-r-**	**wor**über	**dar**über
	woran	**dar**an

335. Ergänzen Sie die Fragen.

A2

1. ______________ wartest du? – Auf meine Nachbarin.
2. ______________ fährst du immer zur Arbeit? – Mit einer Kollegin.
3. ______________ hast du dich vorhin unterhalten? – Mit einem Freund.
4. ______________ habt ihr euch unterhalten? – Über das Wetter.

336. *Kai und Sonja im Restaurant.* Ergänzen Sie *da(r)- + Präposition* und verbinden Sie die Sätze.

B1

dafür • damit • darüber ~~(4x)~~ (3x)

1. Der Wein kam erst nach dreißig Minuten. Sonja hat sich darüber aufgeregt.
   Sonja hat sich darüber aufgeregt, dass der Wein erst nach dreißig Minuten kam.
2. Die Suppe war kalt. Kai hat sich ______________ beschwert.
   ____
3. Der Koch hat sich entschuldigt. Kai hat sich nicht ______________ interessiert.
   ____
4. Sonja wollte die Rechnung nicht bezahlen. Der Kellner hat mit ihr ______________ gestritten.
   ____
5. Sonja hat die Hälfte der Rechnung bezahlt. Der Kellner war ______________ einverstanden.
   ____
6. Der Koch hat ihnen den Abend ruiniert. Kai ärgert sich immer noch ______________.
   ____

337. Ergänzen Sie.

B1

an wen • damit • worüber

- Gestern hat Felix bei uns angerufen. Erinnerst du dich noch an ihn?
- ______________ (1) soll ich mich erinnern?
- An Felix, der mit mir studiert hat.
- Ja klar! ______________ (2) habt ihr gesprochen?
- Marathon, Marathon, Marathon – ______________ (3) beschäftigt er sich gerade intensiv.

Modalpartikeln

Mit Modalpartikeln kann ein Sprecher zusätzliche Informationen zum Gesagten geben. Modalpartikeln kommen vor allem in der gesprochenen Sprache vor. Sie haben verschiedene Bedeutungen, z. B.:

bloß	Lass mich **bloß** nicht allein! Wo ist **bloß** mein Kalender?	*verstärkt Aufforderungen oder Fragen*
denn	Wie lange bist du **denn** schon hier? Willst du **denn** nichts essen?	*drückt bei w-Fragen meist Interesse, bei Ja/nein-Fragen Überraschung aus*
doch	Das hast du mir **doch** selbst gesagt! Setzen Sie sich **doch**! Ruf **doch** mal an!	*der Hörer weiß es, erinnert sich aber gerade nicht daran; verstärkt Aufforderungen (oft mit* mal)
eben	Ich bin **eben** zu langsam.	*drückt aus, dass sich etwas nicht ändern lässt*
eigentlich	Wie alt bist du **eigentlich**?	*drückt Interesse aus*
einfach	Er sieht **einfach** gut aus.	*verstärkt eine Aussage*
etwa	Hast du **etwa** Bier getrunken?	*drückt die Hoffnung aus, dass es nicht so ist*
halt	Er will **halt** mitkommen.	*drückt aus, dass sich etwas nicht ändern lässt*
ja	Der Bahnhof ist **ja** nicht weit weg. *(unbetont)*	*Sprecher und Hörer wissen es*
	Ruf ihn ***ja*** nicht an! *(betont)*	*verstärkt eine Aufforderung*
(doch) mal	Schreib uns (doch) **mal**!	*macht eine Aufforderung höflicher*
ruhig	Lass **ruhig** das Licht an.	*der Sprecher findet etwas in Ordnung*
schon	Du hast **schon** recht, aber es ist halt alles nicht so einfach.	*der Sprecher stimmt zu, aber es gibt ein Gegenargument (zwar … aber)*
wohl	Er kommt **wohl** erst Mittwoch.	*drückt eine Vermutung aus*

Modalpartikeln sind sehr häufig. Üben Sie sie am besten anhand von Beispielen ein.

Modalpartikeln sind fast immer unbetont. Sie stehen nie am Satzanfang.
Oft sind sie formgleich mit anderen Wörtern, z. B. Adverbien oder Konjunktionen:

▶ *schon* als Adverb ▶ *schon* als Modalpartikel	Heute Morgen bin ich **schon** um sechs Uhr aufgestanden. Ich finde ihn **schon** nett, aber verliebt bin ich nicht.
▶ *denn* als Konjunktion ▶ *denn* als Modalpartikel	Er ging schlafen, **denn** er war sehr müde. *(Grund)* Wie spät ist es **denn**? *(Interesse)*

338. Formulieren Sie den Imperativ höflicher mit *doch … mal.* A2

1. Hilf mir bitte. Hilf mir doch bitte mal.
2. Gib mir bitte das Salz. ______
3. Leih mir bitte deinen Stift. ______

339. *Der Nebenjob.* Stellen Sie überraschte Fragen mit *denn.* A2

1. Ich habe einen neuen Nebenjob. *(dafür Zeit haben)*

   Hast du denn dafür Zeit?
2. Ich arbeite jetzt in einem Tierheim. *(sich für Tiere interessieren)*

   ______
3. Ich muss morgens schon um 7 Uhr zur Arbeit fahren. *(gern so früh aufstehen)*

   ______

340. Kreuzen Sie an. A2

■ Hallo, Selina, das ist ○ *ja* ○ *bloß* (1) eine Überraschung! Was machst du hier?

□ Ich hatte dir ○ *etwa* ○ *doch* (2) erzählt, dass ich nach Dortmund ziehen wollte – seit zwei Wochen bin ich hier. Ruf mich ○ *wohl* ○ *doch mal* (3) an!

■ Danke, ich melde mich. Lass uns ○ *bloß* ○ *schon* (4) nicht wieder so lange warten, bis wir uns wiedersehen …

341. Ergänzen Sie *mal* oder *denn.* A2

■ Kannst du mir ______ (1) kurz helfen? Ich will dieses Regal aufbauen.

□ Wo ist ______ (2) der Hammer? Gib ihn mir ______ (3) bitte!

342. *Das Wochenende am Meer.* Kreuzen Sie an. B1

■ Was macht ihr ○ *doch* ○ *eigentlich* (1) am Wochenende?

□ Wenn das Wetter so bleibt, werden wir ○ *eben* ○ *wohl* (2) ans Meer fahren.

■ Am Meer ist es ○ *denn* ○ *schon* (3) nett, aber im August auch sehr voll, oder?

□ Ja, das ist ○ *eben* ○ *doch* (4) so. Aber wir sind ○ *einfach* ○ *wohl* (5) trotzdem gern da. Was habt ihr ○ *denn* ○ *eben* (6) vor? Wollt ihr mitkommen?

Alles verstanden?

A2 **343.** Ergänzen Sie das passende Adverb.

1. vorn ↔ hinten
2. nie ↔ ____
3. rechts ↔ ____
4. draußen ↔ ____
5. nachher ↔ ____
6. oben ↔ ____
7. rauf ↔ ____
8. übermorgen ↔ ____
9. irgendwo ↔ ____
10. vorwärts ↔ ____

A2 **344.** Ergänzen Sie.

1. drittens – viertens – ____ – sechstens – siebtens
2. morgens – vormittags – mittags – ____ – abends
3. mittwochs – ____ – freitags – samstags
4. gestern – heute – morgen – ____
5. Jahr – jährlich, Tag – täglich, Minute – ____
6. ____ – zweimal – dreimal – viermal

B1 **345.** *Wie war dein Urlaub?* Ergänzen Sie.

~~gerade~~ • hinterher • immer • oft • öfter • zweimal

- Hallo, Frank! Du hattest doch gerade (1) zwei Wochen Urlaub – wie war's?
- Schön war's! Wir waren fünf Tage in Kopenhagen, vorher waren wir kurz in Hamburg und ____ (2) eine Woche bei meinen Eltern in Bremen.
- Wart ihr schon sehr ____ (3) in Dänemark?
- Wir waren schon ____ (4) dort, 2017 und 2019, aber viel ____ (5) fahren wir nach Schweden.
- Wie hat es eurer Tochter gefallen?
- Sie ist ja erst zwei und im Urlaub ist sie fast ____ (6) zufrieden.

346. *Schlüsselsuche.* Ergänzen Sie. B1

draußen • hier • irgendwohin • nirgendwo • überall • wo

- Weißt du, ____________________ (1) mein Schlüssel ist? Ich kann ihn ____________________ (2) finden. Aber er muss ____________________ (3) in der Wohnung sein, denn ich habe damit die Tür aufgeschlossen.
- Wahrscheinlich hast du ihn ____________________ (4) gelegt. Vielleicht ist er auch gar nicht in der Wohnung, sondern er ist dir ____________________ (5), vor der Tür, auf den Boden gefallen.
- Ja, er kann wohl ____________________ (6) sein.

347. Ergänzen Sie. B1

daneben • daran • darüber • darum • davon • woran • worüber • worum • wovon

1. ____________________ denkst du? – An die Prüfung morgen. – Ich habe vorhin auch ____________________ gedacht.
2. Was ist denn mit dir los? ____________________ ärgerst du dich so? – Ich ärgere mich ____________________, dass Beate immer noch nicht auf meine Mail geantwortet hat.
3. ____________________ träumst du am meisten? – Zurzeit träume ich ____________________, dass wir mit dem Umzug bald fertig sind.
4. Wohin kommen die Bücher? Im Regal ist kein Platz mehr. – Dann leg sie einfach rechts ____________________, auf den Boden. Ich räume sie später weg.
5. ____________________ hat dich Lukas denn gebeten? – Er hat mich ____________________ gebeten, dass ich ihm bei seiner Hausarbeit helfe.

348. *Beim Fußballtraining.* Kreuzen Sie an. B1

- Sag ◯ *mal* ◯ *wohl* ◯ *denn* (1),
  wo ist ◯ *eigentlich* ◯ *halt* ◯ *schon* (2) Jonas?
  Ist er ◯ *etwa* ◯ *schon* ◯ *eben* (3) krank?
- Jonas wird ◯ *wohl* ◯ *ja* ◯ *ruhig* (4) noch kommen.
  Fangt ◯ *wohl* ◯ *denn* ◯ *ruhig* (5) ohne ihn mit dem Training an.

Lokale Präpositionen 1: *in*

Wechselpräpositionen können die **Richtung (wohin?)** oder den **Ort (wo?)** ausdrücken.
Sie stehen mit **Akkusativ** oder **Dativ**.

Wohin? → Akkusativ mit Bewegung	**Wo? → Dativ** ohne Bewegung (statisch)

Er schießt den Ball **ins** Tor *(n.)*.	Der Ball liegt **im** Tor *(n.)*.
Er schießt den Ball **in den** Garten *(m.)*.	Der Ball liegt **im** Garten *(m.)*.
Er schießt den Ball **in die** Mitte *(f.)*.	Der Ball liegt **in der** Mitte *(f.)*.
Er schießt den Ball **in die** Blumen *(Pl.)*.	Der Ball liegt **in den** Blumen *(Pl.)*.

A2

349. *Wohin oder wo?* Kreuzen Sie an.

	Wohin?	Wo ?
1. Familie Körner fliegt in den Süden.	◯	◯
2. Harald bringt seinen Sohn in den Kindergarten.	◯	◯
3. Ich sitze in der Bar.	◯	◯
4. Ich jogge heute im Park.	◯	◯
5. Euer Ball liegt im Wohnzimmer.	◯	◯
6. Ich war noch nie in einem Fitnessstudio.	◯	◯

A2

350. *Wohin gehst du? Wo bist du?* Ergänzen Sie die Tabelle.

	Wohin gehst du?	Wo bist du ?
1.	ins Bad *(das Bad)*	im Bad *(das Bad)*
2.	______ *(die Küche)*	______ *(die Küche)*
3.	______ *(der Keller)*	______ *(der Keller)*
4.	______ *(ein Museum [n.])*	______ *(ein Museum [n.])*
5.	______ *(eine Bar)*	______ *(eine Bar)*
6.	______ *(ein Supermarkt [m.])*	______ *(ein Supermarkt [m.])*

351. Ordnen Sie zu.

A2

1. Wir fahren im Sommer	___ **a)** im Meer.
2. Es ist warm und wir baden täglich	___ **b)** ins Meer.
3. Unser Sohn studiert im Moment	___ **c)** in die Schweiz.
4. Hans springt gern vom Boot	___ **d)** in der Schweiz.

5. Ich werfe die Essensreste	___ **e)** im Müll.
6. Heute Abend gehen wir	___ **f)** ins Theater.
7. Wir waren gestern Abend	___ **g)** im Theater.
8. Die kaputten Schuhe liegen	___ **h)** in den Müll.

352. Ergänzen Sie.

A2

im *(4x)* • in den • in der *(3x)* • in die *(3x)* • ins *(4x)*

1. *(Am Telefon:)*

- Hallo, Susanne. Wo bist du gerade?
- __________ Büro *(n.)*.
- Und wohin gehst du nach der Arbeit?
- Ich gehe mit Anastasia ________ Kino *(n.)*.

2.
- Bringst du die Bücher __________ Kinderzimmer *(n.)*?
- Ich glaube, sie sind schon __________ Kinderzimmer.

3.
- Gehst du heute __________ Kneipe *(f.)*?
- Nein, ich war schon gestern __________ Kneipe. Und du?
- Ich glaube, wir gehen heute __________ Pizzeria *(f.)* oder ________ Restaurant *(n.)*.

4.
- Ist Anna noch __________ Stadt *(f.)*?
- Ja, sie ist __________ Museum *(n.)* gegangen.

5.
- Wo seid ihr gerade?
- __________ Park *(m.)*.
- Und wohin geht Tom?
- __________ Supermarkt *(m.)*.

6.
- Wo sind die Kinder?
- Mia ist __________ Schule *(f.)* und Leo spielt __________ Garten *(m.)*.
- Und wohin gehst du?
- Ich gehe __________ Bäckerei *(f.)*.

Lokale Präpositionen 2: *an, auf, hinter, neben …*

Weitere Wechselpräpositionen

	Wohin? → Akkusativ mit Bewegung		**Wo? → Dativ** ohne Bewegung (statisch)
an	Ich habe das Foto **an die** Wand gehängt.		Das Foto hängt jetzt **an der** Wand.
auf	Die Katze ist **auf den** Tisch gesprungen.		Die Katze ist jetzt **auf dem** Tisch.
hinter	Das Buch ist **hinter den** Stuhl gefallen.		Das Buch liegt jetzt **hinter dem** Stuhl.
neben	Er hat den Ball **neben das** Tor geschossen.	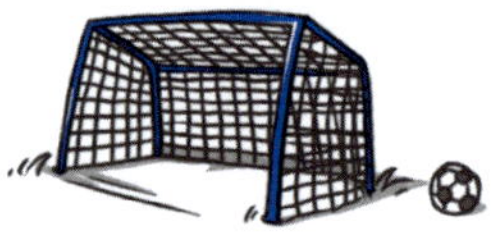	Der Ball liegt jetzt **neben dem** Tor.
über	Ich habe die Lampe **über den** Tisch gehängt.		Die Lampe hängt jetzt **über dem** Tisch.
unter	Die Katze ist **unter den** Tisch gelaufen.		Die Katze ist jetzt **unter dem** Tisch.
vor	Ich habe das Buch **vor den** Stuhl gelegt.		Das Buch liegt jetzt **vor dem** Stuhl.
zwischen	Ich habe das Foto **zwischen die** Bücher gestellt.		Das Foto steht jetzt **zwischen den** Büchern.

Präpositionen und Artikel verbinden sich manchmal *(= Verschmelzung)*:

an das Meer → ans Meer			**an dem Tisch → am Tisch**		
an + das	=	**ans**	**an** + de**m**	=	**am**
in + das	=	**ins**	**in** + de**m**	=	**im**
auf + das	=	**aufs**	**vor** + de**m**	=	**vorm**

353. *Wo ist die Katze?* Ergänzen Sie.

A2

1. Die Katze ist auf den Stuhl gesprungen. Sie ist jetzt ______________________.
2. Die Katze ist unter das Bett gelaufen. Sie ist jetzt ______________________.
3. Die Katze ist in den Park gelaufen. Sie ist jetzt ______________________.

354. *Wohin gehst du? Wo bist du?* Ergänzen Sie.

A2

	Ich gehe …	Ich bin …
1. (in/Küche) *(f.)*	in die Küche	______________
2. (vor/Tür) *(f.)*	______________	______________
3. (auf/Party) *(f.)*	______________	______________
4. (an/Strand) *(m.)*	______________	______________
5. (unter/Dach) *(n.)*	______________	______________
6. (hinter/Haus) *(n.)*	______________	______________
7. (in/Wald) *(m.)*	______________	______________

355. Ergänzen Sie.

A2

an der • auf den • im • in die *(2x)* • in der • am • ans • über die

1. Wohin fahrt ihr? – Wir fahren ______________ Stadt *(f.)*.
2. Wo sind die Kinder? – Sie spielen ______________ Garten *(m.)*.
3. Wo ist denn Kathrin? – Sie ist schon ______________ Bahnhof *(m.)*.
4. Wohin gehen wir? – Wir gehen ______________ Brücke *(f.)*.
5. Wo treffen wir deine Freundin? – Wir treffen sie ______________ Bushaltestelle *(f.)*.
6. Wohin gehen die Kinder? – Sie gehen ______________ Spielplatz *(m.)*.
7. Wo macht ihr dieses Jahr Urlaub? – Wir fahren ______________ Meer *(n.)* oder ______________ Berge *(Pl.)*.
8. Wo sind denn die Briefmarken? – Sie sind ______________ untersten Schublade *(f.)*.

Die Verben *(sich) setzen, sitzen, stellen, stehen*

Die Verben ***(sich) setzen*** und ***stellen*** beschreiben eine Bewegung,
die Verben ***sitzen*** und ***stehen*** beschreiben eine Position.

Wohin? + Akkusativ	**Wo? + Dativ**
mit Bewegung mit Akkusativobjekt regelmäßig	ohne Bewegung (statisch) ohne Akkusativobjekt unregelmäßig

(sich) setzen	**sitzen**

Ich *setze* mich **unter den Sonnenschirm**.	Ich *sitze* **unter dem Sonnenschirm**.

Vergangenheit:	***Vergangenheit:***
Ich *setzte* mich unter den Sonnenschirm.	Ich *saß* unter dem Sonnenschirm.
Ich *habe* mich unter den Sonnenschirm *gesetzt*.	Ich *habe* unter dem Sonnenschirm *gesessen*.

stellen	**stehen**

Ich *stelle* das Buch **ins Regal**.	Das Buch *steht* **im Regal**.

Vergangenheit:	***Vergangenheit:***
Ich *stellte* das Buch ins Regal.	Das Buch *stand* im Regal.
Ich *habe* das Buch ins Regal *gestellt*.	Das Buch *hat* im Regal *gestanden*.

A2 **356.** *Wohin oder wo?* Kreuzen Sie an.

	Wohin?	Wo ?
1. Wir sitzen im Zug.	◯	◯
2. Ich stelle mein Fahrrad hinter das Haus.	◯	◯
3. Mein Fahrrad steht hinter dem Haus.	◯	◯
4. Die Kinder setzen sich auf ihre Plätze.	◯	◯
5. Ich bin müde. Ich setze mich auf das Sofa.	◯	◯

357. Ergänzen Sie *gestellt* oder *gestanden*, *gesetzt* oder *gesessen*.

A2

1. Ich habe die Flasche in den Kühlschrank ________________.
2. Die Hochzeitsgäste haben sich an den gedeckten Tisch ________________.
3. Die Vase hat lange auf dem Tisch ________________.
4. Der Vater hat seinen Sohn in den Kinderwagen ________________.
5. Wir haben eine Stunde im Wagen ________________ und auf ihn gewartet.
6. Franziska hat ihr Motorrad in die Garage ________________.

358. Ergänzen Sie die Verben *(sich) setzen, sitzen, stellen, stehen* im *Präsens* sowie die passenden Artikel.

A2

1.

1. Julia ________________ die Schüssel auf ________ Tisch *(m.)*.
2. Dann ________________ sie sich auf ________ Sofa *(n.)*.

2.

3.

3. Die Schüssel ________________ auf ________ Tisch.
   Julia ________________ auf ________ Sofa.
   Die Lampe ________________ neben ________ Sofa.

359. Schreiben Sie die Sätze aus Übung **358** im *Perfekt*.

A2

1. Julia hat die Schüssel ...
2. ________________________________
3. ________________________________

____

____

360. Wie lauten die Verben aus Übung **358** im *Präteritum*?

B1

1. stellte
2. ________________
3. ________________, ________________, ________________

Die Verben *(sich) legen, liegen, hängen*

Die Verben ***(sich) legen*** und ***hängen*** *(hängte, gehängt)* beschreiben eine Bewegung, die Verben ***liegen*** und ***hängen*** *(hing, gehangen)* beschreiben eine Position.

Wohin? + Akkusativ	**Wo? + Dativ**
mit Bewegung mit Akkusativobjekt regelmäßig	ohne Bewegung (statisch) ohne Akkusativobjekt unregelmäßig

(sich) legen	**liegen**

Ich *lege* den Löffel **auf den Tisch**.	Der Löffel *liegt* **auf dem Tisch**.

Vergangenheit:	***Vergangenheit:***
Ich *legte* den Löffel auf den Tisch.	Der Löffel *lag* auf dem Tisch.
Ich *habe* den Löffel auf den Tisch *gelegt*.	Der Löffel *hat* auf dem Tisch *gelegen*.

hängen	**hängen**

Ich *hänge* das Bild **an die Wand**.	Das Bild *hängt* **an der Wand**.

Vergangenheit:	***Vergangenheit:***
Ich *hängte* das Bild an die Wand.	Das Bild *hing* an der Wand.
Ich *habe* das Bild an die Wand *gehängt*.	Das Bild *hat* an der Wand *gehangen*.

A2 **361.** *Wohin oder wo?* Kreuzen Sie an. Wie lautet der Infinitiv des Verbs?

	Wohin?	Wo?	Infinitiv
1. Dein Handy liegt auf dem Regal.	○	⊠	liegen
2. Häng deine Jacke doch an die Garderobe.	○	○	______
3. Die Kinder liegen schon im Bett.	○	○	______
4. Ich lege mich jetzt ins Bett.	○	○	______
5. Im Herbst hängen die Äpfel an den Bäumen.	○	○	______
6. Ich habe deine Jacke auf das Bett gelegt.	○	○	______

362. Ergänzen Sie die Verben im *Präsens* und die passenden Artikel.

A2

1.

2.

3.

4.

1. Sabine ______________ den Kalender über ____________ Tisch *(m.)*.

2. Sabine ________________ die Flasche und das Glas auf __________Tisch.

3. Sabine ________________ die Zeitschrift vor _______________ Flasche *(f.)*.

4. Sabine _________________ sich an _____________ Tisch.

5.

5. Der Kalender _________________ __________ ______ Tisch.

Die Flasche und das Glas _____________ ________ ______Tisch.

Die Zeitschrift _______________ _________ __________ Flasche.

Sabine ______________________ _________ Tisch.

363. Kreuzen Sie an.

A2

1. Die Jacke hat im Schlafzimmer ○ *gehangen* ○ *gehängt.*

2. Georg hat ein rotes Gesicht, weil er drei Stunden in der Sonne ○ *gelegt* ○ *gelegen* hat.

3. Karl-Heinz hat die Wäsche in den Schrank ○ *gehangen* ○ *gehängt.*

4. Irma hat das Fleisch gleich in den Kühlschrank ○ *gelegt* ○ *gelegen.*

5. Wir haben gestern im Park auf der Wiese ○ *gelegt* ○ *gelegen.*

364. Kreuzen Sie an.

B1

1. Der Vater ○ *legte* ○ *lag* seine Jacke auf den Autositz.

2. Er fühlte sich gestern nicht gut und ○ *legte* ○ *lag* sich früh ins Bett.

3. Dieses Bild ○ *hängte* ○ *hing* lange in unserem Stadtmuseum.

4. Endlich fand er das Portemonnaie. Es ○ *legte* ○ *lag* unter dem Bett!

5. Er ○ *hängte* ○ *hing* die Handtücher neben das Waschbecken.

Lokale Präpositionen 3: *bei, zu, nach, von…*

Man verwendet **lokale Präpositionen,** um eine Herkunft / einen Ort / eine Richtung auszudrücken.

Woher? → Präposition + **Dativ**

Personen	von	Ich komme **von** meinen Eltern / **von** Tom / **vom** Bäcker.
Gebäude u. a. *(= von… her)*		Ich komme **von** der Post. *(= **von** der Post **her**)*
Gebäude u. a. *(= aus… heraus)*	aus	Ich komme **aus** dem Büro. *(= **aus** dem Büro **heraus**)*
Städte, Länder, Kontinente		Ich komme **aus** Paris / **aus** Marokko / **aus** Asien. Ich komme **aus** den Niederlanden / **aus** den USA.

wo? in…	↔	**woher? aus**…
im Büro, **in** Paris…	↔	**aus** dem Büro, **aus** Paris…

Wo? → Präposition + **Dativ**

Ort: *in, an, auf, hinter, neben, über, unter, vor, zwischen* (↑ S. 174)		
Personen	bei	Ich bin **bei** meinen Eltern / **bei** Tom / **beim** Bäcker.
Gebäude	in	Ich bin **im** Büro.
viele Institutionen	auf, in, bei	Ich bin **auf** dem **/ im / beim** Ausländeramt, **auf / in / bei** der Post.
Städte, Länder, Kontinente	in	Ich bin **in** Paris / **in** Marokko / **in** Asien. Ich bin **in** den Niederlanden / **in** den USA.

Wohin? → Präposition + **Akkusativ** (Ausnahme: *zu* + **Dativ**)

Richtung: *in, an, auf, hinter, neben, über, unter, vor, zwischen* (↑ S. 174)		
Personen	zu **(+ Dat.)**	Ich gehe **zu** meinen Eltern / **zu** Tom / **zum** Bäcker.
Gebäude	in	Ich gehe **ins** Büro. *(= **ins** Büro **hinein**)*
	zu **(+ Dat.)**	Ich fahre **zum** Büro / **zum** Flughafen / **zur** Post. *(= **in Richtung** Büro, Flughafen, Post)*
viele Institutionen	auf, in, zu	Ich gehe **auf** das / **ins** / **zum** Ausländeramt.
Städte, Länder, Kontinente *ohne Artikel*	nach	Ich fliege **nach** Paris / **nach** Marokko / **nach** Asien.
Länder *mit Artikel*	in	Ich fahre **in** die Niederlande / **in** die USA. (↑ S. 30)

Ausnahme:	**Wo** bist du?	–	Ich bin **zu Hause.**
	Wohin gehst du?	–	Ich gehe **nach Hause.**

365. Ergänzen Sie. A1

aus *(5x)* • aus dem • in *(4x)* • nach *(2x)*

Carla kommt ______________ (1) Österreich. Alva kommt ______________ (2) Schweden und Joe kommt ______________ (3) England. Maria kommt ______________ (4) Russland. Sie ist vor zwei Jahren ______________ (5) Deutschland gekommen. Sie wohnt jetzt ____________ (6) Kassel. Lee kommt ______________ (7) China. Er wohnt ____________ (8) Berlin. Hamed kommt ______________ (9) Iran. Er wohnt jetzt ____________ (10) München, aber er möchte __________ (11) Köln ziehen, denn __________ (12) Köln leben seine beiden Schwestern.

366. *Wohin gehst du? Wo bist du?* Ergänzen Sie. A2

	Ich gehe …	**Ich bin …**
1. Friseur		
2. Bank		
3. Chef		
4. Firma		
5. Frankfurt		

367. Ergänzen Sie die Präpositionen und, wenn nötig, den Artikel. A2

1. Seit einer Woche habe ich Rückenschmerzen. – Vielleicht solltest du mal ______________ Arzt gehen. – Ich war doch schon ______________ Arzt. Er hat gesagt, ich soll mehr Sport machen. – Dann komm doch mal mit ____________ Fitnessstudio!

2. Hallo, Alexander! Was machst du denn so früh ______________ Stadt? – Ich gehe ______________ Bahnhof. – Fährst du weg? – Ja, ich fahre ______________ Köln; da bin ich _________ einer Freundin eingeladen.

3. Sieh mal, Anja kommt gerade ______________ Haus. Wahrscheinlich geht sie ______________ Arbeitsagentur. – Nein, sicher geht sie ______________ Arbeit. Sie hat doch jetzt einen neuen Job ______________ Volkshochschule.

Lokale Präpositionen 4: *entlang, durch, gegen …*

Weitere lokale Präpositionen

mit Akkusativ

	**entlang** *(nachgestellt)* Er läuft die Straße **entlang**.		**durch** Er geht **durch** die Tür.
	**gegen** Er läuft **gegen** eine Laterne.		**um … (herum)** Er läuft **um** die Laterne **(herum)**.
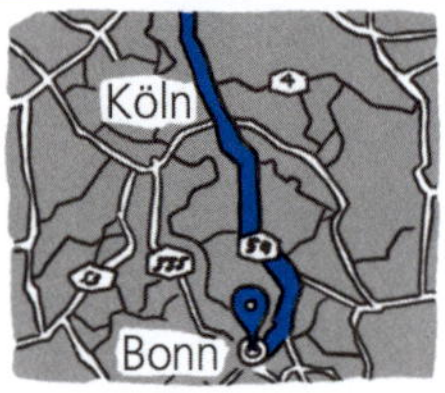	**bis** Sie fährt mit dem Auto **bis** Bonn. *Mit Artikel: Eine zweite Präposition bestimmt den Kasus.* Er läuft **bis zur** Haltestelle. (*zu* + Dativ) Er fährt **bis ans** Meer. (*an* + Akkusativ)		

mit Genitiv (oder mit *von* + Dativ)

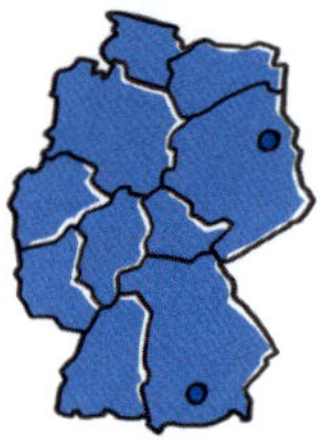	**innerhalb** Berlin und München liegen **innerhalb** Deutschlands *(= innerhalb von Deutschland).*	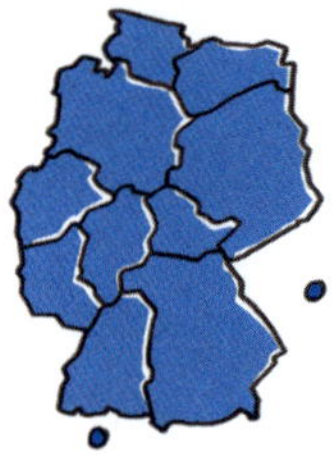	**außerhalb** Prag und Zürich liegen **außerhalb** Deutschlands *(= außerhalb von Deutschland).*

A2 **368.** *Ein Unfall.* Ergänzen Sie die Präpositionen.

durch • entlang • gegen • um … herum

- Hallo, Jonas, wie siehst du denn aus?
- Ich bin gestern mit dem Fahrrad ________________ (1) einen Baum gefahren.
- Oh nein – wie ist das passiert?
- Ich war mit dem Fahrrad unterwegs, die Goethestraße ________________ (2), und plötzlich lagen auf der Straße vor mir Glasscherben.
- Und dann bist du ________________ (3) die Scherben gefahren?
- Nein, ______ die Scherben __________ (4)! Aber leider hatte ich den Baum nicht gesehen.

369. Ordnen Sie zu.

B1

1. Telefonieren darf man nur	___	**a)** um den See herum.
2. Ich jogge morgens gern	___	**b)** in den Himmel.
3. Ein Ballon fliegt	___	**c)** außerhalb der Bibliothek.

4. Dieser Zug fährt immer	___	**d)** durch das Fenster.
5. Rauchen ist	___	**e)** den Rhein entlang.
6. Die Sonne scheint	___	**f)** innerhalb des Gebäudes verboten.

370. Ergänzen Sie die Präpositionen.

B1

außerhalb • durch *(2x)* • entlang • innerhalb *(2x)* • um … herum

1. Entschuldigung, wie komme ich zum Bahnhof? – Ich zeige es Ihnen auf dem Plan:

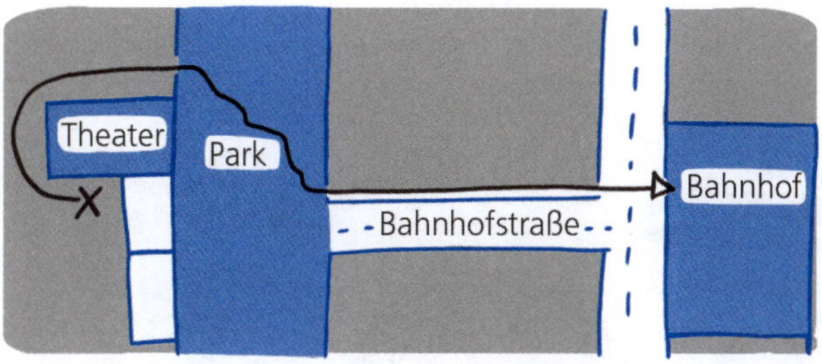

Sie gehen ________________ das Theater ________________, dann ________________ den Park und schließlich die Bahnhofstraße ________________ bis zum Bahnhof.

2. Mit dem Bayern-Ticket können Sie nur ________________________ Bayerns fahren. Wenn Sie ______________________ andere Bundesländer fahren möchten, brauchen Sie ein anderes Ticket.

3. Entschuldigen Sie bitte, wo kann ich hier einen Parkplatz finden? – Hier im Zentrum gibt es nur Parkhäuser. Aber _______________________ des Zentrums finden Sie problemlos einen Parkplatz.

4. Sie können hier nicht parken. Das Parken ist nur __________________________ der Bereiche erlaubt, die mit „P" markiert sind.

Alles verstanden?

A2 **371.** *Wohin?* Schreiben Sie die Sätze.

1. *(Carlos – sein Bruder – der Bahnhof – bringen)*
   Carlos bringt seinen Bruder zum Bahnhof.
2. *(ich – morgen – das Kino – gehen)*
   Ich ...
3. *(Bärbel – ihre Jacke – der Schrank – hängen)*
   Bärbel ...
4. *(Finn – am Wochenende – Augsburg – fahren)*
   Finn ...
5. *(die Kinder – ein Ausflug – der Zoo – machen)*
   Die Kinder ...
6. *(du – mich – morgen – der Flughafen – fahren?)*
   Fährst ...

A2 **372.** *Auf dem Campingplatz.* Wo ist was? Ergänzen Sie Verb, Präposition und Artikel.

1. Die Jacke hängt über dem Stuhl *(m.)*
2. Der Sonnenschirm ________ Stuhl.
3. Der Ball ________ Stuhl.
4. Der Schlafsack ________ Zelt *(n)*.
5. Die Schuhe ________ Zelt.
6. Der Stuhl ________ Zelt und ________ Tisch *(m)*.
7. Die Lampe ________ Baum *(m)*.
8. Die Katze ________ Tisch.
9. Der Baum ________ Zelt.

373. *Woher kommst du? Wo bist du?* Ergänzen Sie die Tabelle. A2

	Ich komme …	Ich bin …
1. meine Freundin	______	______
2. Indien	______	______
3. Krankenhaus	______	______
4. Zahnarzt	______	______
5. Barcelona	______	______

374. *Wie komme ich zum Fußballstadion?* Ergänzen Sie. B1

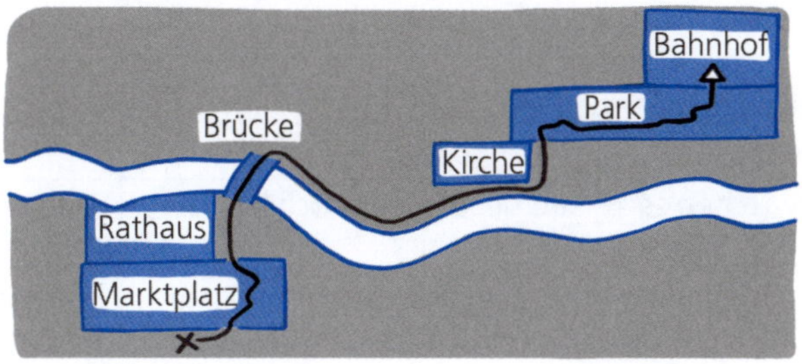

am *(2x)* • auf • außerhalb • bis zur • entlang • für • mit • nach *(2x)* • zum

- Entschuldigung, wie komme ich zum Fußballstadion?
- Das Stadion ist weit von hier; es liegt ______ (1) der Stadt. Am besten fahren Sie ______ (2) dem Bus, der ______ (3) Bahnhof abfährt.
- Und wie komme ich ______ (4) Bahnhof?
- Gehen Sie über den Marktplatz, am Rathaus vorbei, über die Brücke, und dann ______ (5) der anderen Seite der Brücke gleich ______ (6) rechts und immer den Fluss ______ (7) ______ (8) Kirche. Hinter der Kirche gehen Sie ______ (9) links und dann einfach geradeaus durch den Park. Dort sehen Sie schon den Bahnhof. Kaufen Sie ______ (10) Fahrkartenautomaten ein Ticket ______ (11) vier Euro.

Temporale Präpositionen

Man verwendet temporale Präpositionen, um einen Zeitpunkt oder Zeitraum auszudrücken.

an + *Dat.*	**Am** Dienstag bin ich in Hamburg. **Am** Abend habe ich meine Mutter besucht. **Am** 3. Februar hat Torsten Geburtstag.	– Tage – Tageszeiten – Datum
um + *Akk.*	**Um** zwei Uhr komme ich nach Hause.	– Uhrzeit
in + *Dat.*	**Im** Winter ist es kalt. **In** der letzten Woche habe ich viel gearbeitet. **Im** August fahren wir nach Malta.	– Jahreszeiten – Wochen – Monate
	In zwei Stunden bin ich fertig. *(= Zeitpunkt in der Zukunft)* **In** zwei Jahren habe ich 13 Kilo abgenommen. *(= in einem Zeitraum von zwei Jahren)*	*Zeitpunkt oder Zeitraum*
ab + *Dat.*	**Ab** Mittwoch habe ich Urlaub.	*Zeitraum: Beginn*
bis + *Akk.*	**Bis** Mittwoch habe ich Urlaub.	*Zeitraum: Ende*
zwischen + *Dat.*	**Zwischen** sechs und sieben Uhr bin ich heute Fahrrad gefahren.	*Zeitraum: Beginn und Ende*
von + *Dat.* … bis + *Akk.* / bis zu + *Dat.*	Ich bleibe **von** Montag **bis** nächsten Mittwoch. Ich bleibe **vom** 3. **bis zum** 5. Januar.	*Zeitraum: Beginn und Ende*
seit + *Dat.*	**Seit** zwei Wochen mache ich einen Sprachkurs in Düsseldorf.	*Zeitraum: Beginn in der Vergangenheit, nicht abgeschlossen*
während + *Gen.*	**Während** des Unterrichts darf man nicht essen.	*Zeitraum: Gleichzeitigkeit*
vor + *Dat.*	**Vor** dem Essen wäscht sich Katja die Hände.	
nach + *Dat.*	**Nach** dem Essen muss Fabian seine Hausaufgaben machen.	
innerhalb + *Gen.* / von + *Dat.*	**Innerhalb** der nächsten zwei Stunden bekommen Sie das Ergebnis.	*in einem bestimmten Zeitraum*
außerhalb + *Gen.* / von + *Dat.*	**Außerhalb** der Öffnungszeiten ist auch der Parkplatz geschlossen.	*nicht in einem bestimmten Zeitraum*

Man kann Zeitangaben auch mit dem Akkusativ – ohne Präposition – ausdrücken:
- ▶ Ich war **den ganzen Tag/Abend/Vormittag/Nachmittag** zu Hause.
- ▶ Sie hat **zwei Stunden / eine Woche** (lang) gewartet.
- ▶ Wir sehen uns **nächstes Jahr / nächsten Sonntag.**

375. Ergänzen Sie *am, nach, um, von … bis.* A1

1. Wann beginnt der Unterricht? – __________ 8 Uhr.
2. Wann haben wir Pause? – __________ 9:30 Uhr __________ 9:45 Uhr.
3. Wann ist unsere Prüfung? – __________ 24. August.
4. Wann bekommen wir das Zertifikat? – Vier Wochen __________ der Prüfung.

376. Ergänzen Sie Präpositionen und Artikel, wenn nötig. A2

1. Wann kommen die Kinder von der Schule? – __________ 13:00 Uhr ist die Schule aus und eine halbe Stunde später sind sie meistens zu Hause.
2. Sandro kommt schon __________ einer Woche nicht zur Arbeit. Was hat er denn? – Er hat sich __________ einer Woche beim Sport das Bein gebrochen.
3. __________ Montag habe ich drei Wochen Urlaub. – Fährst du weg? – __________ ersten Woche bleibe ich zu Hause. __________ Samstag fahre ich zu meinen Eltern nach Halle. Dort bleibe ich zwei Tage, also __________ Montag in einer Woche, und dann fahre ich nach Griechenland.

377. Ergänzen Sie Präpositionen, wenn nötig. A2

Hallo, Paul,

viele Grüße von der Trainingswoche am Bodensee! Wir haben hier ein volles Programm, aber es macht Spaß! Jeden Tag __________ (1) halb sieben werden wir geweckt. __________ (2) halb acht gibt's Frühstück. __________ (3) dem Frühstück gehen wir __________ (4) eine halbe Stunde joggen, und danach beginnt das Fußballtraining. Das dauert __________ (5) mittags. __________ (6) dem Mittagessen duschen wir, und __________ (7) dem Mittagessen geht es weiter mit dem Training, __________ (8) drei Stunden lang. Dann haben wir frei! Aber wir sind schon sehr müde … Wie soll man da ______ (9) der Nacht noch lange feiern?

Liebe Grüße

Simone

Kausale, konzessive und weitere Präpositionen

Kausale und konzessive Präpositionen

wegen + *Gen.*

Wegen des guten Wetters fand das Konzert draußen statt.

trotz + *Gen.*

Trotz des schlechten Wetters fand das Konzert draußen statt.

Weitere Präpositionen

aus	+ *Dat.*	Das Spielzeug ist **aus** Holz. Er hat **aus** Spaß gesagt, dass er Lara nicht zu der Party einlädt.
außer		**Außer** meinem Bruder kamen alle meine Verwandten zur Hochzeit.
mit		Ich fahre **mit** dem Bus in den Urlaub. Gestern war ich **mit** meiner Freundin bei einem Konzert.
von		Heute habe ich eine Postkarte **von** Nico bekommen.
zu		Er hat mir **zu** meinem Geburtstag ein Buch geschenkt.
für	+ *Akk.*	Ich habe ein Geschenk **für** dich. **Für** sein altes Auto hat er noch 7000 Euro bekommen.
ohne		**Ohne** Hilfe schaffe ich das nicht. Heute ist er **ohne** seine Frau gekommen.
statt	+ *Gen.*	**Statt** des versprochenen Pools hatte das Hotel nur eine Sauna.

In der Umgangssprache / im gesprochenen Deutsch verwendet man *wegen, trotz* und *statt* meistens mit **Dativ** (↑ S. 252).

A2

378. Ergänzen Sie die Präpositionen.

1. Woher hast du die schönen Ohrringe? – Die habe ich __________ meiner Schwester __________ Geburtstag bekommen.

2. ____________ wen sind denn die Blumen? – ____________ meine Oma; sie hat heute Geburtstag.

3. Morgen gehen wir _________ unseren Nachbarn ins Kino. Kommt ihr auch mit? – Das geht leider nicht. Wir haben schon Karten __________ das Fußballspiel gekauft.

379. Setzen Sie die fehlenden Präpositionen ein.

B1

1. Dieser Tisch ist ____________ massivem Holz.
2. Ich trinke den Kaffee immer ____________ sehr viel Milch und Zucker.
3. Ich kaufe jetzt die Getränke ____________ unsere Party.
4. Unsere Bekannten haben alle ein Auto – ____________ Irina und Marius.
5. Ich hätte gern einen Döner, aber ____________ Zwiebeln.
6. Herzlichen Glückwunsch ____________ Geburtstag!
7. Hier ist eine Nachricht ____________ unserer Vermieterin.
8. Ich kaufe mir lieber ein neues Fahrrad ____________ eines gebrauchten Autos.

380. Ergänzen Sie die Präpositionen *wegen* oder *trotz*.

B1

1. ____________ Krankheit bleibt unser Geschäft bis auf Weiteres geschlossen.

2. ____________ der hohen Bierpreise war das Stadtfest auch in diesem Jahr wieder gut besucht.

3. ____________ des schlechten Wetters zählten die Freibäder in diesem Sommer deutlich weniger Besucherinnen und Besucher.

381. Ergänzen Sie die Präpositionen.

B1

- Am Freitag hat Ole seinen letzten Arbeitstag. Wir würden ihm ____________ (1) Abschied gern ein Geschenk kaufen. Habt ihr eine Idee?
- Ein Geschenk ____________ (2) Ole? Wie wäre es mit einem Buch ____________ (3) seinem Lieblingsautor?
- Aber welches? Vielleicht sollten wir ihm ____________ (4) eines Buches besser einen Büchergutschein schenken. Dann kann er sich das Buch selbst aussuchen.

382. Ergänzen Sie die Präpositionen.

B1

Bei dem gestrigen Fußballspiel kamen die gleichen Spieler wie letzte Woche zum Einsatz, ____________ (1) Manuel Müller, der ____________ (2) einer Verletzung nicht spielen konnte. ____________ (3) schlechter Leistung konnte das Team das Spiel mit einem 1:0 für sich entscheiden.

Alles verstanden?

A2 **383.** Ordnen Sie zu.

1. In drei Tagen ___ **a)** bin ich krankgeschrieben, hoffentlich geht es mir dann wieder gut.

2. Seit drei Tagen ___ **b)** habe ich meine wichtigste Prüfung, ich lerne Tag und Nacht.

3. Bis morgen ___ **c)** war ich auf Katharinas Geburtstag.

4. Vor drei Tagen ___ **d)** lerne ich Spanisch, ich kann schon Leute begrüßen, mich vorstellen und über das Wetter reden.

A2 **384.** *Maike und Björn.* Ergänzen Sie die Präpositionen und die Endungen, wenn nötig.

bis • in *(2x)* • seit *(2x)* • vor

Maike und Björn haben _______ 20 Jahr____ (1) geheiratet. Aber sie kennen sich schon viel länger: _______ 30 Jahr____ (2)! Sie waren schon zusammen in der Schule; aber ______ ihr___ Schulzeit___ *(f.)* (3) mochte Maike Björn nicht. Bei einem Segelkurs lernten sie sich besser kennen, und ________ dies___ Kurs___ *(m.)* (4) sind sie ein Paar. Und sie segeln _______ (5) heute! _______ zwei Monat____ (6) werden sie wieder nach Kroatien fahren, zum fünfzehnten Mal.

A2 **385.** *Terminsuche.* Ergänzen Sie die Präpositionen.

am • bis *(2x)* • in • mit • nach • um • von

- Hallo, Jasmin, wollen wir uns mal wieder auf eine Pizza treffen?
- Sehr gern! Ginge es bei dir zum Beispiel __________ (1) Donnerstagabend?
- Leider nicht, da bin ich schon verabredet. Aber vielleicht spontan heute?
- Ja, das passt. Aber ich gehe direkt __________ (2) der Arbeit noch zu meinem Yogakurs.
- __________ (3) wann dauert der Yogakurs denn?
- Ich gehe __________ (4) 20 Minuten los; der Kurs dauert __________ (5) sechs __________ (6) acht Uhr.
- Perfekt – ich kann dich __________ (7) acht Uhr __________ (8) dem Auto abholen!

386. *Eine Radtour.* Ergänzen Sie die Präpositionen.

A2

am • bis *(2x)* • mit • nach • um • von *(2x)* • während • zu

Senden	**Von:** l.sauer@mailforyou.com
	An: m.schmidt@mailforyou.com, m.kaulich@mailforyou.com, …
	Betreff: Mein 30. Geburtstag!

Hallo zusammen,

bald ist es so weit: Ich möchte Euch gern ________ (1) meinem 30. Geburtstag einladen! ________ (2) Samstag, 19. September, ________ (3) 11 Uhr treffen wir uns am Hauptbahnhof. Bitte kommt alle ________ (4) Euren Fahrrädern! Wir fahren ein paar Stationen mit der Regionalbahn und ________ (5) drei ________ (6) fünf Uhr fahren wir dann den Rhein entlang – ____________ (7) der Fahrt machen wir natürlich viele Pausen. ________ (8) der Radtour, gegen fünf Uhr, gehen wir in ein tolles Restaurant in Speyer – den Tipp habe ich ________ (9) einer Freundin bekommen. Ich hoffe, Ihr könnt alle kommen. Bitte sagt mir ________ (10) nächste Woche Bescheid!

Liebe Grüße

Eure Larissa

387. Ergänzen Sie die Präpositionen.

B1

aus • außer • bis zum • seit • statt • trotz • vom • vor • wegen

1. Wie lange wohnst du schon in Köln? – __________ einem Jahr.
2. Wann bist du nach Köln gezogen? – __________ einem Jahr.
3. Wie lange dauert der Kurs? – Acht Wochen, __________ 5. Juni __________ 28. Juli.
4. Sind die Blumen echt? – Nein, die sind __________ Plastik.
5. Du bist __________ deiner Erkältung heute zum Training gegangen? – Na ja, wir sind alle ein bisschen erkältet – alle, __________ unserem Trainer.
6. __________ des Streiks bei den Verkehrsbetrieben kamen heute viele zu spät zur Arbeit.
7. Ich fahre nicht mehr mit der U-Bahn: __________ der U-Bahn nehme ich jetzt immer das Fahrrad. Das ist billiger.

Wortstellung im Hauptsatz: Aussagesätze

Es gibt verschiedene Satzarten:

Aussagesätze	Wir schließen jetzt. Leider schließen wir jetzt.
Fragesätze	Schließt das Geschäft jetzt? Wann schließt das Geschäft? (↑ S. 196)
Aufforderungssätze	Kommen Sie bitte morgen ab 9 Uhr wieder! (↑ S. 196)

Aussagesätze: Struktur

Das **konjugierte Verb** steht in Aussagesätzen immer auf Position 2.

POS. 1	**POS. 2**	
Das Geschäft	**schließt**	jetzt.
Morgen	**öffnet**	**das Geschäft** um 9 Uhr.

Wenn das **Subjekt** *nicht* auf Position 1 steht, folgt es meistens direkt nach dem Verb.

Manchmal gibt es am Ende ein zweites Verb oder einen zweiten Verbteil, z. B. ein Präfix oder ein Partizip:

Beispiel	**POS. 1**	**POS. 2**		**ENDE**
Modalverb + Verb (Infinitiv)	Ich	will	morgen	einkaufen.
Verb + Verb (Infinitiv)	Morgen	gehe	ich	einkaufen.
trennbares Verb	Morgen	kaufe	ich	ein.
Perfekt	Das Geschäft	hat	um 9 Uhr	geöffnet.

Auch Adjektive und Nomen nach Verben wie *sein, bleiben, werden* stehen immer am Ende.

sein, bleiben, werden … *+ Adjektiv*	Das Geschäft	ist	morgen	offen.
+ Nomen	Ingo	ist	schon lange	Verkäufer.

„Satzklammer"

388. Schreiben Sie Aussagesätze. A1

1. 30 Jahre alt – ist – Alexander – jetzt   Alexander ...
2. wohnt – mein Vater – in Würzburg   Mein Vater ...
3. Hamburg – im Norden – liegt   Hamburg ...
4. lernt – Tom – Spanisch und Deutsch   Tom ...
5. ist – Olaf – ein sehr guter – Lehrer   Olaf ...

389. *Am Morgen.* Schreiben Sie die Sätze neu. Beginnen Sie mit dem unterstrichenen Satzteil. A2

1. Mein Wecker klingelt <u>um 6 Uhr</u>.

   Um 6 Uhr ...
2. Ich gehe <u>zuerst</u> ins Bad. Ich frühstücke <u>dann</u>.

   ______
3. Ich hole <u>nach dem Frühstück</u> mein Fahrrad aus dem Keller.

   ______
4. Ich fahre <u>mit dem Fahrrad</u> zur Arbeit.

   ______
5. Ich treffe <u>unterwegs</u> einen Kollegen. Wir fahren <u>zusammen</u> weiter.

   ______

   ______

390. *In der Firma.* Schreiben Sie Sätze im Perfekt. Beginnen Sie mit der Zeitangabe. A2

1. ich – um 8:30 Uhr – in der Firma – ankommen

   Um 8:30 Uhr ...
2. zunächst – ich – den Computer – einschalten

   ______
3. ich – bis 10 Uhr – viele E-Mails – beantworten

   ______
4. mit meinen Kolleginnen – nach der Mittagspause – ich – zusammenarbeiten

   ______

   ______
5. nach Hause – um 17 Uhr – ich – gehen

   ______

Wortstellung in der Satzmitte

Roberta fährt
heute
wegen des Regens
mit dem Auto
zur Arbeit.

Für die „normale" Position von <u>**Subjekt,**</u> **Akkusativobjekt** und **Dativobjekt** in der **Satzmitte** gibt es Regeln.

POS. 1	**POS. 2**	**SATZMITTE**			**ENDE**
Roberta	hat		ihrem Sohn	das Auto	geliehen.
Heute		Roberta/sie	ihrem Sohn	das Auto	
		<u>**Nominativ**</u>	**Dativ** Nomen	**Akkusativ** Nomen	

Roberta	hat		es	ihm	geliehen.
Heute		Roberta/sie	es	ihm	
		<u>**Nominativ**</u>	**Akkusativ** Pronomen	**Dativ** Pronomen	

Roberta	hat		ihm	das Auto	geliehen.
Heute		Roberta/sie	ihm	das Auto	
Roberta			es	ihrem Sohn	
Heute		Roberta/sie	es	ihrem Sohn	
		<u>**Nominativ**</u>	Pronomen	Nomen	

Position des Dativ- und Akkusativobjekts:
- ▶ Nomen + Nomen: zuerst **Dativ**
- ▶ Pronomen + Pronomen: zuerst **Akkusativ**
- ▶ Pronomen + Nomen: zuerst Pronomen

Für **zusätzliche Angaben** in der **Satzmitte** gibt es nur Tendenzen.

Ich	bin	heute	wegen des Regens	mit dem Auto	zur Arbeit	gefahren.
		temporal *wann?*	kausal *warum?*	modal *wie?*	lokal *wo(hin)?*	

A2 **391.** Suchen Sie das Subjekt, die Dativ- und Akkusativobjekte und ergänzen Sie die Tabelle.

1. Georg leiht Sandra seinen Stift.
2. Anton schreibt Paul den Brief.
3. Karin schenkt ihrer Nachbarin ihre Schokolade.
4. Martha zeigt ihrem Vater die Fotos.
5. Der Lehrer gibt den Schülern und Schülerinnen die neue Hausaufgabe.
6. Morgen stellt der Lehrer der Klasse das nächste Projekt vor.

Sie fährt heute wegen des Regens mit dem Auto.

	Subjekt	Dativobjekt	Akkusativobjekt
1.	Georg	Sandra	seinen Stift
2.			
3.			
4.			
5.			
6.			

392. Schreiben Sie nun die Sätze aus Aufgabe **391** mit Pronomen.

A2

1. Er leiht ihn ihr.
2.
3.
4.
5.
6.

393. Schreiben Sie Sätze.

B1

1. Max – gestern Abend – mit seinen Freunden – in der Bar – war
   a) Max …
   b) Gestern Abend …
2. er – gekommen – nach Hause – ist – erst um 3 Uhr morgens
   a) Er …
   b) Erst um …
3. er – aufgewacht – heute Morgen – mit Kopfschmerzen – ist
   a) Er …
   b) Heute Morgen …
4. er – trotz des strömenden Regens – gefahren – dann – mit dem Fahrrad – zum Sprachkurs – ist
   a) Er …
   b) Trotz …

Wortstellung im Hauptsatz: Fragen/Aufforderungen

Was für Kuchen haben Sie heute?

Wir haben heute Erdbeer- und Schokoladenkuchen. Möchten Sie ein Stück?

Ja, bringen Sie mir bitte ein Stück Erdbeerkuchen.

Es gibt zwei Arten von **Fragesätzen**:

_w_-Fragen (mit Fragewort)

Der Sprecher braucht eine Information.

▶ **Was für** Kuchen haben Sie? – Erdbeer- und Schokoladenkuchen.
▶ **Was** können Sie mir empfehlen? – Die Nudelsuppe mit Pilzen.

Fragewörter beginnen immer mit *w*:
▶ *warum, wann, wo, wie…* (↑ S. 38)

Ja/nein-Fragen (ohne Fragewort)

Der Sprecher will die Antwort „ja“ oder „nein“:

▶ Möchtest du ein Stück Kuchen? – Ja, gern.
– Nein, danke.
▶ Bist du nicht müde? – Doch.
– Nein.

Wenn die Frage **verneint** ist *(nicht, kein-)*, ist die positive Antwort „doch“.

Aufforderungssätze (= Imperativsätze)

Der Sprecher drückt einen Befehl, eine Bitte, eine Aufforderung aus (↑ S. 112):

▶ Bringen Sie mir bitte ein Glas Wasser.
▶ Gib mir bitte mal das Salz.

Struktur

_w_-Fragen: Das Verb steht **an zweiter Stelle**.

w-Fragen	Was für Kuchen	**haben**	Sie heute?
Ja/nein-Fragen		**Kommst**	du auch?
Aufforderungssätze		**Gib**	mir bitte mal das Salz.

Ja/nein-Fragen und Aufforderungssätze:
Das Verb steht **zu Beginn des Satzes**.

394. Ergänzen Sie das passende Fragewort. A1

1. ________________ heißen Sie?

2. ________________ kommen Sie?

3. ________________ wohnen sie?

4. ________________ sind Sie von Beruf?

395. *Eine Ausbildung machen.* Welche Fragen sind *w*-Fragen? Welche Antwort passt? Ordnen Sie zu. A2

w-Fragen: Fragen Nr. ________

1. Lernst du jetzt einen Beruf?

2. Was für eine Ausbildung ist das?

3. Machst du die Ausbildung hier in Köln?

4. Wann hast du mit der Ausbildung begonnen?

5. Wie lange dauert die Ausbildung?

___ **a)** Insgesamt drei Jahre.

___ **b)** Nein, in Bonn.

_1_ **c)** Ja.

___ **d)** Eine Ausbildung zum Mechatroniker.

___ **e)** Vor einem halben Jahr.

396. Schreiben Sie die Fragen im Präsens. A2

● *(was – du – von Beruf – bist?)* ________________________________ (1)

○ Ich bin Krankenschwester.

● *(was – deine Hobbys – sind?)* ________________________________ (2)

○ Ich fotografiere gern und zeichne Comics.

● *(du – was – gern – fotografierst?)* ________________________________ (3)

○ Am liebsten fotografiere ich meine Freundin.

● *(Instrument – du – spielst – ein?)* ________________________________ (4)

○ Nein, leider nicht. Aber ich möchte Gitarre lernen.

397. *Weniger Streit mit dem Partner oder der Partnerin – vier Tipps.* Schreiben Sie Aufforderungssätze in der *du*- und der *Sie*-Form. A2

1. ~~ehrliches Interesse zeigen~~ • **2.** dem anderen zuhören • **3.** viele Fragen stellen • **4.** sich entschuldigen

1. Zeig ehrliches Interesse! ________ Zeigen Sie ehrliches Interesse!

2. ________________ ________________

3. ________________ ________________

4. ________________ ________________

Alles verstanden?

A2 **398.** Tragen Sie die folgenden Sätze in die Tabelle ein.

1. Im Sommer fahren wir manchmal an den Badesee.
2. Wir fahren meistens mit der S-Bahn.
3. Von der S-Bahn muss man 15 Minuten zu Fuß gehen.
4. Wir nehmen immer eine Picknickdecke mit.
5. In unsere Rucksäcke haben wir Getränke und Brote eingepackt.
6. Am Badesee gibt es auch einen Kiosk.
7. Dort kann man Eis und Pommes frites kaufen.
8. Das Wasser im See ist immer sauber.
9. Hier gehen wir gern schwimmen.

	POS. 1	POS. 2		ENDE
1.				
2.				
3.				
4.				
5.				
6.				
7.				
8.				
9.				

A2 **399.** Schreiben Sie die Sätze neu. Schreiben Sie die unterstrichenen Satzteile als Pronomen.

1. Die Mutter gibt den Kindern die Äpfel.

   ____

2. Die Kellnerin serviert dem Gast den Kaffee.

   ____

3. Die Lehrerin hat Tobias das Buch geliehen.

   ____

4. Am nächsten Tag hat Tobias seiner Lehrerin das Buch zurückgegeben.

   ____

400. *Eine Bekannte fragt den kleinen Tim.* Schreiben Sie Fragen. A2

1. *(wie alt – du – jetzt – bist?)* ____________________
2. *(in welche Klasse – du – jetzt – gehst?)* ____________________
3. *(was – du – später – werden – willst?)* ____________________
4. *(du – ein Lieblingsfach – hast?)* ____________________
5. *(du – auch Hobbys – hast?)* ____________________

401. Schreiben Sie Aufforderungssätze. A2

1. die Tür – doch bitte – zumachen *(du)*

   ____

2. die Fotos – mir – doch mal – zeigen *(du)*

   ____

3. in den Urlaub – mal wieder – fahren *(ihr)*

   ____

4. im Reisebüro – doch mal – fragen *(ihr)*

   ____

402. Schreiben Sie Sätze. B1

1. ich – gern – gegangen – ins Theater – früher – bin
   a) Ich … ____________________
   b) Früher … ____________________
2. am Sonntag – wir – sind – angekommen – in Görlitz
   a) Wir … ____________________
   b) Am Sonntag … ____________________
3. ins Kino – ich – mit meinem Freund – heute Abend – gehe
   a) Ich … ____________________
   b) Heute Abend … ____________________
4. morgen früh – in die Stadt – ich – wahrscheinlich – fahre
   a) Ich … ____________________
   b) Morgen früh … ____________________

Hauptsätze verbinden mit Konjunktionen

Fährst du in diesem Sommer nach Deutschland **und** besuchst einen Sprachkurs?

Ich fahre nach Deutschland, **aber** ich mache dort Urlaub.

Die Konjunktionen *und, oder, denn, aber* können Hauptsätze verbinden.

und	*Aufzählung*	Ich fahre nach Deutschland **und** (ich) besuche dort einen Sprachkurs.
oder	*Alternative*	Ich mache diesen Sommer ein Praktikum **oder** (ich) besuche einen Sprachkurs.
denn	*Grund*	Er kann kein Praktikum in dieser Firma machen, **denn** er spricht kein Deutsch.
aber	*Kontrast*	Ich fahre nach Deutschland, **aber** (ich) besuche dort keinen Sprachkurs.

Wenn Satzteile **doppelt** sind, kann man sie nach *und, oder, aber* (aber nicht nach *denn*!) **oft weglassen:**
▶ **Ich** fahre nach Deutschland *und* **(ich)** lerne dort Deutsch.
▶ Janet **fährt** nach England *und* ihre Schwester **(fährt)** nach Dänemark.

Struktur

Hauptsatz 1	**„POS. 0"**	**Hauptsatz 2**
Ich fahre nach Deutschland	und	(ich) mache dort ein Praktikum.

Die Konjunktionen *und, oder, denn, aber* stehen auf „Position 0" zwischen zwei Hauptsätzen.

Nach einer Negation (↑ S. 44) verwendet man bei einem Kontrast die **Konjunktion *sondern:***
▶ Er hat alles falsch verstanden! Wir kommen nicht am Dienstag, sondern am Donnerstag. Und nicht mit dem Auto, sondern mit dem Zug!

A1 **403.** Verbinden Sie die Sätze mit *und, aber, oder.*

1. Möchten Sie einen Tee ______________ soll ich Ihnen lieber einen Kaffee bringen?

2. Die Arbeit gefällt ihm, ______________ er mag seine neue Chefin nicht.

3. Ich fahre im Urlaub nach Spanien ______________ ich besuche dort die Alhambra.

4. Gehen wir ins Kino ______________ schauen wir zu Hause einen Film?

5. Ich möchte heute Abend auf dem Sofa sitzen ________________ ein gutes Buch lesen.

404. Ordnen Sie zu.

A1

- Wollen wir heute zusammen kochen (1) ___ **a)** denn der Supermarkt macht gleich zu.
- Ich gehe immer gern essen, (2) ___ **b)** oder wollen wir essen gehen?
- Gut, dann bleiben wir zu Hause (3) ___ **c)** und kochen etwas.
- Ja, lass uns schnell einkaufen gehen, (4) ___ **d)** aber ich habe gerade nicht so viel Geld.

405. Ergänzen Sie mit *und, aber, oder.*

A2

- Es ist schon kurz vor sieben! Beeil dich bitte – __________ (1) willst du, dass wir zu spät ins Theater kommen?
- Ja, ich bin fertig, __________ (2) ich muss noch meine Mütze finden. Es ist kalt __________ (3) ich will nicht wieder krank werden.
- Wir müssen jetzt los. Der Bus kommt gleich __________ (4) der nächste kommt erst in zwanzig Minuten.

406. Verbinden Sie die Sätze mit *und, aber, oder* und schreiben Sie sie neu.

A2

1. Fährst du mit dem Bus?	und	Sie ernährt sich sehr gesund.
2. Gerd hat viel Geld.	aber	Er ist nicht glücklich.
3. Friederike macht viel Sport.	oder	Nimmst du ein Taxi?

1. ______________________________

2. ______________________________

3. ______________________________

4. Ich habe noch nichts gegessen.	und	Hat sie schon ein Kind?
5. Heute bekomme ich Besuch.	aber	Ich habe keinen Hunger.
6. Bekommt Isabell ihr erstes Kind?	oder	Ich freue mich darauf.

4. ______________________________

5. ______________________________

6. ______________________________

Hauptsätze verbinden mit Adverbien

> Heute Abend sehen wir einen Film. **Danach** gehen wir tanzen. Kommst du mit?

> Tut mir leid, ich habe morgen eine Prüfung. **Deshalb** will ich heute früh schlafen gehen.

Adverbien können Hauptsätze verbinden.

dann, danach	Wir sehen einen Film.	**Dann/Danach** gehen wir tanzen.
	Handlung	→ *Handlung danach*
davor	Wir gehen tanzen.	**Davor** sehen wir einen Film.
	Handlung	→ *Handlung davor*
inzwischen	Ich hole Eva ab.	**Inzwischen** kannst du die Karten kaufen.
	Handlung	→ *gleichzeitige Handlung*
deshalb, darum, deswegen, daher	Ich bin müde.	**Deshalb/Darum/Deswegen/Daher** möchte ich früh schlafen gehen.
	Grund	→ *erwartete Folge*
trotzdem, dennoch	Ich bin müde.	**Trotzdem/Dennoch** komme ich mit.
	Grund	→ *unerwartete Folge*
sonst	Ich gehe früh schlafen.	**Sonst** bin ich morgen wieder müde.
	notwendige Handlung	→ *negative Folge (wenn die Handlung nicht stattfindet)*
dagegen	Olga mag den Film nicht.	**Dagegen** ist ihr Bruder begeistert.
		→ *Gegensatz*

Struktur

Hauptsatz 1	**Hauptsatz 2**		
	POS. 1	**POS. 2**	
Philipp ist müde.	**Deshalb**	kommt	er nicht mit.
Philipp ist müde.	Er	kommt	**deshalb** nicht mit.
Philipp ist müde.	Heute	kommt	er **deshalb** nicht mit.

Adverbien stehen auf Position 1 oder in der Satzmitte nach Position 2.

A2

407. Verbinden Sie die Sätze mit *dann*.

1. Ich muss zuerst Geld holen. Wir können einkaufen gehen.

   Ich muss zuerst Geld holen, dann können wir einkaufen gehen.

2. Wir gehen einkaufen. Wir kochen etwas für heute Abend.

   ____

3. Wir fahren mit dem Bus zum Bahnhof. Wir nehmen die S-Bahn ins Zentrum.

   ____

Wenn man Sätze verbindet, stehen **Adverbien** *(deshalb, trotzdem …)* auf **Position 1.**
Die **Konjunktionen** *denn, aber, oder, und* stehen auf **„Position 0"**.

	Position 0	Position 1		
▶ Ich habe eine Prüfung,		**deshalb**	**muss**	**ich** lernen.
▶ Ich muss lernen,	**denn**	**ich**	**habe**	eine Prüfung.

408. Was ist korrekt – *aber* oder *trotzdem*? Kreuzen Sie an. A2

1. Heute scheint die Sonne, ○ *aber* ○ *trotzdem* es ist sehr kalt.
2. Heute scheint die Sonne. ○ *Aber* ○ *Trotzdem* ist es sehr kalt.
3. Wir haben viel trainiert. ○ *Aber* ○ *Trotzdem* haben wir das Spiel verloren.
4. Wir haben dieses Spiel verloren, ○ *aber* ○ *trotzdem* wir sind nicht traurig.

409. Verbinden Sie die Sätze mit *denn* und *deshalb*. A2

1. Carla spricht gut Italienisch. Sie hat eine italienische Mutter.
2. Carla macht oft Urlaub in Italien. Sie hat dort viele Verwandte.
3. Nächstes Jahr möchte sie nach Irland fliegen. Sie will ein neues Land kennenlernen.

denn	deshalb
1. a) Carla spricht gut Italienisch, denn sie hat eine italienische Mutter.	b) Carla hat eine italienische Mutter. Deshalb spricht sie gut Italienisch.
2. a) ______	b) ______
3. a) ______	b) ______

410. Verbinden Sie die Sätze mit *deshalb, trotzdem* oder *sonst*. B1

1. Paul war lange krank, ______ war er nicht in der Schule.
   Er hat viel Unterricht verpasst, ______ muss er die Klassenarbeiten schreiben.
   Jetzt muss er viel lernen, ______ besteht er die Klassenarbeiten nicht.
2. Florian verdient viel Geld, ______ möchte er die Firma wechseln.
   Er mag seinen Chef nicht, ______ sucht er eine neue Stelle.
   Der neue Job soll in Frankfurt sein, ______ sucht er nur dort.
3. Ich esse viel Obst und Gemüse, ______ bin ich immer müde.
   Ich muss mehr Sport machen, ______ werde ich nicht fitter.
   Ich mache nicht gern draußen Sport, ______ gehe ich in ein Fitnessstudio.

Doppelkonjunktionen

Patrick bringt zur Party **nicht nur** ein Geschenk, **sondern auch** einen Kuchen mit.

Erik bringt zur Party **weder** ein Geschenk **noch** einen Kuchen mit.

Doppelkonjunktionen können **Satzteile** verbinden:

- **Sowohl** Patrick **als auch** Erik kommen zur Party.
- Ich werde **entweder** ein Geschenk **oder** einen Kuchen mitbringen.

sowohl … als auch	 + 		*Aufzählung:* beides
nicht nur … sondern (…) auch	 + 		*Aufzählung:* beides; zweites Element betont
entweder … oder	 oder 		*Alternative:* das eine *oder* das andere
weder … noch	 		keines von beiden

Nicht nur … sondern (…) auch, entweder … oder und *weder … noch* können auch **Hauptsätze** verbinden:

	Hauptsatz 1				**Hauptsatz 2**		
„POS. 0"	**POS. 1**	**POS. 2**		**„POS. 0"**	**POS. 1**	**POS. 2**	
	Weder	bringt	Patrick etwas mit,		**noch**	ist	er pünktlich.
	Patrick		**weder** etwas mit,				
	Entweder	komme	ich zur Party	**oder**	ich	gehe	zum Sport.
	Ich		**entweder** zur Party				
Entweder*	ich		zur Party				

* *Entweder* kann wie *und, aber, oder, denn* auch auf „Position 0" stehen (↑ S. 200).

411. Was passt? Ordnen Sie zu.

B1

1. Ich trinke weder Kaffee
2. Ich habe nicht nur Kopfschmerzen,
3. Morgens trinke ich entweder Kaffee
4. Ich trinke sowohl Kaffee
5. Es ist heute nicht nur kalt,
6. Entweder geht es mir morgen besser

___ **a)** als auch Tee.
___ **b)** oder ich muss zum Arzt gehen.
___ **c)** noch Tee.
___ **d)** sondern auch sehr windig.
___ **e)** oder Tee.
___ **f)** sondern auch Fieber.

412. *Tierquiz.* Ergänzen Sie und kreuzen Sie die richtige Lösung an.

B1

1. Welches Tier kann weder laufen ____________ fliegen?

   ○ *Wurm* ○ *Vogel* ○ *Maus*

2. Welches Tier kann sowohl fliegen ________________ schwimmen?

   ○ *Ente* ○ *Pinguin* ○ *Fisch*

3. Welches Tier lebt ________________ in Australien, sondern auch in Europa?

   ○ *Känguru* ○ *Koala* ○ *Hund*

413. Setzen Sie die passende Doppelkonjunktion ein: *sowohl… als auch, entweder… oder, weder… noch.*

B1

1. Wieso fährst du dieses Jahr nicht in Urlaub? – Ich habe ______________ Zeit ______________ Geld.
2. Sieh mal, am Sonntagabend sind zwei interessante Konzerte, das eine in Nürnberg, das andere in Fürth. – Toll, ich finde ______________ das eine ______________ das andere sehr interessant. – Ja, aber leider finden sie zur gleichen Zeit statt: ______________ fahren wir nach Nürnberg ______________ wir fahren nach Fürth.
3. Dieses Lehrbuch ist sehr gut und ______________ für Jugendliche ______________ für Erwachsene geeignet.
4. Wie kommst du morgen Abend zum Kino? Das weiß ich noch nicht so genau. ______________ fahre ich mit dem Fahrrad ______________ mit dem Bus.

Alles verstanden?

A1

414. Was passt – *und, aber, oder, denn*? Kreuzen Sie an.

- Welche Jacke steht mir besser, die helle ▢ *aber* ▢ *oder* (1) die dunkle?
- Die helle Jacke steht dir gut, ▢ *aber* ▢ *oder* (2) die dunkle ist auch nicht schlecht. Du kannst beide nehmen, die helle ▢ *und* ▢ *aber* (3) die dunkle.
- Ja, ▢ *aber* ▢ *denn* (4) ich möchte nur eine kaufen, ▢ *aber* ▢ *denn* (5) beide zusammen sind mir zu teuer.
- Dann nimm doch die dunkle, ▢ *und* ▢ *denn* (6) die finde ich noch besser.

A2

415. Verbinden Sie die Sätze mit *und, aber, oder* oder *denn*.

Florian möchte ins Theater gehen, ___________ (1) Jennifer findet Theater langweilig.
Jennifer möchte lieber ins Stadion gehen, ___________ (2) heute spielt dort ihr Fußballclub.
Jennifer spielt auch in diesem Club, ___________ (3) sie kann heute leider nicht mitspielen, ___________ (4) sie ist verletzt ___________ (5) kann deshalb nur zusehen.

B1

416. Welches Adverb passt? Kreuzen Sie an.

1. Ich habe viel gearbeitet, ▢ *dann* ▢ *trotzdem* ▢ *deshalb* bin ich müde.
2. Er hat heute einen langen Arbeitstag vor sich. ▢ *Inzwischen* ▢ *Davor* ▢ *Dagegen* bringt er seine Kinder zur Schule.
3. Wir beginnen früh mit der Arbeit, ▢ *dann* ▢ *trotzdem* ▢ *sonst* können wir früher aufhören.
4. Im Sommer wird es früher hell und ich stehe gern auf, ▢ *sonst* ▢ *dagegen* ▢ *trotzdem* bin ich im Winter immer müde.
5. Die Nudeln müssen noch fünf Minuten kochen, ▢ *inzwischen* ▢ *davor* ▢ *sonst* kannst du ja den Tisch decken.
6. Ich muss diese Prüfung bestehen, ▢ *sonst* ▢ *dann* ▢ *trotzdem* kann ich nicht weiterstudieren.
7. Ich habe das Geld vor zwei Wochen überwiesen. ▢ *Deshalb* ▢ *Trotzdem* ▢ *Sonst* haben Sie mir eine Mahnung geschickt.

417. Ergänzen Sie die passenden Konjunktionen/Adverbien. B1

aber • denn • deshalb • trotzdem • und *(3x)*

Thomas' neue Wohnung liegt in einem schönen __________ (1) ruhigen Stadtviertel. In der Nähe gibt es einen Obst- ____________ (2) Gemüseladen, eine Metzgerei _______________ (3) eine Apotheke, ________________ (4) es gibt keinen Supermarkt. ________________ (5) muss Thomas neun Stationen mit dem Bus fahren, wenn er mehr einkaufen möchte. ____________ (6) ist er mit der Wohnung sehr zufrieden. Er hat auch einen sehr netten Nachbarn: Er will Thomas einmal in der Woche sein Auto leihen, ____________ (7) dann kann Thomas seine Einkäufe schneller erledigen.

418. *Kindergärten.* Setzen Sie die passenden Doppelkonjunktionen ein. B1

entweder .... oder *(2x)* • nicht nur ... sondern [...] auch *(3x)* • weder ... noch *(2x)*

1. Die meisten Eltern in unserer Stadt schicken ihre Kinder in den Kindergarten. Sie müssen sich entscheiden: Ihre Kinder besuchen ____________________ einen allgemeinen Kindergarten ____________________ einen Waldkindergarten.

2. In unserem Waldkindergarten sind die Kinder meistens im Freien, ____________________ wenn die Sonne scheint, ________________________ wenn es regnet: ____________________________ sie machen einen Ausflug in den Wald ____________________ sie bleiben in der Nähe der Hütte.

3. Normalerweise spielen die Kinder im Waldkindergarten ______________________ mit Spielzeug aus Plastik ________________ mit elektronischen Geräten, sondern sie finden ihr Spielzeug in der Natur.

4. Experten sehen Waldkindergärten zweifach positiv: Sie sind ____________________________ für die körperliche Entwicklung, _______________________ für die Kreativität des Kindes gut.

5. Die Tochter einer Freundin besucht einen Sportkindergarten: Dort machen die Kinder ____________________ viel Sport, ________________________ sie lernen gleichzeitig ____________ viel über gesunde Ernährung.

6. Unsere beiden Kinder sind ______________________ im allgemeinen Kindergarten ________________________ im Waldkindergarten: Sie sind schon in der Schule.

Wortstellung im Nebensatz

Nebensätze sind von einem anderen Satz abhängig.

Es gibt verschiedene Arten von Nebensätzen, z. B.:

dass-Sätze (↑ S. 210)	Ich weiß,	**dass es dir wichtig ist.**
temporale Nebensätze (↑ S. 224/226)	Ich rufe dich an,	**wenn ich zu Hause bin.**
kausale Nebensätze (↑ S. 228)	Ich rufe dich an,	**weil es dir wichtig ist.**

Meistens leitet eine **Konjunktion** den Nebensatz ein.

Das **Subjekt** steht meistens direkt nach der Konjunktion.

Das **konjugierte Verb** steht am Ende.

Hauptsatz				**Nebensatz**		
	POS. 2 Verb		**ENDE**	**Konjunktion**		**ENDE Verb**
Ich	weiß,			dass	du zu Hause	bist.
Ich	rufe	dich	an,	wenn	ich zu Hause	ankomme.
Ich	rufe	dich	an,	wenn	ich zu Hause **angekommen**	bin.
Ich	rufe	dich	an,	weil	du nicht **kommen**	kannst.

Partizip oder **Infinitiv** stehen vor dem konjugierten Verb.

Das **Präfix** bleibt bei trennbaren Verben am Verb.

Wenn der Nebensatz **am Anfang** steht, besetzt er Position 1.
Das Verb des Hauptsatzes folgt auf Position 2.

	Hauptsatz		
POS. 1 des Hauptsatzes = Nebensatz	**POS. 2**		**ENDE**
Wenn ich zu Hause ankomme,	rufe	ich dich	an.
Weil du nicht gekommen bist,	rufe	ich dich	an.

In gesprochener Sprache können Nebensätze auch **allein stehen**.
▶ Warum bist du nicht mit dem Fahrrad gefahren? –
Weil es heute Morgen geregnet hat.

419. Unterstreichen Sie die Nebensätze.

A2

- Wir können uns am Samstag treffen, wenn du Lust hast. (1)
- Du weißt doch, dass ich am Samstag nicht da bin. (2)
- Dass du am Samstag nicht da bist, hast du mir nicht gesagt. (3)
- Entschuldige, ich dachte, dass du es weißt. Ich fahre nach Chemnitz, denn meine Schwester feiert ihren Geburtstag. (4)

420. Hauptsatz oder Nebensatz? Kreuzen Sie an.

A2

	Hauptsatz	Nebensatz
Daniel sagt, (1)	○	○
dass er am Samstag immer in die Bibliothek geht. (2)	○	○
Er geht gern in die Bibliothek, (3)	○	○
weil er gern Bücher liest. (4)	○	○
Wenn er ein interessantes Buch findet, (5)	○	○
leiht er es aus, (6)	○	○
weil er es dann zu Hause lesen kann. (7)	○	○

421. Bilden Sie Nebensätze. Schreiben Sie das konjugierte Verb in das blaue Feld.

A2

1. Ich bestelle gern Kleidung im Internet, … *(weil – wenig Zeit – habe – ich)*

________________________________ habe.

2. Ich bestelle Hosen oft in zwei Größen, … *(auswählen – ich – will – die richtige Größe – weil)*

________________________________ ______.

3. Ich probiere die Kleidung sofort an, … *(ich – geöffnet – wenn – das Paket – habe)*

________________________________ ______.

4. Es ist sehr selten, … *(alles – ich – zurückschicke – dass)*

________________________________ ______.

Nebensätze trennt man durch ein **Komma** vom Hauptsatz ab (↑ S. 246).

Nebensätze mit *dass*

Nebensätze mit *dass* stehen häufig bei:

unpersönlichen Ausdrücken mit *es*	**Es ist sicher**, dass die Kinder Fußball gespielt haben. **Es tut uns leid**, dass das Fenster kaputt ist.
	auch: *es ist angenehm, leicht, richtig, wichtig, schön, schwer …* *es freut mich, es gefällt mir …*
Verben des Sagens	Sie **hat gesagt**, dass Finn den Ball geschossen hat.
	auch: *erzählen, antworten, berichten …*
Verben des Meinens und Denkens	Ich **finde**, dass die Kinder zusammen zum Nachbarn gehen sollten.
	auch: *glauben, meinen, denken …*
Verben mit Präpositionalobjekt	Der Nachbar **erinnert sich (daran)**, dass er früher auch Fußball gespielt hat. Er **rechnet damit**, dass die Kinder sich entschuldigen.
	auch: *lachen über (+ Akk.), sich freuen auf/über (+ Akk.), träumen von (+ Dat.)* (↑ S. 158; Verbtabelle, S. 265)

Struktur

Hauptsatz			**Nebensatz**		
Sie	erzählt	ihrem Mann,	dass	das Fenster kaputt	ist.

Nebensatz			**Hauptsatz**	
Dass	unser Kind das Spiel wieder gewonnen	hat,	freut	mich sehr.

Wenn das **Subjekt** von Haupt- und Nebensatz **identisch** ist,
kann man in vielen Fällen den **Infinitiv + *zu*** verwenden (↑ S. 212):
- ▶ **Er** glaubt, dass **er** dich kennt.
- ▶ **Er** glaubt, dich **zu kennen.**

A2 **422.** *Wir sind eingeladen.* Schreiben Sie Nebensätze mit *dass*.

Hast du Jans Einladung schon gelesen?	Jan schreibt,
1. Inge und er feiern eine Party.	dass Inge und er eine Party feiern.
2. Wir sind eingeladen.	dass …
3. Sie haben schon Getränke gekauft.	dass …
4. Wir können einen Salat mitbringen.	dass …
5. Wir sollen anrufen.	dass …
6. Sie freuen sich auf uns.	dass …

Besonders nach Verben des Sagens, Meinens und Denkens **lässt man *dass* oft weg,** vor allem in der Umgangssprache / in der gesprochenen Sprache (↑ S. 256).
Das Verb steht dann an Position 2:
- Ich glaube, dass sie in Duisburg wohnt.
- Ich glaube, sie wohnt in Duisburg.

423. *Im Treppenhaus.* Schreiben Sie Nebensätze mit *dass*.

A2

- Hast du schon gehört? Unser Nachbar ist in Rente gegangen.
- Ja, ich weiß, dass er … (1)
- Aber seine Frau arbeitet noch, richtig?
- Ja, er hat mir erzählt, dass … (2)
- Ihre Tochter wohnt jetzt in Duisburg.
- Nein, ich glaube nicht, dass … (3)
- Doch, doch. Sie hat mir neulich selbst gesagt, dass ______

______

(Sie macht dort eine Ausbildung als Bankkauffrau.) (4)

Und sie hat mir auch gesagt, dass … .

(Sie hat einen neuen Freund.) (5)

Bei unpersönlichen Ausdrücken mit *es* und *dass*-Satz **fällt *es* weg,** wenn der *dass*-Satz **auf Position 1** steht (↑ S. 50):
- **Es** ist schön, dass du gekommen bist.
- Dass du gekommen bist, ist schön.

424. *Joana ist neu in Deutschland.* Schreiben Sie Nebensätze mit *dass*.

B1

1. Die Geschäfte schließen um 20 Uhr.

a) Es ist für mich neu, dass die Geschäfte um 20 Uhr schließen.

b) Dass die Geschäfte um 20 Uhr schließen, ist für mich neu.

2. Viele Leute fahren mit dem Fahrrad.

a) Es gefällt mir, dass …

b) ______

3. Es gibt hier so viele Fahrradwege.

a) Ich wusste nicht, dass …

b) ______

Infinitiv mit *zu*

Ich **habe vergessen,** das Geburtstagsgeschenk für Nico **zu kaufen**.

Ich **habe** dich doch **gebeten**, daran **zu denken**!

Tut mir leid. Ich **verspreche** dir, es morgen **zu holen**.

Der **Infinitiv mit *zu*** steht vor allem bei:

unpersönlichen Ausdrücke mit *es*	**Es freut mich**, dich zu sehen.
	auch: **es** *tut mir leid*, **es** *gefällt mir*, **es** *ist wichtig, schön, angenehm, schade, schwer, leicht …*
bestimmten Nomen	Ich habe **Lust**, einkaufen zu gehen.
	auch: *Zeit, Angst, Lust, Interesse, die Möglichkeit, die Gelegenheit …*
bestimmten Verben	Ich **versuche**, das Geschenk morgen zu kaufen.
	auch: *beginnen, anfangen, aufhören, hoffen, vorhaben, bereit sein, sich (darauf) freuen, (daran) interessiert sein, sich (dafür) interessieren …*
	Ich **bitte** dich, daran zu denken.
	auch: *empfehlen, vorschlagen …*

Der Infinitiv mit *zu* steht **nicht** nach Verben des Sagens *(sagen, erzählen, antworten …).*

Der **einfache Infinitiv** steht nach
- Modalverben (↑ S. 100–108):
  Ich kann morgen nicht nach Hamburg fahren.
- Verben der Wahrnehmung (↑ S. 148):
  Ich höre den Bus kommen.
- *lassen* (↑ S. 150):
  Ich lasse den Wagen reparieren.

Struktur

einfache Verben	Ich verspreche dir,	das Geschenk **zu kaufen**.

Bei trennbaren Verben steht *zu* zwischen Präfix und Verbstamm.

trennbare Verben	Ich verspreche dir,	morgen **einzukaufen**.

Wenn es mehrere Infinitive gibt, steht *zu* vor dem **letzten** Infinitiv.

Verb + Modalverb	Ich freue mich,	dich **besuchen zu können**.
Verb + Verb	Ich habe keine Zeit,	**einkaufen zu gehen**.
Verb + Verb + Modalverb	Es wäre schön,	sonntags **einkaufen gehen zu können**.

Manchmal steht der Infinitivsatz auch **am Satzbeginn:**
- Ein Haus zu kaufen, ist mein Traum.

425. Schreiben Sie Infinitive mit *zu*.

B1

1. Es langweilt mich, *(heute lernen müssen)* heute lernen zu müssen.
2. Ich habe Lust, *(heute Abend mit euch ausgehen)* ________________.
3. Ich freue mich, *(deinen Freund kennenlernen)* ________________.
4. Ich verspreche dir, *(pünktlich kommen)* ________________.

426. Schreiben Sie die Sätze anders. Verwenden Sie den Infinitiv mit *zu*.

B1

1. Ich lerne Deutsch. Ich habe vor einem Jahr damit angefangen.
   Ich habe vor einem Jahr angefangen, ...
2. Ich kann nächstes Jahr an einer deutschen Uni studieren. Ich hoffe es.
   Ich hoffe, ...
3. Ich spreche mit meinen Nachbarn Deutsch. Ich habe die Möglichkeit.
   ____
4. Ich höre viele deutsche Popsongs. Du hast es mir empfohlen.
   ____
5. Ich wiederhole die Grammatikübungen. Du hast es mir geraten.
   ____
6. Korrigierst du meine Fehler? Ich bitte dich.
   ____

427. Schreiben Sie die Sätze anders. Verwenden Sie den Infinitiv mit *zu*.

B1

1. Es freut mich, dass ich Sie in unserem Institut begrüßen darf.
   Es freut mich, ...
2. Sie haben sich dafür entschieden, dass Sie bei uns einen Deutschkurs machen.
   ____
3. Ist es möglich, dass man schon nach drei Monaten die Prüfung macht?
   ____
4. Es ist wichtig, dass man viel lernt und sich gut auf die Prüfung vorbereitet.
   ____
5. Vergessen Sie nicht, dass Sie sich rechtzeitig für die Prüfung anmelden.
   ____

Indirekte Fragen

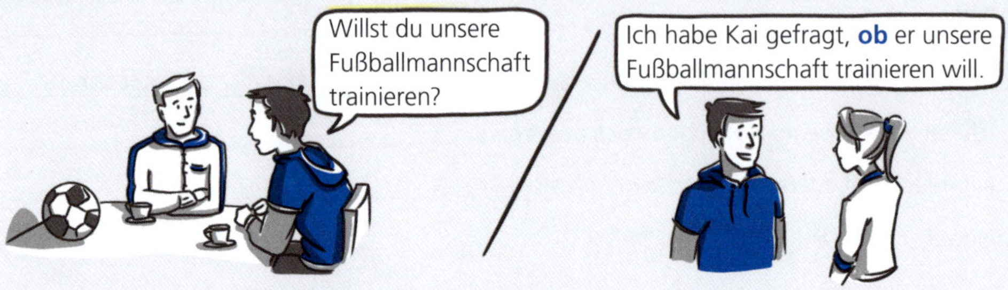

Es gibt zwei Typen von **Fragesätzen:**
w-Fragen (mit Fragewort) und *Ja/nein*-Fragen (ohne Fragewort) (↑ S. 196).

Zu Beginn der **indirekten Frage** steht

bei ***w*-Fragen** ein Fragewort mit *w* und bei ***Ja/nein*-Fragen** *ob*.

	w-Frage	***Ja/nein-Frage***
Direkte Frage	**Was** hast du mit Kai besprochen?	Willst du die Fußballmannschaft trainieren?
Indirekte Frage	Sagst du mir, **was** du mit Kai besprochen hast?	Ich habe ihn gefragt, **ob** er die Fußballmannschaft trainieren will.

Struktur

Hauptsatz			**Nebensatz**		
	Sagst	du mir,	**was**	du mit Kai besprochen	hast?
Er	fragt	ihn,	**ob**	er die Fußballmannschaft trainieren	will.

Nebensatz			**Hauptsatz**	
Was	du mit Kai besprochen	hast,	weiß	ich nicht.
Ob	er die Fußballmannschaft trainieren	will,	fragt	er ihn.

B1 **428.** Schreiben Sie indirekte Fragen.

1. Wie spät ist es?

Weißt du zufällig, ________________________________?

2. Wann beginnt das Konzert heute Abend?

Weißt du, ________________________________?

3. Wohin hat er meine Brille gelegt?

Ich möchte wissen, ________________________________.

4. Guten Tag! Gibt es noch Karten für das Fußballspiel am Samstag?

Guten Tag! Ich wollte fragen, ________________________________

________________________________.

429. *Ein Anruf beim Museum.* Schreiben Sie indirekte Fragen.

B1

1. Wie sind Ihre Öffnungszeiten heute?
2. Ist das Museum für Menschen im Rollstuhl zugänglich?
3. Findet heute eine öffentliche Führung statt?
4. Was kostet der Eintritt?

- Guten Tag! Können Sie mir sagen, ______________________________ (1)?
- Wir haben heute von 9 bis 19 Uhr geöffnet.
- Und können Sie mir sagen, ______________________________ (2)?
- Ja, unser Museum ist barrierefrei. Menschen im Rollstuhl haben überall Zugang.
- Perfekt. Darf ich Sie noch fragen, ______________________________ (3)?
- Heute leider nicht, nur samstags und sonntags um 14 Uhr.
- Und könnten Sie mir bitte noch sagen, ______________________________ (4)?
- Ja, der reguläre Eintritt kostet 10 Euro, mit Ermäßigung 5 Euro.
- Vielen Dank und bis später!

430. *Eine Nachricht auf dem Handy.* Schreiben Sie indirekte Fragen.

B1

Hallo, Gerrit, weißt Du, ______________________________ *(wo bin ich jetzt?)* (1)? Schau mal auf das Foto. Du willst sicher wissen, ______________________________ *(warum bin ich hier?)* (2) und ______________________________ *(was mache ich hier?)* (3). Das erzähle ich Dir später. Viele Grüße, Henriette

Indirekte Fragen mit *wohl* können auch **allein stehen:**
▶ Was er wohl damit meinte? Ob sie morgen Zeit hat?
Der Sprecher sagt damit, dass er gerade über die Frage nachdenkt.

431. *Ein Tagebuch. Was fragt sich Andrea?* Schreiben Sie indirekte Fragen.

B1

Heute habe ich in der Bibliothek Tobias gesehen. *(Hat er mich gesehen?)* Ob er mich wohl gesehen hat? (1) Ich finde ihn toll. *(Weiß er, wer ich bin?)* ______________________________ (2) Einmal hat er zu mir herübergeschaut! *(Hat er mich erkannt?)* ______________________________ (3)

A2 **432.** Welche Wortstellung ist richtig? Kreuzen Sie an.

● Ich renoviere gerade meine Wohnung. Darf ich dich anrufen, wenn

○ *brauche ich Hilfe* ○ *ich Hilfe brauche* (1)?

○ Wenn ○ *brauchst du Hilfe* ○ *du Hilfe brauchst* (2),

darfst du mich immer anrufen, das weißt du doch.

● Ja, das weiß ich. Deshalb frage ich dich ja, weil ich weiß, dass

○ *ich mich auf dich verlassen kann* ○ *ich kann mich auf dich verlassen* (3).

○ Wenn du möchtest,

○ *kann ich morgen vorbeikommen* ○ *ich kann morgen vorbeikommen* (4).

A2 **433.** *Leonie studiert jetzt in München.* Schreiben Sie Nebensätze mit *dass*.

Lieber Peter,
vor zwei Wochen bin ich in München angekommen. Ich wohne in einem Studentenwohnheim. Die Nachbarn im Wohnheim sind alle sehr nett. Oft bleiben wir bis spät abends im Clubraum sitzen. Mit der Organisation an der Uni bin ich zufrieden. Aber die Kurse beginnen erst nächste Woche. Ich berichte am Dienstag wieder …
Bis bald
Leonie

Leonie schreibt,

1. dass sie vor zwei Wochen in München angekommen ist.
2. dass …
3. dass …
4. dass …
5. dass …
6. dass …
7. dass …

B1 **434.** Ergänzen Sie *wenn* oder *als*.

_______________ (1) ich das erste Mal in Berlin war, war die Stadt noch geteilt. _______________ (2) man von Westberlin in den Ostteil der Stadt wollte, brauchte man ein Visum. _______________ (3) ich das meinen Kindern erzählt habe, waren sie überrascht. _______________ (4) man heute nach Berlin fährt, sieht alles ganz anders aus.

435. Schreiben Sie Infinitive mit *zu*. B1

1. Ich bin ein begeisterter Sportler. Ich kann mir nicht vorstellen, ______________________

______________________ *(ich mache keinen Sport).*

2. Schon mit vier Jahren habe ich angefangen, mit meinen älteren Geschwistern auf dem Sportplatz ______________________ *(ich spiele Fußball).*

3. Heute spiele ich Fußball in einem kleinen Verein. Es macht mir Spaß, ______________________

____

(ich verfolge mit anderen Leuten ein gemeinsames Ziel).

4. Manchmal finde ich es auch sehr entspannend, ______________________

____

(ich jogge oder schwimme allein).

436. *Die Polizei fragt eine Zeugin.* Schreiben Sie indirekte Fragen. B1

1. Wie hat der Dieb ausgesehen?

Können Sie beschreiben, ______________________?

2. Hatte er eine Waffe bei sich?

Haben Sie gesehen, ______________________?

3. Welche Kleidung hat er getragen?

Wissen Sie noch, ______________________?

437. *Am Bahnhof.* Fragen Sie nach der unterstrichenen Information. Schreiben Sie a) direkte Fragen und b) indirekte Fragen. B1

1. (Der nächste Zug nach Hamburg fährt um 10:24 Uhr.)

a) Wann fährt der nächste Zug nach Hamburg?

b) Können Sie mir sagen, wann der nächste Zug nach Hamburg fährt?

2. (Die Hin- und Rückfahrt kostet 46,80 €.)

a) ______________________

b) ______________________

3. (Der Zug fährt an Gleis 24 ab.)

a) ______________________

b) ______________________

Relativsätze: *der/das/die, was/wo …*

Mit einem Relativsatz kann man Informationen oder Erklärungen zu Personen, Sachen und Ereignissen geben. Er bezieht sich auf Nomen, Pronomen oder Sätze und beginnt mit einem Relativpronomen. Wenn sich das Relativpronomen auf ein Nomen bezieht, ist es in Genus und Numerus identisch mit dem Nomen:

Relativpronomen *der/das/die* (Nominativ)

- Der Mann, **der** Gitarre spielt, ist Gabis Cousin.
- Das Kind, **das** gerade weint, ist zwei Monate alt.
- Die Frau, **die** das dunkle Kleid trägt, kommt aus Hamburg.

Relativpronomen *wo*

Bezug auf Lokalangabe	Das ist das Land, **wo** (oder: *in dem*) er lange lebte.
Bezug auf Stadt/Land	Sie ziehen nach Bielefeld, **wo** ihre Eltern ein Haus haben.

Relativpronomen *was*

Bezug auf *nichts, alles, etwas, das, vieles*	Dieses Haus ist alles, **was** mir gehört.
Bezug auf nominalisierte Superlative im Neutrum	Das ist das Schönste, **was** mir im Leben passiert ist.
Bezug auf ganzen Satz	Sie ist immer ehrlich, **was** sie so sympathisch macht.

Struktur

Hauptsatz			**Nebensatz**		
Rechts auf dem Foto	siehst	du Gabis Cousin,	der	Gitarre	spielt.

Hauptsatz	**Nebensatz**			**Hauptsatz (Fortsetzung)**	
Gabis Cousin,	der	Gitarre	spielt,	ist	rechts auf dem Foto zu sehen.

A2

438. *Berufe-Quiz.* Ergänzen Sie die Relativpronomen.

1. Wie heißt ein Mann, ________ Brot, Brötchen und Kuchen backt?

2. Wie nennt man eine Frau, ________ anderen Menschen die Haare schneidet?

3. Wie nennt man einen Mann, ________ Deutsch unterrichtet?

439. *Ausflug mit dem Sprachkurs.* Ergänzen Sie die Relativpronomen.

A2

- Wer sind denn die Leute auf dem Foto?
- Das Bild ist von meinem Sprachkurs in Berlin. Links siehst du Johannes, _______ (1) die Ausflüge organisiert hat. Und das Mädchen mit dem Eis, ________ (2) neben mir steht, ist eine Französin, ______ (3) als Au-pair arbeitet.
- Und wer sind die beiden in der Mitte?
- Das sind Agnieszka und Zofia aus Polen, _________ (4) Deutschlehrerinnen werden wollen.
- Und das Gebäude, ____________ (5) im Hintergrund zu sehen ist?
- Das ist der Fernsehturm, ______________ (6) leider gerade geschlossen war.

440. Schreiben Sie Relativsätze mit *wo, was, der/das/die* und Präposition, wenn nötig.

A2

1. Sie hat mir zum Geburtstag gratuliert, _______ mich sehr gefreut hat.
2. Ist das die Stadt, __________ sie wohnt?
3. Gibt es hier ein Telefon? – Am besten fragst du die Frau, __________ an der Garderobe arbeitet.
4. Ist das alles, ________ passiert ist?
5. Wer ist der Mann, _____________ dort am Eingang steht?
6. Wie heißen die Leute, __________ uns eingeladen haben?

441. *Was machst du im Urlaub?* Schreiben Sie Relativsätze mit *wo* und *was.*

A2

1. Ich fahre nach Sylt, wo ... ________________ *(ich treffe meine Freunde).*
2. Wir machen eine Weltreise, ______________________________ *(ich finde es sehr aufregend).*
3. Ich bleibe im Sommer immer vier Wochen weg, ______________________________ *(es ist für mich sehr wichtig).*
4. Ich fahre in die Berge, ______________________________ *(ich kann mich gut erholen).*
5. Ich fahre an einen Ort, ______________________________ *(es gibt viele Museen).*
6. Ich fahre ans Meer, ______________________________ *(ich kann surfen).*

Relativsätze: *der/den/dem …*

Das **Verb im Relativsatz** bestimmt den **Kasus** des Relativpronomens:

Nominativ	Der Verkäufer, **der** mich bedient hat, hat mir ein Buch empfohlen.
Akkusativ	Der Verkäufer, **den** ich angesprochen habe, hat mir den Weg gezeigt.
Dativ	Der Verkäufer, **dem** ich eine Frage gestellt habe, hat mich nicht gehört.
Genitiv	Der Verkäufer, **dessen** Kasse geschlossen war, hat mich zu seiner Kollegin geschickt.

Wenn vor dem Relativpronomen eine **Präposition** steht, bestimmt sie seinen Kasus.

Präposition + Akkusativ	Das Buch, **für das** ich mich interessiere, ist ganz neu.
Präposition + Dativ	Die Kassiererin, **bei der** ich bezahlt habe, war sehr freundlich.

Relativpronomen

	Maskulinum	**Neutrum**	**Femininum**	**Plural**
Nominativ	der	das	die	die
Akkusativ	den	das	die	die
Dativ	dem	dem	der	**denen**
Genitiv	**dessen**	**dessen**	**deren**	**deren**

Nur im **Dativ Plural** und im **Genitiv Singular und Plural** hat das Relativpronomen **andere Formen** als der bestimmte Artikel (↑ S. 26).

A2 **442.** Ergänzen Sie die Relativpronomen im Akkusativ oder Dativ.

1. Das ist der Schlüssel, __________ ich gefunden habe.

2. Ist das der Student, __________ der Hund gehört?

3. Das Buch, __________ ich gerade lese, ist sehr interessant.

4. Deine Freundin, __________ du das Geld geliehen hast, hat heute angerufen.

5. Sind das deine Freunde, mit __________ du immer Fußball spielst?

443. *Die neue Stelle.* Ergänzen Sie die Relativpronomen mit Präposition.

A2

bei der • in das • in dem • in der • in die • von der • zu der

Senden	**Von:** a.schulze@mailforyou.com
	An: f.reiter@mailforyou.com; u.schmidt3@mailforyou.com; …
	Betreff: Es hat geklappt!

Hallo zusammen,

eine gute Nachricht: Ich habe die Stelle bekommen, ________________ (1) ich Euch erzählt habe! Das Team, ________________ (2) ich arbeite, ist sehr sympathisch, alle sind in meinem Alter. Ich wohne noch in dem möblierten Zimmer, ________________ (3) ich eingezogen bin, als ich mit meinem Praktikum hier begonnen habe. Ich mag die Familie, ________________ (4) ich wohne, aber ich suche jetzt natürlich eine eigene Wohnung, ________________ (5) ich mehr Platz habe und ________________ (6) ich dann auch meine eigenen Möbel stellen kann. Wenn es so weit ist, sage ich Euch Bescheid. Und dann feiern wir eine Party, ____________ (7) ich Euch alle einlade! Bis bald!

Alex

444. *Definitionen.* Schreiben Sie Relativsätze mit den Präpositionen *an, auf, aus, in* und *mit.*

A2

1. Waschmaschine: eine Maschine, mit der man waschen kann ________ *(waschen)*
2. Wäschetrockner: ein Gerät, … ________________ *(Wäsche trocknen)*
3. Zahnbürste: eine Bürste, … ________________ *(sich die Zähne putzen)*
4. Wasserbecher: ein Becher, … ________________ *(Wasser trinken)*
5. Liegestuhl: ein Stuhl, … ________________ *(liegen)*
6. Reisebus: ein Bus, … ________________ *(reisen)*
7. Zeitungskiosk: ein Kiosk, … ________________ *(Zeitungen kaufen)*

445. Ergänzen Sie die Relativpronomen im Genitiv.

B1

1. Der Verein, ________________ Präsident er war, wurde letztes Jahr aufgelöst.
2. Die Kundin, ________________ Bestellung nicht bearbeitet wurde, hat sich beschwert.
3. Er hat gestern mit einem Anwalt gesprochen, ____________ Name mir nicht bekannt ist.
4. Nur Firmen, ________________ Angestellte eine Fachausbildung haben, dürfen diese Aufträge annehmen.

Alles verstanden?

A2 **446.** *Eine Stellenanzeige.* Schreiben Sie Relativsätze.

Wir suchen Mitarbeiter (m/w/d) im Verkauf

JETZT BEWERBEN!

Sie haben ein freundliches Auftreten?
Eine gute Arbeitsatmosphäre ist Ihnen wichtig?
Sie arbeiten gern selbstständig?
Der Kontakt mit Menschen macht Ihnen Spaß?
Sie stehen gern früh auf?
Service ist für Sie kein Fremdwort?

Dann bewerben Sie sich jetzt!

Wir suchen Mitarbeiter (m/w/d) im Verkauf,

1. die ein freundliches Auftreten haben.
2. ______
3. ______
4. ______
5. ______
6. ______

A2 **447.** *Dialoge im Supermarkt.* Ergänzen Sie die Relativpronomen *der/das/die* im Akkusativ oder Dativ oder das Relativpronomen *was/wo.* Ergänzen Sie auch die Präposition, wenn nötig.

1.

Wer ist der Mann, ______ du am Eingang so freundlich gegrüßt hast?

Das ist Tobias, ______ ich Volleyball spiele.

Und wer ist die Frau, ______ du am Weinregal geholfen hast?

Das ist eine Freundin, ______ ich noch aus meiner Schulzeit kenne.

Ach so.

2.

Wo steht denn der Käse, ______ wir letztes Mal gekauft haben?

Ganz oben, neben der Butter.

3.

Haben wir alles, ______ wir brauchen?

Ja, aber wir müssen noch in die Bäckerei, ______ wir die Torte für Roberts Geburtstag bestellt haben.

448. Bilden Sie Relativsätze.

A2

Hans trifft sich am Wochenende mit einem Freund …

1. ______________________________

(Er kennt ihn seit seiner Schulzeit.)

2. ______________________________

(Er hat die gleichen Hobbys wie er.)

3. ______________________________

(Mit ihm ist er schon zweimal in die USA gereist.)

4. ______________________________

(Auf ihn kann er sich verlassen.)

449. Bilden Sie Relativsätze.

A2

Frank sucht eine Tanzpartnerin …

1. die – tanzt – am liebsten – Tango und Salsa

____

2. er – täglich – mit – kann – der – trainieren

____

3. macht – Spaß – der – das Training

____

450. Ergänzen Sie die Relativpronomen *der/das/die* oder das Relativpronomen *was/wo*.

B1

der • deren • die • mit der • was • wo • zu dem

Letzte Woche war ich in Hamburg, _________ (1) ich zur Schule gegangen bin. Wir haben ein Klassentreffen organisiert, _______________ (2) alle Schülerinnen und Schüler eingeladen waren. Ein paar Lehrerinnen und Lehrer, _______________ (3) Adressen wir gefunden hatten, sind auch gekommen! Ich habe mich besonders gefreut, Thomas wiederzusehen, ________ (4) zu Schulzeiten mein bester Freund war. Wir sehen uns nur selten, __________ (5) ich sehr schade finde. Ich war überrascht, wie stark sich manche Mitschülerinnen und Mitschüler verändert haben, zum Beispiel Annekathrin, ____________ (6) ich oft Volleyball gespielt habe. Alle, ________ (7) zu dem Treffen gekommen sind, hatten viel Spaß und wollen sich im nächsten Jahr wieder treffen.

Temporale Nebensätze 1: *wenn, als*

Wenn ich müde bin,
trinke ich immer einen Kaffee.

Aber **als** ich heute Nachmittag
einen Kaffee trinken wollte,
war die Kaffeemaschine kaputt.

wenn	**(Immer) wenn** ich nach Hause komme, mache ich mir einen Tee.	*Zeitangabe in der* ***Gegenwart*** *oder* ***Zukunft***
	(Immer) wenn ich nach Hause kam, machte ich mir einen Tee.	*Zeitangabe in der* ***Vergangenheit*** *→ etwas passiert(e)* ***immer wieder***
als	**Als** ich gestern nach Hause gekommen bin, habe ich einen Kaffee getrunken.	*Zeitangabe nur in der* ***Vergangenheit*** *→ etwas passierte* ***nur einmal***

Struktur

Hauptsatz			**Nebensatz**		
Ich	trinke	Kaffee,	wenn	ich müde	bin.
Die Maschine	war	kaputt,	als	ich Kaffee trinken	wollte.

Nebensatz			**Hauptsatz**		
Wenn	ich müde	bin,	trinke	ich Kaffee.	
Als	ich Kaffee trinken	wollte,	war	die Maschine	kaputt.

B1

451. Was drücken die folgenden Sätze aus? Kreuzen Sie an.
A = Zeitangabe in der Gegenwart oder Zukunft.
B = Zeitangabe in der Vergangenheit (etwas passierte **immer wieder**).
C = Zeitangabe in der Vergangenheit (etwas passierte **nur einmal**).

	A	B	C
1. Wenn mein Bruder von der Arbeit kam, war er immer müde.	◯	◯	◯
2. Wenn ich heute nach Hause komme, muss ich aufräumen.	◯	◯	◯
3. Als ich gestern nach Hannover fuhr, bin ich in einen Stau geraten.	◯	◯	◯
4. Wenn die Ferien beginnen, gibt es viele Staus auf den Straßen.	◯	◯	◯
5. Wenn wir von der Uni kamen, gingen wir meistens in ein Café.	◯	◯	◯
6. Als meine Kinder klein waren, hatte ich weniger Zeit als heute.	◯	◯	◯

452. *Regenschirm oder Regenjacke?* Kreuzen Sie *wenn* oder *als* an.

B1

○ *Wenn* ○ *Als* (1) ich früher aus dem Haus ging, habe ich immer einen Regenschirm mitgenommen. Aber ○ *wenn* ○ *als* (2) ich den Schirm dabei hatte, brauchte ich ihn meistens nicht. Außerdem habe ich den Schirm oft irgendwo liegen lassen, ○ *wenn* ○ *als* (3) es nicht regnete. ○ *Wenn* ○ *Als* (4) ich den Schirm letztes Jahr schon wieder verloren hatte, habe ich mir schließlich eine Regenjacke gekauft. Sie ist praktischer, ○ *wenn* ○ *als* (5) es sehr windig ist. Ich nehme sie jetzt immer mit, ○ *wenn* ○ *als* (6) ich aus dem Haus gehe.

453. *Geschichtsquiz.* Ergänzen Sie *wenn* oder *als.*

B1

1. Was brauchten die Menschen in der Steinzeit, _________ sie Feuer machen wollten?
2. Welcher Mensch betrat als erster den Mond, _________ die Apollo 11 gelandet war?
3. Was sagte er, _________ er den Mond betrat?

454. *Im Büro.* Ergänzen Sie *wenn* oder *als.*

B1

– Schließt bitte alle Fenster, ___________ (1) ihr abends das Büro verlasst. ___________ (2) ich heute Morgen ins Büro kam, war es eiskalt, weil das Fenster offen war.

– Komisch, __________ (3) ich gestern Abend gegangen bin, war es geschlossen. __________ (4) ich aus dem Büro gehe, kontrolliere ich immer, ob alle Fenster zu sind.

455. *In der Schule war früher vieles anders.* Bilden Sie aus den unterstrichenen Sätzen Nebensätze mit *wenn* oder *als* und verbinden Sie so die beiden Sätze.

B1

1. <u>Ich ging von 1960 bis 1970 zur Schule.</u> Vieles war anders als heute.

   ____

2. <u>Der Lehrer kam in die Klasse.</u> Wir mussten zur Begrüßung aufstehen.

   ____

3. <u>Wir befolgten manchmal die Regeln nicht.</u> Wir mussten uns in die Ecke stellen.

   ____

4. <u>Ich kam in meiner ganzen Schulzeit nur *einmal* zu spät.</u> Der Lehrer informierte sofort meine Eltern.

   ____

Temporale Nebensätze 2: *seitdem, sobald, nachdem …*

Seitdem du in München wohnst, sehen wir uns viel zu selten.

Stimmt! **Sobald** die Sommerferien begonnen haben, komme ich euch mal besuchen.

	Beispiel	Reihenfolge Hauptsatz/Nebensatz
während	**Während** ich studierte, ging ich abends oft tanzen.	*(gleichzeitig: studieren und tanzen)*
seit(dem)	**Seit(dem)** ich arbeite, habe ich viel weniger Zeit.	*(Arbeit begonnen in Vergangenheit, dauert bis heute)*
nachdem	**Nachdem** ich Englisch gelernt hatte, habe ich einen besseren Job gefunden.	*(zuerst Englisch lernen, dann besserer Job)*
sobald	**Sobald** ich genug Geld habe, will ich eine Reise nach Peru machen.	*(zuerst genug Geld, dann **sofort** Reise nach Peru)*
bevor	**Bevor** ich nach Peru fliege, will ich einen Spanischkurs besuchen.	*(zuerst Spanischkurs, dann Flug nach Peru)*
bis	**Bis** der Spanischkurs beginnt, lerne ich selbst einige Vokabeln.	*(zuerst Vokabeln lernen, dann Spanischkurs)*

Tempora in Sätzen mit *nachdem*:
Hauptsatz: Präsens → Nebensatz: Perfekt (↑ S. 114)
Hauptsatz: Perfekt/Präteritum → Nebensatz: Plusquamperfekt (↑ S. 126)

Struktur

Hauptsatz			Nebensatz		
Wir	sehen	uns selten,	seitdem	du in München	wohnst.

Nebensatz			Hauptsatz	
Seitdem	du in München	wohnst,	sehen	wir uns selten.

B1 **456.** *Wohnungssuche.* Welche Konjunktion passt? Kreuzen Sie an.

Jessica hat sich in ihren Mitbewohner Dennis verliebt. Sie hat schon zwei Jahre in der WG gewohnt, ◯ *bevor* ◯ *während* (1) Dennis dort eingezogen ist. ◯ *Bevor* ◯ *Seitdem* (2) Jessica und Dennis ein Paar sind, suchen sie eine gemeinsame Wohnung. ◯ *Nachdem* ◯ *Seitdem* (3) sie lange gesucht hatten, haben sie endlich eine passende Wohnung gefunden. Die Wohnung muss aber erst noch renoviert werden. ◯ *Sobald* ◯ *Bis* (4) die Wohnung renoviert ist, können sie einziehen. ◯ *Sobald* ◯ *Bis* (5) sie einziehen können, wohnen sie noch zusammen in ihrer alten WG.

457. *Endlich Urlaub!* Schreiben Sie Sätze mit *nachdem*.

B1

von der Arbeit nach Hause kommen → den Koffer packen → ihren Freund abholen → beide zusammen zum Flughafen fahren → das Flugzeug nach Athen nehmen

Gegenwart	Vergangenheit
Nachdem Irene von der Arbeit nach Hause gekommen ist, packt sie den Koffer.	Nachdem Irene von der Arbeit nach Hause gekommen war, packte sie den Koffer.
Nachdem sie den Koffer… ______ (1)	Nachdem ______ (4)
Nachdem ______ (2)	Nachdem ______ (5)
Nachdem ______ (3)	Nachdem ______ (6)

458. Ergänzen Sie *bevor, nachdem, sobald, während.*

B1

- ______ (1) wir uns entschieden haben, den Urlaub in Tunesien zu verbringen, können wir doch jetzt einen Flug buchen.
- Ja, aber ______ (2) wir einen Flug buchen, würde ich gern die Preise vergleichen.
- Gut, ______ (3) du die Flugpreise vergleichst, suche ich inzwischen nach einem Hotel.
- Ja, ich gebe dir Bescheid, ______ (4) ich einen günstigen Flug gefunden habe.

Die Konjunktion *während* kann auch einen Gegensatz ausdrücken (adversativer Nebensatz):
▶ Während ich nur Englisch gelernt habe, spricht mein Freund auch gut Französisch und Spanisch.

459. Was wird hier ausgedrückt? Gleichzeitigkeit (🕒🕒) oder Gegensatz (≠)? Kreuzen Sie an.

B1

	🕒🕒	≠
1. Während ich frühstücke, höre ich die Nachrichten im Radio.	☐	☐
2. Während Hanna gut Geige spielt, ist ihr Bruder unmusikalisch.	☐	☐
3. Während Felix gern ins Museum geht, langweilt sich Lisa dort.	☐	☐
4. Während ich auf den Bus warte, lese ich Zeitung.	☐	☐

Kausale/konzessive Nebensätze: *weil, da, obwohl*

Luise bleibt heute im Bett, **weil** sie krank ist.

Luise arbeitet heute, **obwohl** sie krank ist.

weil	Luise geht nicht zur Arbeit, **weil** sie Fieber hat.	*Grund* *– schriftlich und mündlich* *– selten am Satzbeginn*
da	**Da** ihr Hausarzt im Urlaub ist, geht sie zu seinem Kollegen.	*Grund* *– vor allem schriftlich* *– oft am Satzbeginn*
obwohl, auch wenn	**Obwohl** sie lange geschlafen hat, geht es ihr immer noch nicht besser.	*„Gegengrund",* *„trotz der Tatsache, dass"*

In der Umgangssprache / in der gesprochenen Sprache hört man *weil* und *obwohl* manchmal **mit Verb an Position 2** (↑ S. 256):
▶ Ich komme nicht zur Arbeit, weil **ich bin krank.**
In der Standardsprache ist das nicht korrekt.

Struktur

Hauptsatz			**Nebensatz**		
Luise	bleibt	heute im Bett,	weil	sie krank	ist.

Nebensatz			**Hauptsatz**	
Weil	sie krank	ist,	bleibt	Luise heute im Bett.

A2 **460.** Was passt – *weil* oder *obwohl*? Kreuzen Sie an.

1. Er geht einkaufen, ◯ *weil* ◯ *obwohl* sein Kühlschrank leer ist.
2. Ich kann jetzt kein Auto kaufen, ◯ *weil* ◯ *obwohl* ich nicht genug Geld habe.
3. Sie geht zur Arbeit, ◯ *weil* ◯ *obwohl* sie keine Lust hat.
4. Wir haben das Spiel verloren, ◯ *weil* ◯ *obwohl* wir das bessere Team waren.
5. Ich mache das Licht an, ◯ *weil* ◯ *obwohl* es dunkel ist.
6. Er ist zu unserer Party gekommen, ◯ *weil* ◯ *obwohl* er nicht eingeladen war.
7. Er ist weitergefahren, ◯ *weil* ◯ *obwohl* die Ampel rot war.
8. Wir müssen das Buch kaufen, ◯ *weil* ◯ *obwohl* wir es im Kurs brauchen.

461. Schreiben Sie Sätze a) mit *weil* (Hauptsatz + Nebensatz) und b) mit *da* (Nebensatz + Hauptsatz). A2

1. Er spricht gut Deutsch. Er lebt schon lange in Deutschland.

a) Er spricht gut Deutsch, weil er schon lange in Deutschland lebt.

b) Da er schon lange in Deutschland lebt, spricht er gut Deutsch.

2. Sie kann jetzt studieren. Sie hat die Prüfung bestanden.

a) ______

b) ______

3. Ich habe viele Bücher. Ich lese gern.

a) ______

b) ______

4. Er will Kunst und Design studieren. Er malt und zeichnet gern.

a) ______

______

b) ______

______

462. Verbinden Sie die Sätze mit *weil* oder *obwohl.* (Verändern Sie nicht ihre Reihenfolge.) A2

1. Der Bus hatte Verspätung. Ich kam zu spät zur Arbeit.

______

2. Wir müssen den Installateur anrufen. Die Heizung ist kaputt.

______

3. Du hast es versprochen. Du bist nicht gekommen.

______

4. Ich kaufe das Auto nicht. Es ist mir zu teuer.

______

5. Ich habe viele Bewerbungen geschrieben. Ich habe keine Stelle gefunden.

______

6. Ich kann kein Geld abheben. Der Geldautomat ist kaputt.

______

7. Er macht nie Sport. Er ist immer fit.

______

Konditionale Nebensätze: *wenn, falls*

wenn	**Wenn** du mir hilfst, können wir früher gehen.	*Bedingung* *(häufiger verwendet als* falls*)*
falls	**Falls** du mir hilfst, können wir früher gehen.	*Bedingung*

In konditionalen Nebensätzen, die **irreale Bedingungen** ausdrücken, steht *wenn* mit dem Konjunktiv II (↑ S. 136):

Gegenwart	Wenn du mir **helfen würdest**,	**könnten** wir früher gehen.
Vergangenheit	Wenn du mir **geholfen hättest**,	**hätten** wir früher gehen **können**.

Wenn kann zwei Bedeutungen haben:	
temporal (wann?) (↑ S. 224)	*konditional (unter welcher Bedingung?)*
Immer wenn ich dich sehe, freue ich mich.	Wenn (= falls) du wieder gesund bist, lass uns zusammen ins Kino gehen.

Struktur

Hauptsatz				**Nebensatz**		
Wir	gehen	morgen	schwimmen,	wenn	die Sonne	scheint.

Nebensatz			**Hauptsatz**		
Wenn	die Sonne	scheint,	gehen	wir	schwimmen.

A2 **463.** Was passt? Ergänzen Sie.

wenn ich im Lotto gewinne • wenn das Wetter so schön bleibt • wenn du Fieber hast • wenn du die Prüfung bestehen willst • falls du deinen vergessen hast

1. ______________________________, mache ich eine Weltreise.
2. Du solltest im Bett bleiben, ______________________________.
3. Ich kann dir einen Stift leihen, ______________________________.
4. Du musst mehr lernen, ______________________________.
5. ______________________________, können wir ein Picknick machen.

464. *Regeln für den Straßenverkehr.* Schreiben Sie Sätze mit *wenn* (Nebensatz + Hauptsatz). A2

1. Man hat keinen Führerschein. Man darf nicht Auto fahren.

___

2. Man fährt mit dem Auto. Man soll keinen Alkohol trinken.

___

3. Es ist dunkel. Man muss das Licht einschalten.

___

4. Die Ampel ist rot. Man muss stehen bleiben.

___

5. Auf der Straße liegt Schnee. Man braucht Winterreifen.

___

465. Bezug auf die Gegenwart (G) oder die Vergangenheit (V)? Schreiben Sie irreale Sätze mit *wenn* und dem Verb im Konjunktiv II (Gegenwart oder Vergangenheit). B1

	G	V
1. Ich habe kein Geld. Ich kaufe kein Auto. Wenn ich Geld hätte, würde ich mir ein Auto kaufen.	☒	☐
2. Gestern hatte ich keine Zeit. Ich habe dich nicht angerufen. Wenn ich Zeit gehabt hätte, ...	☐	☒
3. Du hast zu wenig gelernt. Du hast die Prüfung nicht bestanden. Wenn du mehr ...	☐	☐
4. Du bist zu schnell gefahren. Der Unfall ist passiert. Wenn du nicht ...	☐	☐
5. Sie hat keinen Fahrschein. Sie muss Strafe zahlen. Wenn sie einen ...	☐	☐
6. Sie ist zu spät gekommen. Sie hat den Zug verpasst. Wenn sie nicht ...	☐	☐
7. Er bewirbt sich nicht. Er bekommt die Stelle nicht. Wenn er sich ...	☐	☐

Alles verstanden?

A2 **466.** Kreuzen Sie die richtige Konjunktion an.

1. Ich konnte dich nicht anrufen, ○ *weil* ○ *denn* ich habe deine Nummer nicht mehr.

2. Ich kann meine Brille nicht finden, ○ *weil* ○ *obwohl* ich schon überall gesucht habe.

3. Er kann diese Aufgabe nicht lösen, ○ *weil* ○ *obwohl* sie für ihn zu schwierig ist.

4. ○ *Weil* ○ *Obwohl* mir das Kleid sehr gut gefällt, kaufe ich es nicht,
○ *denn* ○ *obwohl* ich finde es zu teuer.

5. Ich kann mich nicht anmelden, ○ *weil* ○ *obwohl* ich mein Passwort vergessen habe.

6. Ich konnte gestern nicht einschlafen, ○ *weil* ○ *obwohl* ich gestern Abend zu viel Kaffee getrunken hatte.

7. ○ *Weil* ○ *Obwohl* der Eintritt sehr teuer ist, habe ich eine Karte gekauft,
○ *weil* ○ *denn* auf dem Festival spielt meine Lieblingsband.

A2 **467.** Schreiben Sie Konditionalsätze mit *wenn* (Nebensatz + Hauptsatz).

1. Sie sind gestresst und brauchen Entspannung? Besuchen Sie unser Wellness-Studio.

2. Sie brauchen einen günstigen Kredit? Dann rufen Sie uns an.

3. Sie wollen sich beruflich weiterqualifizieren? Wir beraten Sie gern.

4. Du bist neu in der Stadt und suchst noch ein Zimmer? Wir helfen dir.

5. Sie wollen einen besonderen Urlaub machen? Buchen Sie bei uns eine Abenteuerreise.

6. Sie wollen nicht mehr jeden Tag im Stau stehen? Unser Monatsticket für Busse und U-Bahnen ist das Richtige für Sie.

1. *Wenn Sie gestresst sind und Entspannung brauchen, besuchen Sie ...*
____

2. ______________________________

3. ______________________________
____

4. ______________________________
____

5. ______________________________
____

6. ______________________________
____

468. *Eine Urlaubskarte.* Ergänzen Sie die Konjunktionen.

B1

als • bevor • nachdem • sobald

Hallo, Ihr Lieben,

_______________ (1) *wir uns auf der Anreise immer wieder verfahren hatten, sind wir gut auf Rügen angekommen. Am ersten Tag,* ___________ (2) *wir hier ankamen, war alles ganz ruhig, aber gestern haben Bauarbeiten im Hotel begonnen. Hoffentlich hört das wieder auf,* ________________ (3) *unser Urlaub zu Ende ist. Wir melden uns,*

________________ (4) *wir wieder zu Hause sind.*

Liebe Grüße *Lea und Mark*

Franziska und Pascal Schmitt
Dielmannstraße 50

34626 Neukirchen

469. Ergänzen Sie die Konjunktionen *bevor, bis, seit, während.*

B1

1. ________________ ich hier wohne, habe ich schon viele Leute kennengelernt.
2. Auf dem Bürgeramt muss man eine Nummer ziehen und dann muss man warten, ________________ die Nummer auf der Anzeige erscheint.
3. Im Auto muss man sich anschnallen, ________________ man losfährt.
4. ________________ man mit dem Auto fährt, soll man nicht telefonieren.

470. Schreiben Sie irreale Konditionalsätze mit *wenn* und dem Verb im Konjunktiv II (Gegenwart).

B1

1. viel Geld haben → jedes Jahr Urlaub in der Karibik machen *(Regina)*
   Wenn Regina viel Geld hätte, würde sie jedes Jahr Urlaub in der Karibik machen.
2. nicht drei Kinder haben → mehr ausgehen *(Frank)*
   ____
3. nicht studieren → schon Geld verdienen können *(Levi)*
   ____
4. in den Alpen leben → jedes Wochenende wandern gehen *(Maja)*
   ____

Finale Nebensätze: *damit, um … zu*

Ich beeile mich …

… **damit** der Bericht schnell fertig **ist**.

… **um** früh nach Hause gehen **zu können**.
… **damit** ich früh nach Hause gehen **kann**.

Nebensätze mit *damit* und Infinitivkonstruktionen mit *um … zu* drücken ein **Ziel** aus.

Verschiedene Subjekte in Haupt- und Nebensatz: *damit*

Ich beeile mich. — **Meine Kollegen** wollen den Bericht um 16 Uhr haben.
Meine Kollegen sollen den Bericht um 16 Uhr haben.

→ **Ich** beeile mich, **damit meine Kollegen** den Bericht um 16 Uhr haben.

Gleiches Subjekt in Haupt- und Nebensatz: *damit* oder *um … zu*

Ich beeile mich. — **Ich** möchte schneller fertig sein.
Ich will schneller fertig sein.

→ **Ich** beeile mich, **damit ich** schneller fertig bin.
= **um** schneller fertig **zu** sein.

Die Modalverben *wollen/„möcht-"/sollen* benutzt man in Sätzen mit *damit / um … zu* **nicht**.

Struktur

Hauptsatz			**Nebensatz**		
Ich	beeile	mich,	damit	meine Kollegen den Bericht um 16 Uhr	haben.
Ich	beeile	mich,	um	schneller fertig	zu sein.

Nebensatz			**Hauptsatz**	
Damit	meine Kollegen den Bericht um 16 Uhr	haben,	beeile	ich mich.
Um	schneller fertig	zu sein,	beeile	ich mich.

Wenn das Subjekt identisch ist, ist *um … zu* oft stilistisch besser als *damit.*

471. Verschiedene Subjekte (≠) oder gleiches Subjekt (=)? Kreuzen Sie an. B1

	≠	=
1. Emily schreibt einen Brief. Sie will ihrer Oma zum Geburtstag gratulieren.	▢	▢
2. Sie geht zur Post. Sie will den Brief absenden.	▢	▢
3. Sie will den Brief heute noch absenden. Er soll rechtzeitig bei ihrer Oma ankommen.	▢	▢
4. Der Brief soll rechtzeitig bei der Oma ankommen. Sie soll sich freuen.	▢	▢

472. Schreiben Sie die Sätze aus Übung **471** mit *damit* oder, wenn möglich, mit *um … zu.* B1

1. ____________________

2. ____________________

3. ____________________

4. ____________________

473. Antworten Sie in kurzen Sätzen mit *damit* oder, wenn möglich, mit *um … zu.* B1

1. Warum fährst du nach München? *(Ich will meine Eltern besuchen.)*

Um meine Eltern zu besuchen.

2. Warum rufst du beim Arzt an? *(Ich will einen Termin vereinbaren.)*

____

3. Warum soll ich das Fenster schließen? *(Es soll nicht ins Zimmer regnen.)*

____

4. Warum rufst du Andreas an? *(Er soll auf mich warten.)*

____

5. Warum isst du so viel Obst? *(Ich will mich gesund ernähren.)*

____

6. Warum kaufst du deinem Sohn ein Handy? *(Er soll erreichbar sein.)*

____

7. Warum lernt ihr so viel? *(Wir wollen die Prüfung bestehen.)*

____

8. Warum beeilst du dich so? *(Wir wollen den Zug nicht verpassen.)*

____

Konsekutive Nebensätze: *sodass, so … dass*

Der Film war **so** langweilig, **dass** ich eingeschlafen bin.

Konsekutive Nebensätze drücken eine **Folge** aus.

	Ursache (Hauptsatz)	**Folge (Nebensatz)**
sodass	Die U-Bahn fuhr nicht,	**sodass** ich zu spät zum Kino kam.

Man kann *sodass* auch trennen. Dann steht *so* im Hauptsatz vor dem Adjektiv/Adverb:

so … dass	Der Film war **so** langweilig,	**dass** wir früher gegangen sind.

Struktur

Hauptsatz			**Nebensatz**		
Die U-Bahn	fuhr	nicht,	sodass	ich zu spät zum Kino	kam.

Nebensätze mit *sodass* und *so … dass* können **nicht vor** einem Hauptsatz stehen.

B1

474. *Winterwetter.* Schreiben Sie Sätze mit *so … dass.*

1. Vor einigen Jahren hat es hier viel geschneit. Wir mussten jeden Tag Schnee räumen.

2. Es war kalt. Man musste Tag und Nacht heizen.

3. Einmal war über Nacht viel Schnee gefallen. Es konnten keine Busse fahren und der Unterricht musste ausfallen.

4. Der Schnee lag hoch. Sogar die Räumfahrzeuge kamen kaum voran.

5. Manchmal waren die Fußwege glatt. Man musste beim Gehen sehr aufpassen.

475. *Stress am Morgen.* Schreiben Sie Sätze mit *sodass*. B1

1. Meine Nachbarn haben die ganze Nacht gefeiert. Ich konnte nicht einschlafen.

   ____

2. Ich wachte heute Morgen zu spät auf. Ich hatte keine Zeit zum Frühstücken.

   ____

3. Ich habe meine Sachen in großer Eile gepackt. Ich vergaß meinen Autoschlüssel.

   ____

4. Der Schlüssel war noch in der Wohnung. Ich musste wieder zurückgehen.

   ____

5. Mein Auto wollte nicht anspringen. Ich bat einen Nachbarn um Hilfe.

   ____

6. Ich fuhr erst später los als üblich. Ich kam in einen Stau.

   ____

7. Ich stand im Stau. Ich kam zu spät zur Arbeit.

   ____

476. *Quiz.* Bilden Sie Fragen mit *so … dass*. B1

1. Das Tier ist intelligent. Es kann sich in einem Spiegel erkennen.

   Welches Tier …

2. Das Bauwerk ist bekannt. Es wurde für die deutschen Münzen ausgewählt.

   ____

3. Ein Berg in Deutschland ist hoch. Dort liegt auch im Sommer oft Schnee.

   ____

477. Schreiben Sie Sätze mit *sodass* oder *so … dass*. B1

1. Mein Sohn hat noch keine Ferien. Wir können jetzt noch nicht in Urlaub fahren. *(sodass)*

   ____

   ____

2. Das Buch war spannend. Ich habe es an einem Tag gelesen. *(so … dass)*

   ____

   ____

Vergleichssätze und modale Nebensätze

Je kälter es ist, **desto** wärmer muss man sich anziehen.

Vergleichssätze

Einfacher Hauptsatz (↑ S. 64)	**Hauptsatz + Nebensatz**
In Lissabon ist es heute **so (= genauso) kalt** **wie** in Hamburg.	In Hamburg ist es heute nicht **so kalt**, **wie** ich es **erwartet habe**.
In Hamburg ist es heute **kälter** **als** in Lissabon.	In Lissabon ist es heute **kälter**, **als** ich es **erwartet habe**.

Je **+ Komparativ** … ***desto/umso*** **+ Komparativ**

▶ **Je** höher ein Ort liegt, **desto/umso** kälter ist es dort.

Modalsätze

indem	Art und Weise	Ich wärme mich auf, **indem** ich einen heißen Tee trinke.
ohne dass / ohne … zu	Handlung, die nicht stattfindet	Mein Freund ist nach Lissabon geflogen, **ohne dass** er den Wetterbericht gelesen hat. = **ohne** den Wetterbericht **zu** lesen.

Struktur

Vergleichssätze mit *als/wie*

Hauptsatz			**Nebensatz**		
In Hamburg	ist	es so kalt,	wie	ich es erwartet	habe.

Vergleichssätze mit *je … desto/umso*

Nebensatz			**Hauptsatz**			
Je kälter	es	ist,	desto wärmer	ziehe	ich mich	an.

Modalsätze mit *indem*

Hauptsatz			**Nebensatz**		
Ich	schütze	mich vor der Kälte,	indem	ich mich warm	anziehe.

Nebensatz			**Hauptsatz**	
Indem	ich mich warm	anziehe,	schütze	ich mich vor der Kälte.

478. *Bewertung auf einem Reiseportal.* Ergänzen Sie *als* oder *wie*. B1

Barbara, 30, Zürich	**Campingplatz „Sonne", Hausen**	**4 von 5 Sternen**
Der Campingplatz ist insgesamt schöner, __________ (1) wir erwartet haben, und die Duschen sind wirklich sehr modern und groß – genau so, __________ (2) man sie auf den Fotos im Internet sehen kann. Der Platz liegt außerhalb des Ortes an einem kleinen Fluss, und es ist hier so ruhig, __________ (3) man es sich nur wünschen kann. Allerdings ist der Platz nicht so leicht zu finden, __________ (4) es auf der Homepage angegeben ist.		
Mehr …	**Hilfreich? 5**	**Problem melden**

479. *Tipps zur Prüfungsvorbereitung.* Schreiben Sie Sätze mit *indem*. B1

1. Wie kann man sich seine Zeit besser einteilen? *(einen Lernplan aufstellen)*

   Man kann sich seine Zeit besser einteilen, indem …

2. Wie kann man im Team lernen? *(sich gegenseitig den Stoff erklären)*

   ____

3. Wie kann man sich nach dem Lernen erholen? *(Sport machen)*

   ____

480. Schreiben Sie Sätze mit *je … desto*. B1

1. Andreas wird älter. → Er sieht seiner Mutter ähnlich.

   Je älter Andreas wird, …

2. Ich schlafe am Wochenende lange. → Ich bin müde.

   ____

3. Ein Buch ist populär. → Ich finde es meistens schlecht.

   ____

481. Schreiben Sie Sätze mit *ohne … dass* oder, wenn möglich, mit *ohne … zu*. B1

Wer war das? Er ist gekommen, ohne … __________ *(wir haben ihn nicht eingeladen)* (1). Er hat sich als Erster am Buffet bedient, ohne … __________ *(er hat nicht gefragt)* (2), und dann ist er wieder gegangen, ohne … __________ *(er hat sich nicht verabschiedet)* (3).

Alles verstanden?

B1

482. Verschiedene Subjekte (≠) oder gleiches Subjekt (=)? Kreuzen Sie an.

	≠	=
1. Wir müssen sofort losgehen. Wir wollen den Bus nicht verpassen.	◯	◯
2. Wir müssen uns beeilen. Die Kinder sollen nicht zu spät zur Schule kommen.	◯	◯
3. Du solltest einen Regenschirm mitnehmen. Du sollst nicht nass werden.	◯	◯
4. Pass besser auf dein Portemonnaie auf. Sonst wird es dir wieder gestohlen.	◯	◯
5. Wir müssen heute fertig werden. Sonst bekommen wir Ärger.	◯	◯

B1

483. Schreiben Sie die Sätze aus Übung **482** mit *damit* und, wenn möglich, auch mit *um … zu*.

1. ______________________________

____

2. ______________________________

____

3. ______________________________

____

4. ______________________________

____

5. ______________________________

____

B1

484. Welcher Nebensatz passt? Kreuzen Sie an.

1. Dieses Restaurant ist immer gut besucht,

◯ **a)** weil das Essen dort sehr gut ist.

◯ **b)** obwohl das Essen dort sehr gut ist.

◯ **c)** sodass das Essen dort sehr gut ist.

2. Ich habe heute dort angerufen,

◯ **a)** obwohl ich einen Tisch reserviere.

◯ **b)** um einen Tisch zu reservieren.

◯ **c)** sodass ich einen Tisch reserviere.

3. Leider war schon alles ausgebucht,

◯ **a)** damit ich so frühzeitig dran war.

◯ **b)** obwohl ich so frühzeitig dran war.

◯ **c)** sodass ich so frühzeitig dran war.

4. Ich habe jetzt woanders reserviert,

◯ **a)** da wir essen gehen können.

◯ **b)** wenn wir essen gehen können.

◯ **c)** sodass wir essen gehen können.

485. Schreiben Sie Sätze mit *sodass* oder *so … dass*.

B1

1. Heute ist es neblig. Man sieht kaum die Hand vor den Augen. *(so … dass)*

____

2. Die U-Bahn schließt die Türen. Wir müssen auf die nächste warten. *(sodass)*

____

3. Das Bild gefällt mir gut. Ich würde es am liebsten kaufen. *(so … dass)*

____

4. Sie hat die Aufnahmeprüfung bestanden. Sie kann jetzt Kunst studieren. *(sodass)*

____

486. Schreiben Sie Sätze mit *je … desto*.

B1

1. Du lernst viel. Deine Prüfung wird gut.

______________________________.

2. Deine Noten sind gut. Du findest leicht eine Stelle.

______________________________.

3. Du findest schnell eine Stelle. Du verdienst früh Geld.

______________________________.

487. Schreiben Sie Sätze mit *ohne … zu*.

B1

Es soll Menschen geben, die eine Sprache lernen, *ohne …* ______________________________ *(sie besuchen keinen Kurs)* (1). Und mein Nachbar behauptet, dass er die Prüfung bestehen kann, *ohne …* ______________________________ *(er lernt nicht)* (2) – Ja, es gibt auch Menschen, die Geld verdienen, *ohne …* ______________________________ *(sie arbeiten nicht)* (3).

488. *Gesundheitstipps.* Schreiben Sie Sätze mit *indem*.

B1

Halten Sie sich fit, indem Sie …

______________________________ (1).

______________________________ (2).

______________________________ (3).

______________________________ (4).

Tipps für Ihre Gesundheit

- *Achten Sie auf gesunde Ernährung.*
- *Treiben Sie regelmäßig Sport.*
- *Vermeiden Sie Ärger und Stress.*
- *Suchen Sie neue Herausforderungen.*

Groß- und Kleinschreibung

Nomen

Nomen schreibt man groß.	der Mann, die Frau, das Kind
Auch Wörter anderer Wortarten kann man als Nomen verwenden, z. B.	
– Verben (↑ S. 84)	das Schlafen, langes Schlafen
– Adjektive und Partizipien (↑ S. 68)	viel Neues, die Verletzten
– Zahlwörter (↑ S. 72, 74)	der Erste, der Zweite

Vor **nominalisierten (= substantivierten) Verben** steht meist ein Artikel *(der/das/die)*, eine Präposition *(auf, ohne, mit ...)*, ein Adjektiv *(langes, großes ...)* oder eine Verbindung (Verschmelzung) aus Artikel und Präposition *(beim [= bei dem], aufs [= auf das] ...)*:
▶ das Singen, regelmäßiges Singen, beim Singen

Vor **nominalisierten (= substantivierten) Adjektiven** steht meist ein Artikelwort *(der/das/die, mein-, dein- ...)* oder ein Indefinitpronomen *(etwas, alles ...)*
▶ das Beste, ihre Bekannten, etwas Wichtiges

Namen

Eigennamen schreibt man groß, z. B.	
– Personennamen	Albert Einstein
– geografische Namen	Europa, Hessen, Berlin, Bodensee, Rhein
– Namen von Institutionen	der Deutsche Bundestag
– historische Ereignisse	die Französische Revolution

Pronomen

Die Anredepronomen *du* und *ihr* und die Possessivpronomen/-artikel *dein* und *euer* schreibt man klein. Nur in Briefen, E-Mails und Kurznachrichten kann man sie (in allen Formen) groß- oder kleinschreiben. (↑ S. 34)	Wie geht es dir und deiner Familie? Hallo, Maike, danke für Deine/deine Karte! Ich freue mich, dass Du/du nächste Woche zu uns kommst. [...]
Das höfliche Anredepronomen *Sie* und das Possessivpronomen / den Possessivartikel *Ihr* bei der Anrede schreibt man immer groß. (↑ S. 34)	Wie geht es Ihnen und Ihrer Familie? Ich habe Sie gestern angerufen.

Am Satzanfang

Am Satzanfang schreibt man groß.	Ich habe ein Kleid gekauft.
Der Satz kann auch nach einem Doppelpunkt beginnen.	Bitte denk daran: Wenn du nicht kommen kannst, ruf uns an.
Wenn kein ganzer Satz nach dem Doppelpunkt steht, schreibt man klein.	Ich habe heute Kleidung gekauft: zwei Hemden, eine Jacke und Handschuhe.

489. Infinitive – groß oder klein? Kreuzen Sie an.

1. Ich gehe heute Abend ☐ *Schwimmen* ☐ *schwimmen.*
2. Beim ☐ *Lesen* ☐ *lesen* kann ich mich gut entspannen.
3. Mein Hobby ist das ☐ *Sammeln* ☐ *sammeln* von kleinen Krokodilfiguren.
4. Heute Abend will ich ☐ *Backen* ☐ *backen.*
5. Frühes ☐ *Aufstehen* ☐ *aufstehen* mag ich gar nicht.

490. Schreiben nach dem Doppelpunkt – groß oder klein? Kreuzen Sie an.

1. Hier gibt es zwei Restaurants: ☐ *Ein* ☐ *ein* japanisches und ein griechisches.
2. Wir haben einen neuen Stundenplan: ☐ *Am* ☐ *am* Montagmorgen beginnt der Unterricht erst um 8:45 Uhr.
3. Ich weiß es erst seit gestern: ☐ *Unsere* ☐ *unsere* Firma zieht nach Stuttgart.

Der Superlativ mit ***am ...sten*** (↑ S. 64) wird immer kleingeschrieben.

491. Groß oder klein? Kreuzen Sie an. Manchmal sind zwei Möglichkeiten korrekt.

Liebe Lara,

ich wünsche ☐ *Dir* ☐ *dir* (1) alles ☐ *Gute* ☐ *gute* (2) zum Geburtstag! Machst ☐ *Du* ☐ *du* (3) heute etwas ☐ *Schönes* ☐ *schönes* (4)? Sind ☐ *Deine* ☐ *deine* (5) ☐ *Verwandten* ☐ *verwandten* (6) zu Besuch?

Bei mir gibt es nicht viel ☐ *Neues* ☐ *neues* (7). Ich fahre ☐ *nächste* ☐ *Nächste* (8) Woche in den Urlaub; am ☐ *besten* ☐ *Besten* (9) telefonieren wir danach einmal!

Liebe Grüße

Miriam

492. *Am Telefon.* Groß oder klein? Kreuzen Sie an.

1. Guten Tag, Frau Maier, ich möchte ☐ *Sie* ☐ *sie* und ☐ *Ihren* ☐ *ihren* Mann herzlich zu meinem Jubiläum am 28. August einladen. – Vielen Dank, wir kommen gern!
2. Warum ist Theresa mit dem Auto gefahren? – Sie hat ☐ *Ihr* ☐ *ihr* Fahrrad letzte Woche zur Werkstatt gebracht.
3. Hallo, Otto, was machst ☐ *Du* ☐ *du* morgen? – Ich gehe ins Schwimmbad.

Rechtschreibung

Getrennt- und Zusammenschreibung

Zusammensetzungen mit Nomen

Zusammengesetzte Nomen schreibt man zusammen. (↑ S. 82)	Apfelkuchen, Kochtopf, Nebeneingang
Auch wenn man Wortgruppen mit einem Infinitiv nominalisiert (= substantiviert), schreibt man zusammen.	spazieren gehen → das Spazierengehen Brot backen → das Brotbacken

Verbindungen mit Verben als zweitem Teil

Verbindungen von Verb und Verb schreibt man meistens getrennt.* (↑ S. 148)	schwimmen lernen, spazieren gehen, *(jemanden)* gehen sehen
Verbindungen mit dem Verb *sein* schreibt man immer getrennt.	auf sein, da sein, zusammen sein, fertig sein
Verbindungen aus Nomen und Verb schreibt man meistens getrennt.	Rad fahren, Klavier spielen *Ausnahmen:* leidtun, teilnehmen ...
Verbindungen aus einem einfachen Adjektiv und einem einfachen Verb schreibt man getrennt oder zusammen, wenn das Adjektiv das Ergebnis der Handlung beschreibt.	*(etwas)* kaputt machen / kaputtmachen, *(etwas)* klein schneiden / kleinschneiden
Verbindungen aus einem Adjektiv und einem Verb schreibt man zusammen, wenn sie eine neue Gesamtbedeutung haben.	fernsehen, *(eine Datei)* hochladen, *(ein Wort)* kleinschreiben

* *In bestimmten Fällen kann man zusammen- oder getrennt schreiben.*

Grundzahlen

Grundzahlen schreibt man als Wörter zusammen, wenn sie kleiner als eine Million sind.	dreiundvierzig, zweihundertdrei, drei Millionen zweihunderttausend

Laut-Buchstaben-Zuordnung

ss/ß

Wenn ein stimmloser *s*-Laut [s] nach einem **kurzen Vokal** steht, schreibt man *ss*.	vergessen, Tasse, interessant
Wenn ein stimmloser *s*-Laut [s] nach einem **langen Vokal** steht, schreibt man *ß*.*	Straße, groß, grüßen draußen, heiß

* *In der Schweiz benutzt man kein ß, nur ss.*

eu/äu

Den Laut [ɔɪ̯] gibt man im Deutschen mit den Buchstaben *eu* wieder.	neu, Freund, Feuer
Wenn es ein verwandtes Wort mit *au* gibt, schreibt man den Laut [ɔɪ̯] als äu.	Häuser (*wegen* Haus) käuflich (*wegen* Kauf)

493. Getrennt oder zusammen? Schreiben Sie zusammengesetzte Nomen (↑ S. 82) und Zahlen in Wörtern (↑ S. 72).

1. Unser ________________________ *(Markt + Platz)* ist sehr schön.
2. Im ________________________ *(wohnen + Zimmer)* steht unser Klavier.
3. Wie ist sein ________________________ *(nach + Name)*?
4. In meiner ________________________ *(frei + Zeit)* lese ich gern.
5. Zum Seminar sind ________________ *(25)* Teilnehmer und Teilnehmerinnen gekommen.
6. Deutschland hat mehr als ________________________ *(82 000 000)* Einwohner/-innen.

> Wenn man eine Verbindung mit einem Verb im Infinitiv zusammenschreibt, schreibt man auch das Partizip Perfekt (↑ S. 114, 116) und den Infinitiv mit *zu* (↑ S. 212) zusammen.
> ▸ fernsehen, ferngesehen, fernzusehen
> ▸ *aber:* schlafen gehen, schlafen gegangen, schlafen zu gehen

494. Getrennt oder zusammen? Setzen Sie die Wörter in der richtigen Form ein.

1. Ich habe dich nicht ________________________ *(kommen) (hören)*.
2. Seid ihr gestern ________________________ *(spazieren) (gehen)*?
3. Man muss daran denken, Nomen ________________________ *(groß) (schreiben)*.
4. Kannst du schon ________________________ *(Auto) (fahren)*?
5. Beim ________________________ *(Auto) (fahren)* bin ich immer gestresst.
6. Ich werde immer für dich ________________________ *(da) (sein)*.
7. Kannst du bitte die Suppe ________________________ *(warm) (machen)*?

495. Setzen Sie *ß* oder *ss* ein.

1. sü___	**5.** Fu___ball	**9.** na___	**13.** be___er
2. Wa___er	**6.** Ka___e	**10.** Flu___	**14.** Ki___en
3. wei___	**7.** Stra___e	**11.** mü___en	**15.** äu___erlich
4. gro___	**8.** drau___en	**12.** au___erhalb	**16.** la___en

496. Setzen Sie *äu* oder *eu* ein.

1. B_äu_me	**3.** ankr___zen	**5.** ___ro	**7.** Eink___fe
2. r___mlich	**4.** h___te	**6.** L___fer	**8.** L___te

Welche verwandten Wörter/Wortformen mit *au* kennen Sie zu den Wörtern mit *äu*?

1. Baum

Zeichensetzung

Das Komma zwischen Sätzen

Das Komma steht zwischen Haupt- und Nebensatz.	Wenn du mich anrufst, komme ich gern. Der Junge, den ich kenne, heißt Leon.
Das Komma steht zwischen zwei Hauptsätzen. Wenn die Hauptsätze mit *und* oder *oder* verbunden sind, *kann* ein Komma gesetzt werden.	Vera geht ins Theater, Peter geht ins Kino. Vera geht ins Theater(,) und Peter geht ins Kino.
Vor *aber* und *sondern* steht immer ein Komma.	Vera geht ins Theater, aber Peter geht ins Kino.

Das Komma bei Infinitiven mit *zu* (↑ S. 212)

Infinitivgruppen mit *zu* **kann** man durch Komma abtrennen.	Ich habe versucht(,) dich anzurufen.
Man **muss** Infinitivgruppen mit *zu* durch Komma abtrennen, ... wenn man sie mit ***als, statt, außer, ohne, um*** einleitet. ... wenn sie von einem **Nomen** abhängen. ... wenn sie von einem **hinweisenden Wort** abhängen (z. B. *es, daran, darauf* usw., ↑ S. 50, S. 166).	 Er ist gegangen, **ohne** zu bezahlen. Sie hat keine **Zeit**, in den Urlaub zu fahren. Denk **daran**, heute pünktlich zu kommen.
Ein einfacher Infinitiv mit *zu* (nur *zu* + Verb) kann immer mit oder ohne Komma stehen.	Sie hat keine Zeit(,) zu kommen.

Zeichensetzung bei wörtlicher Rede

Die wörtliche Rede steht in Anführungszeichen („...“).	„Morgen besuchst du Martin.“
Fall A: Der Begleitsatz steht davor.	Lisa sagt: „Morgen besuchst du Martin.“ _____: „~~~~~~.“ _____: „~~~~~~?“ _____: „~~~~~~!“
Fall B: Der Begleitsatz steht dahinter.	„Morgen besuchst du Martin“, sagt Lisa. „~~~~~~“, _____. „~~~~~~?“, _____. „~~~~~~!“, _____.
Fall C: Der Begleitsatz steht in der Mitte.	„Morgen“, sagt Lisa, „besuchst du Martin.“ „~~~“, _____, „~~~~~.“ „~~~“, _____, „~~~~~?“ „~~~“, _____, „~~~~~!“

497. Haupt- und Nebensätze. Setzen Sie die fehlenden Kommas ein.

Bald beginnen die Sommerferien und Familie Riemann plant ihren Urlaub. Christoph und Constanze wollen mit ihren Kindern nach Norderney fahren weil sie alle gern am Meer sind. Der kleine Felix möchte am liebsten den ganzen Tag am Strand spielen und schwimmen aber seine Schwester Klara will auch reiten. Im Internet finden sie eine Reitschule die auch Kurse für Kinder anbietet. Sie entscheiden dass Christoph mit Klara nachmittags zur Reitschule geht und reservieren eine Ferienwohnung in der Nähe.

498. Einfache Infinitive und Infinitivgruppen. Setzen Sie die fehlenden Kommas ein.

1. Ich habe dich angerufen__ um dir zum Geburtstag zu gratulieren.
2. Ich habe vergessen__ einzukaufen.
3. Er hat dir doch versprochen__ pünktlich zu kommen.
4. Hast du Interesse__ am Samstag mit mir Tennis zu spielen?
5. Erinnerst du mich bitte daran__ morgen die Bücher zurückzubringen?

Bei Vergleichen mit *als, wie, so… wie* steht kein Komma, wenn man Satzteile verbindet. Ein Komma steht aber, wenn der Vergleich ein Nebensatz ist:
▸ In Hamburg ist es so kalt wie in Lissabon.
▸ In Hamburg ist es so kalt, wie ich es erwartet hatte (↑ S. 238).

499. Nebensatz oder kein Nebensatz? Setzen Sie die fehlenden Kommas ein.

1. Ich bin beim Marathon so schnell gelaufen__ wie im Training.
2. Ich bin beim Marathon schneller gelaufen__ als ich dachte.
3. Er hat sich so entschuldigt___ wie seine Kollegin es gehofft hatte.
4. Er sieht genauso aus___ wie sein Vater vor zwanzig Jahren.

500. Wörtliche Rede. Setzen Sie die Anführungszeichen, Kommas und Doppelpunkte.

1. Marco sagt Ich möchte jetzt nach Hause gehen.
2. Stefania fragt ihren Lehrer Warum schreibt man dieses Wort groß?
3. Meine Mutter erklärt er habe ich schon gestern besucht.
4. Herzlichen Glückwunsch sagte er fröhlich.
5. Besuchst du mich morgen? fragt sie ihn.

Gendern: Doppelnennung, geschlechtsneutrale Nomen

Im Deutschen gibt es maskuline und feminine Formen für Personen, z. B. *der Schüler* (Pl. *die Schüler*) und *die Schülerin* (Pl. *die Schülerinnen*) (↑S. 84).

Wenn **maskuline Formen** verwendet werden, ist sprachlich **nicht immer eindeutig,** ob **nur Männer oder auch andere Personen** gemeint sind.

Der Obstladen hat fünf **Mitarbeiter** (= maskuline Form).

(Mit der maskulinen Form sind hier Mitarbeiter und Mitarbeiterinnen gemeint.)

„Gendern" (gesprochen: ['dʒɛndɐn]) bedeutet, dass man **Männer und Frauen (oder alle Geschlechter) sprachlich sichtbar macht.** Immer mehr Texte werden gegendert. Es gibt verschiedene Möglichkeiten dazu.

Man kann z. B. **die feminine und die maskuline Form** nennen **(„Doppelnennung")**:

Der Obstladen hat fünf **Mitarbeiterinnen und Mitarbeiter** (oder: **Mitarbeiter und Mitarbeiterinnen**).

Eine andere Möglichkeit ist es, **geschlechtsneutrale Nomen** zu verwenden, z. B.:

Personen	Mensch, Person, Mitglied, Gast, Fan, Profi, Star	
Abstrakta, Kollektive	Leitung, Publikum, Vertretung, Team	
Nominalisierungen (= Substantivierungen) (↑S. 68) im Plural	die Kranken, die Verwandten, die Verantwortlichen	(Adjektiv)
	die Studierenden, die Reisenden, die Lernenden	(Partizip Präsens)
	die Gewählten, die Eingeladenen, die Angestellten	(Partizip Perfekt)

Nominalisierungen sind **nur im Plural geschlechtsneutral** (= haben *eine* Form für alle Geschlechter):
- ▶ der Kranke (Mask. Singular), die Kranke (Fem. Singular), die Kranken (Plural)
- ▶ der Reisende (Mask. Singular), die Reisende (Fem. Singular), die Reisenden (Plural)

501. In welchen Sätzen gendert der Lehrer?

Der Lehrer berichtet:

1. „Viele Deutschlerner hören auch deutschsprachige Musik."
2. „Viele Deutschlernende hören auch deutschsprachige Musik."
3. „Viele Deutschlernerinnen und Deutschlerner hören auch deutschsprachige Musik."

502. *Doppelnennungen.* Bilden Sie die feminine Form zu den folgenden Nomen (↑ S. 84).

1. Ärzte und Ärztinnen	5. Anwälte und ______
2. Piloten und ______	6. ______ und Kollegen
3. ______ und Zuschauer	7. ______ und Migranten
4. ______ und Köche	8. Kursleiter und ______

503. In jeder Reihe befindet sich eine geschlechts*neutrale* Pluralform. Kreuzen Sie sie an.

1. ☒ Leute	○ Handwerkerinnen	○ Käufer	○ Schauspieler
2. ○ Trainerinnen	○ Angestellte	○ Leiter	○ Enkel
3. ○ Nichtraucher	○ Opfer	○ Männer	○ Praktikanten
4. ○ Kranke	○ Touristinnen	○ Lehrer	○ Übersetzer
5. ○ Zuschauerinnen	○ Zeugen	○ Bewerberinnen	○ Jugendliche

504. Bilden Sie Sätze mit geschlechts*neutralen* Bezeichnungen.

~~die Klasse~~ • Mitarbeitende *(Pl.)* • die Schulleitung • die Studierenden • das Publikum

1. Die Schülerinnen und Schüler haben gestern einen Ausflug gemacht.
   Die Klasse hat gestern einen Ausflug gemacht.
2. Der Schulleiter oder die Schulleiterin repräsentiert die Schule nach außen.
   ______
3. Die Studentinnen und Studenten schreiben morgen eine Prüfung.
   ______
4. Die Zuschauerinnen und Zuschauer waren begeistert.
   ______
5. Die Firma hat hundert Mitarbeiterinnen und Mitarbeiter.
   ______

Gendern: weitere Möglichkeiten

Besucher werden gebeten, sich an der Rezeption anzumelden.

↑

maskuline Form
Besucher

Bitte melden **Sie** sich an der Rezeption an.

↑

geschlechts*neutral*
Sie (direkte Anrede)

Es gibt noch mehr Möglichkeiten, **geschlechtsneutral** zu schreiben:

maskuline Form	→	**geschlechtsneutral**
Teilnehmer müssen Folgendes beachten: ...	direkte Anrede *(Sie)*	**Sie** müssen Folgendes beachten: ...
	1. Person Plural *(wir)*	**Wir** müssen Folgendes beachten: ...
	Passiv	Folgendes muss **beachtet werden**: ...
	man	**Man** muss Folgendes beachten: ...
	Relativsatz	Alle, **die teilnehmen**, müssen Folgendes beachten: ...
Rat **des Arztes**	Adjektiv	**ärztlicher** Rat

Außerdem kann man eine **„Kurzform"** mit Schrägstrich (/) und kurzem Strich (-) bilden:

▶ Alle **Schüler/-innen** müssen ein Praktikum machen.

Es gibt noch mehr Kurzformen, die aber nicht in den offiziellen Regeln (www.rechtschreibrat.com) stehen, z. B.:

Genderstern (= Gendersternchen)	Mitarbeiter*innen
Doppelpunkt	Mitarbeiter:innen
Gendergap (= Unterstrich)	Mitarbeiter_innen
Schrägstrich (/) ohne kurzen Strich (-)	Mitarbeiter/innen
Großes I im Wort („Binnen-I")	MitarbeiterInnen

Genderstern, Doppelpunkt und Gendergap beziehen sich auf *alle* Geschlechter.

Wenn Sie in einem Text Kurzformen verwenden, nutzen Sie möglichst immer **dieselbe** Kurzform.

In **Stellenanzeigen** findet man sehr häufig „m/w/d" (= „männlich/weiblich/divers"), z. B.:

▶ Lehrer **(m/w/d)** gesucht

▶ Wir suchen Manager **(m/w/d)** für unsere Filiale in Dresden.

505. *Die Museumseröffnung.* Unterstreichen Sie, wo eine maskuline Form verwendet wird, die wahrscheinlich nicht nur Männer meint.

Neues Kunstmuseum in Altenberg

Am Samstag wurde das neue Kunstmuseum in Altenberg eröffnet. Gezeigt werden Bilder von Malern aus der näheren Umgebung. Bei der Eröffnung waren der Bürgermeister und auch einige Vertreter des Stadtparlaments anwesend. Die Museumsdirektorin hielt einen kurzen Vortrag und stellte ihre Mitarbeiter vor. Allen Besuchern dankte sie für ihr Interesse. Anschließend zeigten Museumsführer kleinen Gruppen die wichtigsten Werke.

Journalisten berichteten sehr positiv von der Veranstaltung. Kritiker bemerkten allerdings, dass der Museumsbau viel teurer war als ursprünglich geplant: Die Baukosten haben sich insgesamt verdoppelt.

Für Lehrer gibt es besondere Angebote. Sie können von der Website kostenlose Materialien für ihre Schüler herunterladen, um einen Museumsbesuch vorzubereiten. Außerdem organisiert das Museum ganztägige Workshops; die Teilnehmer erhalten ein Zertifikat.

506. *Die Museumseröffnung.* In Übung **505** haben Sie maskuline Nomen unterstrichen. Unterstreichen Sie jetzt alle Doppelnennungen, geschlechts*neutralen* Nomen oder andere geschlechts*neutrale* Alternativen dazu.

Neues Kunstmuseum in Altenberg

Am Samstag wurde das neue Kunstmuseum in Altenberg eröffnet. Gezeigt werden Bilder von Malerinnen und Malern aus der näheren Umgebung. Bei der Eröffnung waren der Bürgermeister und auch einige Mitglieder des Stadtparlaments anwesend. Die Museumsdirektorin hielt einen kurzen Vortrag und stellte ihr Team vor. Allen, die gekommen waren, dankte sie für ihr Interesse. Bei einer Museumsführung wurden kleinen Gruppen anschließend die wichtigsten Werke gezeigt.

Die Presse berichtete sehr positiv von der Veranstaltung. Kritische Stimmen bemerkten allerdings, dass der Museumsbau viel teurer war als ursprünglich geplant: Die Baukosten haben sich insgesamt verdoppelt.

Für Lehrkräfte gibt es besondere Angebote. Sie können von der Website kostenlose Materialien für ihre Schülerinnen und Schüler herunterladen, um einen Museumsbesuch vorzubereiten. Außerdem organisiert das Museum ganztägige Workshops; für die Teilnahme wird ein Zertifikat ausgestellt.

Gesprochene Sprache / Umgangssprache 1

In einigen anderen Abschnitten dieser Grammatik haben Sie schon Beispiele und Hinweise zur **gesprochenen Sprache / Umgangssprache / informellen Sprache** gesehen (z. B. ↑S. 53, ↑S. 228).

Zwischen der **gesprochenen Umgangssprache** und der **geschriebenen Standardsprache** gibt es einige Unterschiede. In diesem Abschnitt finden Sie **Beispiele für diese Unterschiede.**

Es gibt keine „bessere" und „schlechtere" Form; gesprochene Umgangssprache und geschriebene Standardsprache haben aber unterschiedliche Funktionen.

Einige Elemente der Umgangssprache können auch **in geschriebenen Texten** vorkommen, z. B. in persönlichen E-Mails, Briefen, Kurznachrichten, Social Media.

***Wegen, trotz, statt, während* mit Dativ statt Genitiv** (↑S. 188)

Die Präpositionen *wegen, trotz, statt* und *während* stehen

… in der **geschriebenen Standardsprache** meist mit Genitiv:	… in der **gesprochenen Umgangssprache** meist mit Dativ:
▶ wegen **des** schlecht**en** Wetter**s** ▶ trotz sein**es** Alter**s**	▶ wegen **dem** schlecht**en** Wetter ▶ trotz sein**em** Alter

Da … von, wo … von* statt *davon, wovon (↑S. 166)

Präpositionaladverbien wie z. B. *davon, damit, dafür …,* (seltener:) *wovon, womit, wofür …*

… sind in der **geschriebenen Standardsprache** ein einziges Wort:	… werden in der **gesprochenen Umgangssprache** oft in zwei Teile getrennt:
▶ **Davon** träumst du ja schon lange. ▶ **Damit** habe ich nicht gerechnet.	▶ **Da** träumst du ja schon lange **von**. ▶ **Da** habe ich nicht **mit** gerechnet.

507. Bilden Sie die folgenden Ausdrücke mit Genitiv (formell).

+ Dativ (informell/gesprochen)	+ Genitiv (formell/geschrieben)
1. wegen dem Regen	wegen des Regens
2. statt dem alten Buch	
3. trotz dem Unfall	
4. wegen dem Termin	
5. statt dem Ausflug	
6. trotz den guten Neuigkeiten	

508. Unterstreichen Sie die getrennten Präpositionaladverbien in den folgenden Sätzen. Schreiben Sie den Satz mit Präpositionaladverb so um, wie es in der geschriebenen Standardsprache üblich ist.

1. Wo ist denn die Milch? — Oh, da habe ich nicht dran gedacht.
Daran habe ich nicht gedacht.

2. Hast du gehört, dass Marcel heiraten will? — Da weiß ich nichts von.

3. Macht Sonja auch den Englischkurs? — Nein, da hat sie sich nicht für angemeldet.

4. Was hat dir Leo denn von seinem neuen Job erzählt? — Da haben wir gar nicht drüber gesprochen.

5. Nächste Woche öffnet das Schwimmbad wieder. — Super, da freue mich mich drauf.

6. Hast du die Rechnung schon bezahlt? — Nein, da kümmere ich mich noch drum.

Wegen der Aussprache tritt oft ein *d* vor das *r*, wenn Präpositionaladverbien getrennt werden:
- ▶ **Da** habe ich nicht **(d)ran** gedacht.
- ▶ **Wo** hat er **(d)rüber** geschrieben?

Gesprochene Sprache / Umgangssprache 2

Meistens Perfekt statt Präteritum (↑S. 122)

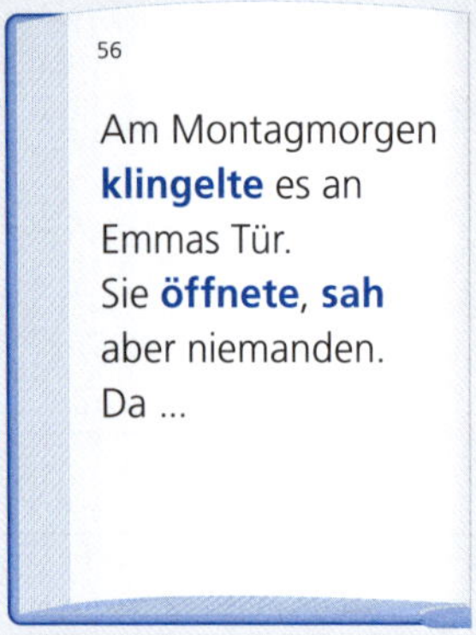

Für Ereignisse in der Vergangenheit steht …

… in der **geschriebenen** Sprache häufiger **Präteritum.**	… in der **gesprochenen** Sprache häufiger **Perfekt.**

Weitere Unterschiede im Gebrauch zwischen Perfekt und Präteritum werden auf S. 122 erklärt.

Verb am Satzbeginn

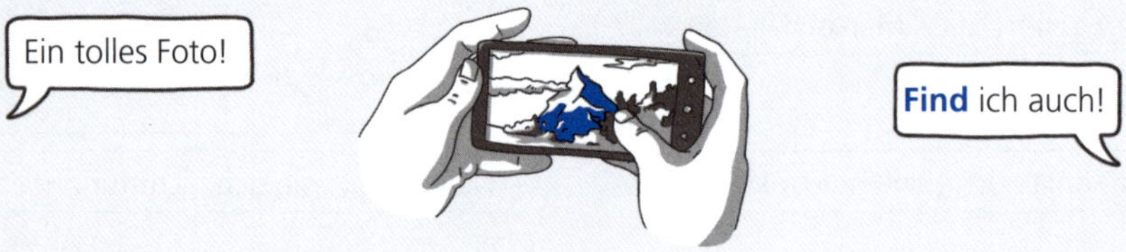

Am Satzbeginn steht in gesprochener Sprache / Umgangssprache manchmal kein Pronomen, am häufigsten fehlen *ich* oder *das*/*es*.

- **Das** glaube ich nicht. → Glaub ich nicht.
- **Das** wundert mich nicht. → Wundert mich nicht.

In der 1. Person Singular fällt das -e in der gesprochenen Sprache oft weg (↑S. 90):
- ich glaub**e** → ich glaub, glaub**e** ich → glaub ich
- ich hab**e** → ich hab, hab**e** ich → hab ich

509. Schreiben Sie aus dem Interview mit dem Rapper Tom Z. eine kurze Biografie. Unterstreichen Sie alle Perfektformen im Text und schreiben Sie die Biografie im Präteritum.

1. ***Wo und wie hast du deine Kindheit verbracht?***
   Mit zwei Jahren bin ich mit meinen Eltern aus der Türkei nach München gekommen und dort aufgewachsen. Schon mit 10 Jahren habe ich die Musik für mich entdeckt. Nach der Schule habe ich mich meistens mit meinen Freunden zum Rappen getroffen.

Mit zwei Jahren kam Tom Z. mit seinen Eltern aus der Türkei nach München und ...

2. ***Wie hast du deine späteren Bandmitglieder kennengelernt?***
Wir sind uns auf einer Party begegnet, haben viele Gemeinsamkeiten entdeckt und danach viel telefoniert. Schon zwei Wochen später haben wir angefangen, zusammen Musik zu machen.

Seine späteren Bandmitglieder und er ...

510. Auch z. B. in Kurznachrichten findet man Elemente der gesprochenen Sprache. Lesen Sie die folgenden Kurznachrichten. Wo stehen **keine** Pronomen an Position 1? Setzen Sie ein Kreuz (×).

Hi, Lara, sorry, × hab den Bus gerade verpasst. Bin gleich da, freu mich! 😊 Hendrik	Hallo, Leo, hoffe, wir sehen uns heute Abend. 😘😘😘 Kannst ja nachher mal anrufen. 👋	Hab gerade Sofie getroffen!!! Geht ihr wieder besser. ❀ Morgen kommt sie mit. 👍👍👍 LG!

511. Schreiben Sie die Kurznachrichten aus Übung **510** und ergänzen Sie dabei die fehlenden Pronomen an Position 1.

1. Hi, Lara, sorry, ich habe den Bus gerade verpasst.

2.

3.

512. In den unterstrichenen Sätzen kann man Pronomen in der gesprochenen Sprache weglassen. Schreiben Sie die verkürzten Sätze in die Sprechblasen.

1. Vielleicht ist die Bücherei schon geschlossen. – Das kann sein. (= Das ist möglich.)

   Kann sein.

2. Emilia sollte sich besser auf ihre Prüfungen vorbereiten. – Das stimmt.

weil, obwohl, wobei mit Verb an Position 2 (↑ S. 228)

In der gesprochenen Umgangssprache steht nach *weil* und *obwohl/wobei* manchmal ein Hauptsatz. Das heißt, das Verb steht **nicht** am Ende, sondern an Position 2:

Struktur (gesprochene Umgangssprache)

Hauptsatz	***weil, obwohl, wobei* mit Verb an Position 2**				
				POS. 2	
Ich rufe ihn an,	weil	–	ich	muss	ihn etwas fragen.
Ich esse nichts mehr,	obwohl/wobei	–	ich	habe	noch Hunger.

Nach *weil, obwohl* und *wobei* kommt meist eine kurze Pause.

Obwohl/wobei mit Verb an Position 2 **korrigiert** das vorher Gesagte:

Ich esse nichts mehr,
obwohl **ich noch Hunger habe.**

Das bedeutet:
→ *Ich esse nichts mehr.*

Ich esse nichts mehr,
obwohl/wobei – **ich habe noch Hunger.**

Das bedeutet:
→ *Vielleicht esse ich doch noch etwas.*

Verb an Position 2 ohne *dass* (↑ S. 210/211)

Sätze mit Verben an Position 2 können Nebensätze mit *dass* ersetzen; dies passiert häufiger im gesprochenen Deutsch als im geschriebenen Deutsch.

Ich weiß,	**dass** du eingekauft **hast.**	→	Ich weiß,	du **hast** eingekauft.
Sie glaubt,	**dass** ihre Lehrerin ihr **hilft.**	→	Sie glaubt,	ihre Lehrerin **hilft** ihr.

513. Die folgenden Sätze mit *weil* und *obwohl* haben eine *umgangs*sprachliche Wortstellung. Schreiben Sie die Sätze mit der *standard*sprachlichen Wortstellung.

1. Diesen Sommer fahre ich nicht in den Urlaub, weil – ich muss arbeiten.

Diesen Sommer fahre ich nicht in den Urlaub, weil ich arbeiten muss.

2. Ich kann heute Abend nicht kommen, weil – ich bin krank. ______________________________

3. Ich gehe noch joggen, obwohl – es ist ziemlich kalt draußen. ______________________________

4. Ich komme später, weil – ich habe den Zug verpasst. ______________________________

5. Ich nehme zehn Brötchen, obwohl – so viel Geld habe ich nicht dabei. ______________________________

Wo ändert sich dabei die Bedeutung des Satzes?

514. Wandeln Sie den *dass*-Satz in einen Satz mit Verb an Position 2 um – und umgekehrt.

Eher geschrieben/formell/Standardsprache	**Eher gesprochen/informell/Umgangssprache**
1. Ich glaube, dass er zu viel gegessen hat.	Ich glaube, er hat zu viel gegessen.
2. Sie denkt, dass ihre Mannschaft das Spiel gewinnen wird.	______________________________
3. Ich nehme an, dass meine Tochter noch nicht zu Hause ist.	______________________________
4. ______________________________	Ich meine, du solltest mehr Sport machen.
5. ______________________________	Lara hofft, Uwe kann ihr sein Fahrrad leihen.
6. ______________________________	Ich befürchte, meine Cousine hat sich erkältet.

Diese Struktur findet man in der **gesprochenen** Sprache **oft.**
In der **geschriebenen** Sprache findet man diese Struktur **manchmal** nach den Verben des Sagens, Meinens und Denkens, z. B.:
sagen, behaupten, erzählen, feststellen, denken, glauben, hoffen, meinen, finden, das Gefühl haben, hoffen, sicher sein, wissen, befürchten

Linksverschiebung

Um bestimmte Satzteile zu betonen / zu thematisieren, **verschiebt** man sie manchmal (noch weiter) nach **links** an den Satzanfang, gefolgt vom Demonstrativpronomen *der/die/das* (↑ S. 36):

Mein Vermieter ist nicht gekommen. → Mein Vermieter, **der** ist nicht gekommen.

Den Typ habe ich noch nie hier gesehen. → Den Typ, **den** habe ich noch nie hier gesehen.

Bei Angaben (Ort, Zeit ...) folgt meist „da":

In der Uni war ich heute gar nicht. → In der Uni, **da** war ich heute gar nicht.

Am Samstag hat er Fußball gespielt. → Am Samstag, **da** hat er Fußball gespielt.

Rechtsverschiebung

Man kann Satzteile auch nach **rechts** an das Satzende **verschieben,** z. B. um etwas noch genauer zu formulieren.

Dein kleiner Bruder ist sehr sympathisch. → **Der** ist sehr sympathisch, dein kleiner Bruder.

Mein Freund und ich kommen heute beide. → **Wir** kommen heute beide, mein Freund und ich.

In den USA war ich noch nie. → **Da** war ich noch nie, in den USA.

Am Donnerstagabend hat Lia nie Zeit. → **Da** hat Lia nie Zeit, am Donnerstagabend.

Im gesprochenen Deutsch setzt man oft „da" hinter einen Ausdruck, um diesen hervorzuheben.

- Den Typ **da** habe ich noch nie hier gesehen.
- *(mit Linksverschiebung:)* Den Typ **da,** den habe ich noch nie hier gesehen.

515. Unterstreichen Sie die Linksverschiebung in den Sätzen auf der rechten Seite und zeichnen Sie einen Pfeil ein.

1. Hast du deinen Koffer schon gepackt?

Meinen Koffer, **den** habe ich gestern Abend schon gepackt.

2. Wollen wir heute Abend ins Kino gehen?

Im Kino, da war ich gerade gestern erst.

516. Unterstreichen Sie die Rechtsverschiebung in den Sätzen auf der rechten Seite und zeichnen Sie einen Pfeil ein.

1. Zum Vereinsfest kommt auch mein Mann mit.

Schön! Den habe ich schon lange nicht mehr gesehen, deinen Mann.

2. Wart ihr schon in dem Restaurant, das ich dir empfohlen habe?

Ja, danke, der war wirklich gut, dein Tipp!

517. Schreiben Sie die Sätze auf der rechten Seite von Übung **515** und **516** um, und zwar ohne Links- und Rechtsverschiebungen.

515 – 1. Meinen Koffer habe ich gestern Abend schon gepackt.

515 – 2. ______

516 – 1. Deinen Mann …

516 – 2. ______

518. Welche Sätze kommen eher in der gesprochenen Sprache vor? Kreuzen Sie an.

	gesprochen
1. Das Motorrad gehört meinem Vater.	☐
2. Meine Nachbarn, die kenne ich gut.	☐
3. Die gefällt mir, die Musik.	☐
4. Julia hat am nächsten Wochenende Geburtstag.	☐
5. Der ist leider sehr langsam, der Drucker.	☐
6. In München, da habe ich Urlaub gemacht.	☐

Grammatik auf Duden online suchen

Im Online-Wörterbuch **„Duden online"** (www.duden.de) finden Sie zu jedem Wort **Informationen zur Grammatik.**

DUDEN

Stichwort

Zu **vielen Nomen, Adjektiven und Verben** gibt es auch **Grammatiktabellen** mit allen Formen, z. B.:

Frage: Wie lautet der Dativ Plural von *Bus*?

DUDEN

Bus

Deklination

Kasus	Singular	Plural
Nominativ	der Bus	die Busse
Akkusativ	den Bus	die Busse
Dativ	dem Bus	den Bussen
Genitiv	des Busses	der Busse

→ **Antwort: den Bussen**

Frage: Wie lautet die Adjektivendung? in historisch____ Romanen *(Dat. Pl.)*

DUDEN

historisch

Starke Beugung (ohne Artikel)

Kasus	Plural
Nominativ	historische
Akkusativ	historische
Dativ	historischen
Genitiv	historischer

→ **Antwort:** in historisch**en** Romanen

Frage: Wie ist der Imperativ von *essen*?

DUDEN

essen

Imperativ

2. Person Singular [du]	iss!
2. Person Plural [ihr]	esst!

→ **Antwort: Iss! Esst!**

Lösen Sie die folgenden Übungen mithilfe der Grammatikinformationen/Grammatiktabellen auf Duden online.

519. Suchen Sie auf Duden online das Genus der folgenden Nomen und ergänzen Sie den bestimmten Artikel.

1. Die ______ Polizei *(Nom.)* musste ______ Betrieb *(Akk.)* für zwei Wochen schließen.
2. ______ Aushilfe *(Nom.)* arbeitet schon lange in ______ Restaurant *(Dat.)*.
3. ______ Festival *(Nom.)* hat gestern mit „M 55" begonnen; kennst du ______ Band *(Akk.)*?
4. Gib mir mal bitte ______ Dose *(Akk.)* mit ______ Ananas *(Dat.)* für ______ Salat *(Akk.)*.

520. Ergänzen Sie die richtige Form der Nomen.

1. Meine kleine Schwester spielt mehrere ____________________ (*Instrument*, Akk. Pl.).
2. Die Arbeit des __________________ (*Journalist*, Gen. Sg.) ist oft anstrengend.
3. Meine Frau und ich arbeiten in verschiedenen ________________ (*Firma*, Dat. Pl.).
4. Die wichtigste Attraktion des ________________ (*Zirkus*, Gen. Sg.) ist sein Elefant.

521. *Im Supermarkt.* Ergänzen Sie die richtige Adjektivendung.

Supermärkte sind meist nach sehr ähnlich_____ (1) Regeln *(Dat. Pl.)* aufgebaut. Auch in einem unbekannt_____ (2) Supermarkt *(Dat. Sg. m.)* wissen Kundinnen und Kunden, wo ungefähr ein gesucht_____ (3) Produkt *(Nom. Sg. n.)* steht. Normalerweise ist der Eingang rechts, Kassen und Ausgang sind dagegen links. Dafür gibt es einen interessant_____ (4) Grund *(Akk. Sg. m.):* Die durchschnittlich_____ (5) Einkaufsmenge *(Nom. Sg. f.)* steigt, wenn man linksherum läuft!

522. Wie lautet der Imperativ der folgenden Verben in der *du*-Form und in der *ihr*-Form?

Infinitiv	Imperativ (*du*-Form)	Imperativ (*ihr*-Form)
1. lernen	Lern! Lerne!	Lernt!
2. öffnen		
3. übernachten		
4. zusammenfassen		

523. Setzen Sie die folgenden Verben im Präteritum ein.

1. Der Wind ______________ *(blasen)* kalt durch die Straßen.
2. Ilona _______________ *(kaufen)* sich einen Hund und _______________ *(nennen)* ihn Milo.
3. In der Küche ____________ *(riechen)* es nach frischen Brötchen.
4. Als Emma ihre Jacke _____________ *(ausziehen)*, ___________ *(fallen)* ihr Handy aus der Tasche.

Präpositionen und Kasus

ab	+ Dat.
an	+ Dat./Akk.
auf	+ Dat./Akk.
aus	+ Dat.
außer	+ Dat.
außerhalb	+ Gen.
bei	+ Dat.
bis	+ Akk.
durch	+ Akk.
entlang*	+ Gen./Akk.
für	+ Akk.
gegen	+ Akk.
gegenüber	+ Dat.
hinter	+ Dat./Akk.
in	+ Dat./Akk.
innerhalb	+ Gen.
mit	+ Dat.
nach	+ Dat.
neben	+ Dat./Akk.
ohne	+ Akk.
seit	+ Dat.
statt**	+ Gen./Dat.
trotz**	+ Gen./Dat.
über	+ Dat./Akk.
um	+ Akk.
unter	+ Dat./Akk.
von	+ Dat.
vor	+ Dat./Akk.
während**	+ Gen./Dat.
wegen**	+ Gen./Dat.
zu	+ Dat.
zwischen	+ Dat./Akk.

* vor dem Nomen: *entlang* + Gen. *(entlang des Flusses)*
nach dem Nomen: *entlang* + Akk. *(den Fluss entlang)*

** vor allem in der Umgangssprache:
statt, trotz, während, wegen + Dat. (oft)

– Lokale Präpositionen (↑ S. 172–185)
– Temporale Präpositionen (↑ S. 186–187)
– Kausale, konzessive und weitere Präpositionen (↑ S. 188–189)

Verben mit **Akkusativ** und Dativ

Verb			Beispiel
anbieten	**+ Dat.**	**+ Akk.**	Darf ich ***dir ein Glas Wein*** anbieten?
beantworten	(+ Dat.)	**+ Akk.**	Ich habe ***(ihm) seine Frage*** beantwortet.
bezahlen	(+ Dat.)	**+ Akk.**	Wir werden ***(Ihnen) den Schaden*** bezahlen.
bieten	(+ Dat.)	**+ Akk.**	Diese Firma bietet ***(uns) den besten Service***.
bringen	**+ Dat.**	**+ Akk.**	Ich habe ***ihm das Buch*** gebracht.
empfehlen	(+ Dat.)	**+ Akk.**	***Welchen Wein*** können Sie ***(uns)*** empfehlen?
erklären	(+ Dat.)	**+ Akk.**	Soll ich ***(dir) die Regel*** erklären?
erzählen	(+ Dat.)	**+ Akk.**	Du musst ***(mir)*** nicht ***alles*** erzählen.
geben	**+ Dat.**	**+ Akk.**	Frank hat ***uns sein Auto*** gegeben.
holen	(+ Dat.)	**+ Akk.**	Ich hole ***(dir) einen Kaffee***.
kaufen	(+ Dat.)	**+ Akk.**	Sie kauft ***(den Kindern) ein Eis***.
leihen	**+ Dat.**	**+ Akk.**	Ich kann ***dir einen Stift*** leihen.
sich leisten	**+ Dat.**	**+ Akk.**	Ich kann ***mir*** im Moment ***kein neues Auto*** leisten.
liefern	(+ Dat.)	**+ Akk.**	Bis wann können Sie ***(uns) die Ware*** liefern?
melden	(+ Dat.)	**+ Akk.**	Wir müssen ***(der Polizei) den Diebstahl*** melden.
mitbringen	(+ Dat.)	**+ Akk.**	Soll ich ***(dir) einen Kaffee*** mitbringen?
mitteilen	**+ Dat.**	**+ Akk.**	Habe ich ***Ihnen*** schon ***meine neue Adresse*** mitgeteilt?
reservieren	(+ Dat.)	**+ Akk.**	Ich reserviere ***(uns) einen Tisch*** im Restaurant.
sagen	(+ Dat.)	**+ Akk.**	Hast du ***(ihm)*** nicht ***die Wahrheit*** gesagt?
schenken	**+ Dat.**	**+ Akk.**	Ich schenke ***meinem Vater*** zum Geburtstag ***eine Reise***.
schicken	**+ Dat.**	**+ Akk.**	Können Sie ***uns das Dokument*** per E-Mail schicken?
schreiben	**+ Dat.**	**+ Akk.**	Ich schreibe ***einen Brief.*** Ich schreibe ***dir.*** Ich schreibe ***dir einen Brief***.
senden	**+ Dat.**	**+ Akk.**	Ich sende ***Ihnen eine Kopie***.
servieren	(+ Dat.)	**+ Akk.**	Die Kellnerin serviert ***(den Gästen) die Getränke***.
stehlen	(+ Dat.)	**+ Akk.**	Jemand hat ***(mir) mein Portemonnaie*** gestohlen.
überweisen	(+ Dat.)	**+ Akk.**	Ich überweise ***(Ihnen) den Betrag*** heute noch.
verbieten	(+ Dat.)	**+ Akk.**	Der Chef hat ***(uns) das Rauchen*** im Büro verboten.
verkaufen	(+ Dat.)	**+ Akk.**	Ich habe ***(meinem Bruder) mein Auto*** verkauft.
verraten	**+ Dat.**	**+ Akk.**	Ich verrate ***dir ein Geheimnis***.
verschreiben	(+ Dat.)	**+ Akk.**	Welcher Arzt hat ***(dir) dieses Medikament*** verschrieben?
versprechen	**+ Dat.**	**+ Akk.**	Mein Vater hat ***mir eine Überraschung*** versprochen.
verzeihen	**+ Dat.**	(+ Akk.)	Kannst du ***mir (meinen Fehler)*** verzeihen?
vorlesen	(+ Dat.)	**+ Akk.**	Die Lehrerin liest ***(den Kindern) eine Geschichte*** vor.
vorstellen	**+ Dat.**	**+ Akk.**	Darf ich ***Ihnen unseren neuen Kollegen*** vorstellen?
wünschen	**+ Dat.**	**+ Akk.**	Ich wünsche ***dir viel Erfolg***!
zeigen	**+ Dat.**	**+ Akk.**	Zeigt ***uns*** doch mal ***eure Urlaubsfotos***.

Verben mit Dativ

Verb		Beispiel
antworten	**+ Dat.**	Hast du ***deinem Vater*** schon geantwortet?
auffallen	**+ Dat.**	Dieses Denkmal ist ***mir*** noch nie aufgefallen.
ausweichen	**+ Dat.**	Der Autofahrer konnte ***dem Fußgänger*** ausweichen.
begegnen	**+ Dat.**	Gestern bin ich ***meiner alten Lehrerin*** begegnet.
danken	**+ Dat.** **(für + Akk.)**	Das ist aber nett – ich danke ***dir (für deine Hilfe)***.
einfallen	**+ Dat.**	***Mir*** fällt sein Name gerade nicht ein.
entsprechen	**+ Dat.**	Das Hotel entspricht ***unseren Erwartungen***.
fehlen	**+ Dat.**	Meine Freunde fehlen ***mir.***
folgen	**+ Dat.**	Bitte folgen Sie ***den blauen Schildern***.
gefallen	**+ Dat.**	Die Musik gefällt ***mir***.
gehen (es geht)	**+ Dat.**	Wie geht es ***dir***?
gehören	**+ Dat.**	Das Buch gehört ***ihrem Lehrer***.
gelingen	**+ Dat.**	Der Kuchen ist ***dir*** gut gelungen.
genügen	**+ Dat.**	Ein Garderobenfach genügt ***uns beiden***.
glauben	**+ Dat.**	Ich glaube ***ihm*** nicht.
gratulieren	**+ Dat.** **(zu + Dat.)**	Hast du ***ihr*** schon ***(zum Geburtstag)*** gratuliert?
helfen	**+ Dat.** **(bei + Dat.)**	Hilfst du ***mir (bei den Hausaufgaben)***?
leidtun	**+ Dat.**	Es tut ***mir*** sehr leid, dass ich nicht mitkommen kann.
misstrauen	**+ Dat.**	Ich misstraue ***meinem Bruder***.
sich nähern	**+ Dat.**	Der Bus nähert sich ***dem Zentrum***.
nützen	**+ Dat.**	Dass er so viel gelernt hat, hat ***ihm*** nichts genützt.
passen	**+ Dat.**	Die Bluse passt ***mir*** leider nicht.
passieren	**+ Dat.**	Gestern ist ***mir*** etwas Lustiges passiert.
raten	**+ Dat.** **zu + Dat.**	Der Arzt hat ***ihm zu mehr Bewegung*** geraten.
schaden	**+ Dat.**	Zu viel Alkohol schadet ***der Gesundheit***.
schmecken	**+ Dat.**	Wie schmeckt ***dir*** die Pizza?
stehen	**+ Dat.**	Die Jacke steht ***dir*** wirklich gut.
vertrauen	**+ Dat.**	Denkst du, wir können ***dieser Person*** vertrauen?
wehtun	**+ Dat.**	***Mir*** tut abends oft der Rücken weh.
widersprechen	**+ Dat.**	Ich muss ich ***dir*** leider widersprechen.
zuhören	**+ Dat.**	Kannst du ***mir*** bitte zuhören?
zusehen	**+ Dat.** **(bei + Dat.)**	Ich habe ***den Kindern (beim Fußballspielen)*** zugesehen.
zustimmen	**+ Dat.**	Ja, da hast du recht. Da muss ich ***dir*** zustimmen.

- Präpositionen mit **Akkusativ**: *für, gegen, über, um*
- Präpositionen mit **Dativ**: *aus, bei, mit, nach, unter, von, vor, zu*
- Präpositionen mit **Akkusativ** oder **Dativ**: *an, auf, in*

Verb	Präposition + Akk./Dat.	Beispiel
abhängen	**von + Dat.**	Die Entscheidung hängt ***von unserer Direktorin*** ab.
achten	**auf + Akk.**	Ich achte ***auf meine Gesundheit***.
anfangen	**mit + Dat.**	Ich fange jetzt ***mit den Hausaufgaben*** an.
ankommen	**auf + Akk.**	Es kommt ***auf den Preis*** an.
sich anmelden	**für + Akk.**	Ich möchte mich ***für einen Sprachkurs*** anmelden.
antworten	**auf + Akk.**	Corinna hat noch nicht ***auf meinen Brief*** geantwortet.
sich ärgern	**über + Akk.**	Warum ärgerst du dich so ***über deinen Chef***?
aufhören	**mit + Dat.**	Du solltest ***mit dem Rauchen*** aufhören.
aufpassen	**auf + Akk.**	Kannst du mal ***auf die Kinder*** aufpassen?
sich aufregen	**über + Akk.**	Der Nachbar hat sich ***über die Kinder*** aufgeregt.
ausgeben	**für + Akk.**	***Für teure Möbel*** gebe ich kein Geld aus.
sich bedanken	**bei + Dat.** **für + Akk.**	Hast du dich ***bei ihr*** schon ***für das Geschenk*** bedankt?
beginnen	**mit + Dat.**	Wir beginnen jetzt ***mit dem Essen***.
sich bemühen	**um + Akk.**	Ich habe mich ***um einen Job*** bemüht.
berichten	**von + Dat.** **über + Akk.**	Die Medien berichten ***von den politischen Ereignissen***. Die Medien berichten ***über die politischen Ereignisse***.
sich beschäftigen	**mit + Dat.**	Zurzeit beschäftige ich mich ***mit diesem Thema***.
sich beschweren	**bei + Dat.** **über + Akk.**	Wir beschweren uns ***beim Kellner über das Essen***.
bestehen	**aus + Dat.** **auf + Dat.** **in + Dat.**	Das Buch besteht ***aus zwanzig Kapiteln***. Ich bestehe ***auf einer Entschuldigung***. Der Vorteil besteht ***in einer schnelleren Wirkung***.
sich beteiligen	**an + Dat.**	Ich beteilige mich ***an den Kosten*** für das Geschenk.
sich bewerben	**um + Akk.** **auf + Akk.**	Ich habe mich jetzt ***um eine neue Stelle*** beworben. Ich habe mich jetzt ***auf eine neue Stelle*** beworben.
bitten	**um + Akk.**	Ich bitte ***um etwas Geduld***.
danken	**für + Akk.**	Sie hat ihm ***für seine Hilfe*** gedankt.
denken	**an + Akk.**	Ich denke gerade ***an meine Schwester***.
diskutieren	**mit + Dat.** **über + Akk.**	Ich habe lange ***mit ihm über das Projekt*** diskutiert.
sich eignen	**für + Akk.**	Dieses Spiel eignet sich ***für Kinder ab vier Jahren***.
einladen	**zu + Dat.**	Ich lade euch ***zu meiner Geburtstagsparty*** ein.
sich entscheiden	**für + Akk.** **gegen + Akk.**	Ich habe mich ***für diesen Beruf*** entschieden. Ich habe mich ***gegen den Umzug*** entschieden.
sich entschuldigen	**bei + Dat.** **für + Akk.**	Die Firma hat sich ***bei uns für den Fehler*** entschuldigt.

Verben mit Präpositionen

Verb	Präposition + Akk./Dat.	Beispiel
erfahren	**von + Dat.**	Er braucht ***von dieser Sache*** nichts zu erfahren.
sich erholen	**von + Dat.**	Im Urlaub kannst du dich ***von der Arbeit*** erholen.
sich erinnern	**an + Akk.**	Erinnerst du dich ***an alle deine Lehrerinnen und Lehrer***?
erkennen	**an + Dat.**	Den Dativ Plural erkennt man meist ***an der Endung***.
sich erkundigen	**bei + Dat.** **nach + Dat.**	Ich habe mich ***bei einer Freundin nach einem Fitnessstudio*** erkundigt.
erzählen	**von + Dat.**	Habe ich dir schon ***von unserem Urlaub*** erzählt?
fragen	**nach + Dat.**	Heute hat jemand angerufen, der ***nach dir*** gefragt hat.
sich freuen	**auf + Akk.** **über + Akk.**	Die Kinder freuen sich schon ***auf die nächsten Ferien***. Sie freut sich ***über das Geschenk***, das sie bekommen hat.
sich fürchten	**vor + Dat.**	Sie fürchtet sich ***vor Hunden***.
gehen	**um + Akk.**	Haben Sie kurz Zeit? Es geht ***um Ihren Antrag***.
gehören	**zu + Dat.**	Dieses Übungsheft gehört ***zu unserem Lehrbuch***.
sich gewöhnen	**an + Akk.**	Haben Sie sich schon ***an das Wetter*** hier gewöhnt?
glauben	**an + Akk.**	Glauben deine Kinder noch ***an den Weihnachtsmann***?
gratulieren	**zu + Dat.**	Wir gratulieren Ihnen ***zur bestandenen Prüfung***.
halten	**für + Akk.** **von + Dat.**	Die Polizistin hält den Verkäufer ***für einen Dieb***. Was hältst du ***von dieser Idee***?
sich handeln	**um + Akk.**	***Um wen*** handelt es sich?
helfen	**bei + Dat.**	Wir können euch ***beim Umzug*** helfen.
hoffen	**auf + Akk.**	Ich hoffe ***auf besseres Wetter***.
hören	**von + Dat.**	Sarah hat schon lange nichts mehr ***von dir*** gehört.
sich informieren	**über + Akk.**	Ich möchte mich ***über Ihr Kursangebot*** informieren.
sich interessieren	**für + Akk.**	Interessierst du dich ***für Fußball***?
kämpfen	**für + Akk.** **gegen + Akk.**	Die Organisation kämpft ***für mehr Gerechtigkeit***. Die Organisation kämpft ***gegen Tierversuche***.
klagen	**über + Akk.**	Sie klagt ***über Kopfschmerzen***.
kommen	**zu + Dat.**	Am Wochenende kann es ***zu Glatteis*** kommen.
sich konzentrieren	**auf + Akk.**	Du musst dich jetzt ***auf deine Prüfung*** konzentrieren.
sich kümmern	**um + Akk.**	Wer kümmert sich ***um deinen Hund***, wenn du im Urlaub bist?
lachen	**über + Akk.**	Die Kinder lachen ***über den Clown***.
leiden	**an + Dat.** **unter + Dat.**	Er leidet ***an einer schweren Krankheit***. Viele Menschen leiden ***unter dem Stress im Beruf***.
lernen	**für + Akk.**	Er hat lange ***für die Prüfung*** gelernt.
nachdenken	**über + Akk.**	***Über diese Frage*** sollten wir noch einmal nachdenken.
passen	**zu + Dat.**	Die neue Brille passt ***zu seiner Haarfarbe***.
protestieren	**gegen + Akk.**	Die und Mitarbeiterinnen protestieren ***gegen die schlechte Bezahlung***.
reagieren	**auf + Akk.**	Er hat ***auf meinen Brief*** nicht reagiert.
rechnen	**mit + Dat.**	***Mit diesem Ergebnis*** haben wir nicht gerechnet.

Verb	Präposition + Akk./Dat.	Beispiel
reden	**mit + Dat.** **über + Akk.** **von + Dat.**	Er redet ***mit seiner Frau*** immer nur ***über Fußball***. Er hat ***von seiner Familie*** geredet.
riechen	**nach + Dat.**	Es riecht hier ***nach Kuchen***.
sagen	**zu + Dat.**	Er hat nichts ***zu den Problemen*** gesagt.
schimpfen	**über + Akk.** **auf + Akk.** **mit + Dat.**	Er schimpft immer ***über das Wetter***. Er schimpft immer ***auf das Wetter***. Er schimpft ***mit seinem Hund***.
schmecken	**nach + Dat.**	Der Kuchen schmeckt ***nach Schokolade***.
sich schützen	**vor + Dat.**	Ich trage eine Mütze, um mich ***vor der Kälte*** zu schützen.
sorgen	**für + Akk.**	Wer sorgt auf unserer Party ***für die Getränke***?
sprechen	**mit + Dat.** **über + Akk.** **von + Dat.**	Habt ihr schon ***mit der Chefin über das neue Projekt*** gesprochen? Er hat ***von dem nächsten Termin*** gesprochen.
sterben	**an + Dat.**	Er ist ***an einer seltenen Krankheit*** gestorben.
sich streiten	**mit + Dat.** **über + Akk.**	Sie hat sich ***mit ihrer Nachbarin über den Müll im Garten*** gestritten.
teilnehmen	**an + Dat.**	Wir nehmen jetzt ***an einem Sprachkurs*** teil.
telefonieren	**mit + Dat.**	Ich habe gestern ***mit meinem Bruder*** telefoniert.
träumen	**von + Dat.**	Mein Bruder träumt ***von einem Lottogewinn***.
sich treffen	**mit + Dat.**	Heute Abend treffen wir uns ***mit unseren Kolleginnen***.
sich trennen	**von + Dat.**	Sie will sich ***von ihrem Freund*** trennen.
überreden	**zu + Dat.**	Sie hat ihn ***zu einem Glas Bier*** überredet.
überzeugen	**von + Dat.**	Wir konnten ihn ***von unseren Plänen*** überzeugen.
sich unterhalten	**mit + Dat.** **über + Akk.**	Ich habe mich ***mit unserem Nachbarn über den Film*** unterhalten.
sich unterscheiden	**von + Dat.**	Du unterscheidest dich kaum ***von deinem Bruder.***
sich verabreden	**mit + Dat.** **zu + Dat.**	Ich habe mich ***mit meinen Kollegen zum Fußballspielen*** verabredet.
sich verabschieden	**von + Dat.**	Ich muss mich jetzt leider ***von euch*** verabschieden.
sich verlassen	**auf + Akk.**	Natürlich helfe ich dir. Du kannst dich ***auf mich*** verlassen.
sich verlieben	**in + Akk.**	Kann es sein, dass sie sich ***in deinen Bruder*** verliebt hat?
verstehen	**von + Dat.**	Verstehst du etwas ***von diesem Thema***?
sich verstehen	**mit + Dat.**	Verstehst du dich gut ***mit deinen Nachbarn***?
verzichten	**auf + Akk.**	Sie sollten ***auf fettes Fleisch*** verzichten.
sich vorbereiten	**auf + Akk.**	Ich muss mich noch ***auf die Prüfung*** vorbereiten.
warnen	**vor + Dat.**	Ich muss dich ***vor dieser Person*** warnen.
warten	**auf + Akk.**	Gestern mussten wir lange ***auf den Zug*** warten.
sich wundern	**über + Akk.**	Manchmal wundere ich mich ***über die Leute*** auf der Straße.
zweifeln	**an + Dat.**	Sie zweifelt ***an seiner Ehrlichkeit***.

Unregelmäßige Verben

Verben mit Präfix (z. B. *einladen, verstehen, vorschlagen*) haben meistens keinen eigenen Eintrag; Sie finden ihre Formen unter dem einfachen Verb (z. B. *laden, stehen, schlagen*).

Infinitiv	**Präsens, 3. Person Singular (1. Stammform)**	**Präteritum, 3. Person Singular (2. Stammform)**	**Partizip Perfekt (3. Stammform)**
backen	backt/bäckt	backte/buk	(hat) gebacken
befehlen	befiehlt	befahl	(hat) befohlen
beginnen	beginnt	begann	(hat) begonnen
beißen	beißt	biss	(hat) gebissen
biegen	biegt	bog	(hat/ist) gebogen
bieten	bietet	bot	(hat) geboten
binden	bindet	band	(hat) gebunden
bitten	bittet	bat	(hat) gebeten
blasen	bläst	blies	(hat) geblasen
bleiben	bleibt	blieb	(ist) geblieben
braten	brät	briet	(hat) gebraten
brechen	bricht	brach	(hat) gebrochen
brennen	brennt	brannte	(hat) gebrannt
bringen	bringt	brachte	(hat) gebracht
denken	denkt	dachte	(hat) gedacht
dringen	dringt	drang	(ist) gedrungen
dürfen	darf	durfte	(hat) gedurft
empfangen	empfängt	empfing	(hat) empfangen
empfehlen	empfiehlt	empfahl	(hat) empfohlen
erschrecken*	erschrickt	erschrak	(ist) erschrocken
essen	isst	aß	(hat) gegessen
fahren	fährt	fuhr	(hat/ist) gefahren
fallen	fällt	fiel	(ist) gefallen
fangen	fängt	fing	(hat) gefangen
finden	findet	fand	(hat) gefunden
fliegen	fliegt	flog	(hat/ist) geflogen
fliehen	flieht	floh	(ist) geflohen
fließen	fließt	floss	(ist) geflossen
fressen	frisst	fraß	(hat) gefressen
geben	gibt	gab	(hat) gegeben
gehen	geht	ging	(ist) gegangen
gelingen	gelingt	gelang	(ist) gelungen
gelten	gilt	galt	(hat) gegolten
genießen	genießt	genoss	(hat) genossen
geschehen	geschieht	geschah	(ist) geschehen
gewinnen	gewinnt	gewann	(hat) gewonnen
gießen	gießt	goss	(hat) gegossen

Infinitiv	Präsens, 3. Person Singular (1. Stammform)	Präteritum, 3. Person Singular (2. Stammform)	Partizip Perfekt (3. Stammform)
gleichen	gleicht	glich	(hat) geglichen
gleiten	gleitet	glitt	(ist) geglitten
graben	gräbt	grub	(hat) gegraben
greifen	greift	griff	(hat) gegriffen
haben	hat	hatte	(hat) gehabt
hängen*	hängt	hing	(hat) gehangen
heben	hebt	hob	(hat) gehoben
heißen	heißt	hieß	(hat) geheißen
helfen	hilft	half	(hat) geholfen
kennen	kennt	kannte	(hat) gekannt
klingen	klingt	klang	(hat) geklungen
kommen	kommt	kam	(ist) gekommen
können	kann	konnte	(hat) gekonnt
laden	lädt	lud	(hat) geladen
lassen	lässt	ließ	(hat) gelassen
laufen	läuft	lief	(ist) gelaufen
leiden	leidet	litt	(hat) gelitten
leihen	leiht	lieh	(hat) geliehen
lesen	liest	las	(hat) gelesen
liegen	liegt	lag	(hat) gelegen
lügen	lügt	log	(hat) gelogen
meiden	meidet	mied	(hat) gemieden
messen	misst	maß	(hat) gemessen
misslingen	misslingt	misslang	(ist) misslungen
mögen	mag	mochte	(hat) gemocht
müssen	muss	musste	(hat) gemusst
nehmen	nimmt	nahm	(hat) genommen
nennen	nennt	nannte	(hat) genannt
pfeifen	pfeift	pfiff	(hat) gepfiffen
raten	rät	riet	(hat) geraten
reiben	reibt	rieb	(hat) gerieben
reißen	reißt	riss	(hat) gerissen
reiten	reitet	ritt	(hat/ist) geritten
rennen	rennt	rannte	(ist) gerannt
riechen	riecht	roch	(hat) gerochen
rufen	ruft	rief	(hat) gerufen
schaffen	schafft	schuf	(hat) geschaffen
scheiden	scheidet	schied	(hat) geschieden
scheinen	scheint	schien	(hat) geschienen

Unregelmäßige Verben

Infinitiv	Präsens, 3. Person Singular (1. Stammform)	Präteritum, 3. Person Singular (2. Stammform)	Partizip Perfekt (3. Stammform)
schieben	schiebt	schob	(hat) geschoben
schießen	schießt	schoss	(hat) geschossen
schlafen	schläft	schlief	(hat) geschlafen
schlagen	schlägt	schlug	(hat) geschlagen
schließen	schließt	schloss	(hat) geschlossen
schmeißen	schmeißt	schmiss	(hat) geschmissen
schmelzen	schmilzt	schmolz	(ist) geschmolzen
schneiden	schneidet	schnitt	(hat) geschnitten
schreiben	schreibt	schrieb	(hat) geschrieben
schreien	schreit	schrie	(hat) geschrien
schweigen	schweigt	schwieg	(hat) geschwiegen
schwimmen	schwimmt	schwamm	(hat/ist) geschwommen
schwinden	schwindet	schwand	(ist) geschwunden
schwören	schwört	schwor	(hat) geschworen
sehen	sieht	sah	(hat) gesehen
sein	ist	war	(ist) gewesen
senden	sendet	sendete/sandte	(hat) gesendet/gesandt
singen	singt	sang	(hat) gesungen
sinken	sinkt	sank	(ist) gesunken
sitzen	sitzt	saß	(hat) gesessen
sollen	soll	sollte	(hat) gesollt
sprechen	spricht	sprach	(hat) gesprochen
springen	springt	sprang	(ist) gesprungen
stechen	sticht	stach	(hat) gestochen
stehen	steht	stand	(hat) gestanden
stehlen	stiehlt	stahl	(hat) gestohlen
steigen	steigt	stieg	(ist) gestiegen
sterben	stirbt	starb	(ist) gestorben
stinken	stinkt	stank	(hat) gestunken
stoßen	stößt	stieß	(hat) gestoßen
streichen	streicht	strich	(hat) gestrichen
streiten	streitet	stritt	(hat) gestritten
tragen	trägt	trug	(hat) getragen
treffen	trifft	traf	(hat) getroffen
treiben	treibt	trieb	(hat/ist) getrieben
treten	tritt	trat	(hat/ist) getreten
trinken	trinkt	trank	(hat) getrunken
tun	tut	tat	(hat) getan
verderben	verdirbt	verdarb	(ist) verdorben

Infinitiv	Präsens, 3. Person Singular (1. Stammform)	Präteritum, 3. Person Singular (2. Stammform)	Partizip Perfekt (3. Stammform)
vergessen	vergisst	vergaß	(hat) vergessen
verlieren	verliert	verlor	(hat) verloren
wachsen	wächst	wuchs	(ist) gewachsen
waschen	wäscht	wusch	(hat) gewaschen
weisen	weist	wies	(hat) gewiesen
wenden	wendet	wandte/wendete	(hat) gewandt/gewendet
werben	wirbt	warb	(hat) geworben
werden	wird	wurde	(ist) geworden
werfen	wirft	warf	(hat) geworfen
wiegen	wiegt	wog	(hat) gewogen
wissen	weiß	wusste	(hat) gewusst
wollen	will	wollte	(hat) gewollt
ziehen	zieht	zog	(hat) gezogen
zwingen	zwingt	zwang	(hat) gezwungen

* **Diese Verben gibt es mit unregelmäßigen und regelmäßigen Formen:**
hängen, hing, gehangen: ohne Akkusativobjekt;
hängen, hängte, gehängt: mit Akkusativobjekt (↑ S. 178);
erschrecken, erschrak, erschrocken: ohne Akkusativobjekt;
erschrecken, erschreckte, erschreckt: mit Akkusativobjekt

Lösungen

1. **2.** die Bäckerin; **3.** die Bäckerei; **4.** das Brötchen; **5.** die Wohnung; **6.** der Zwilling; **7.** das Mädchen; **8.** der Kapitalismus; **9.** die Gesundheit; **10.** der Frühling; **11.** der Drucker; **12.** die Nachbarschaft

2. **der** Februar, Jurist, Liebling, Sohn, Verkäufer, VW, Winter

die Ärztin, Höflichkeit, Krankheit, Polizei, Rechnung, Tante, Zitrone

das Aluminium, Brötchen, Gepäck, Geschenk, Häuschen, Laufen, Springen

3. **1.** (das) Gold; **2.** (die) Straße; **3.** (der) Herbst; **4.** (der) Tourist; **5.** (die) Tomate; **6.** (die) Klasse

4. **2.** das Restaurant; **3.** der Tisch; **4.** die Küche; **5.** der Kuchen; **6.** die Form; **8.** die Hobbys; **9.** die Köche; **10.** die Köchinnen; **11.** die Zimmer; **12.** die Bälle

5. **1.** Zähne *(32 – ohne Weisheitszähne: 28)*; **2.** Landessprachen *(4 – Deutsch, Französisch, Italienisch, Rätoromanisch)*; **3.** Städte *(Bonn, Stuttgart)*

6. 4 Bananen, 5 Kiwis, 1 Schale Erdbeeren, 6 Äpfel, 200 g Milchreis; ½ l Milch, 3 Esslöffel Zucker

7. **1.** Die Stifte – die Schülerinnen und Schüler; **2.** Das Kind – den Hund; **3.** Den Wagen – mein Bruder; **4.** Der neue Nachbar – ein guter Basketballspieler

8. **1.** Die – die; **2.** Die – den; **3.** Der – den; **4.** Die – den; **5.** Die – das; **6.** Der – die

9. Wir bestellten einen Rotwein, ein Bier, eine Cola, einen Cappuccino und einen Milchkaffee. **Maskuline Nomen:** Rotwein, Cappuccino, Milchkaffee

10. **1.** eine; **2.** einen; **3.** ein; **4.** einen; **5.** einen; **6.** ein

11. **1.** eine; **2.** einen; **3.** ein; **4.** einen; **5.** einen; **6.** eine

12. **1.** den; **2.** dem; **3.** der; **4.** dem; **5.** dem; **6.** den; **7.** den

13. **1.** Der – den – die; **2.** Die – der – den; **3.** Die – dem – das; **4.** Das – der – den; **5.** Der – dem – das; **6.** Die – den – die

14. **2.** Den Hunden; **3.** Der Mutter; **4.** Der Tochter; **5.** Dem Vater

15. **1.** Der Friseur schneidet den Leuten die Haare. **2.** Der Kellner serviert der Lehrerin einen Kaffee. **3.** Die Krankenschwester gibt einer Patientin die Medikamente. **4.** Der Reiseleiter zeigt den Touristen und Touristinnen die Stadt. **5.** Die Musikerin gibt der Journalistin ein Interview.

16. **1.** September, Montag, Sommer: *m.*, Regel c); **2.** Zitrone, Orange, Birne: *f.*, Regel a); **3.** Zeitung, Wahrheit, Aktion: *f.*, Regel b)

17. **2.** das Buch – die Bücher; **3.** die Lampe – die Lampen; **4.** der Computer – die Computer; **5.** das Baby – die Babys; **6.** der Text – die Texte; **7.** die Oma – die Omas; **8.** die Lösung – die Lösungen; **9.** das Haus – die Häuser; **10.** der Spiegel – die Spiegel; **11.** der Hund – die Hunde; **12.** die Tasche – die Taschen

18. **1.** der Direktor; **2.** eine Freundin; **3.** der Lehrerin; **4.** ein Weißbrot; **5.** einen Horrorfilm; **6.** den Zwillingen

19. **1.** dem; **2.** den; **3.** einen; **4.** die; **5.** einen; **6.** eine; **7.** ein; **8.** der; **9.** den; **10.** dem; **11.** die; **12.** die

20. **Nominativ:** (Das) Paar – (Das) Restaurant – (die) Nachbarin – Freunde; **Akkusativ:** (auf den) Markt – (das beste) Obst – Gemüse – Fisch – Tennis – (Stefanies) Fahrrad – (einen) Nachtisch; **Dativ:** (in einem) Restaurant – (einem) Bekannten – (Am) Nachmittag – (Am) Abend – (zu einer) Feier

21. **2.** Pauls; **3.** Jens'; **4.** Inges; **5.** Felix'; **6.** Patricks

22. **1.** des Zahnarztes; **2.** des Stadions; **3.** der Praxis; **4.** der Anfahrtswege

23. **1.** des Bundestag(e)s *(der Reichstag);* **2.** Belgiens *(Brüssel);* **3.** der Mutter – des Vaters *(die Tante)*

24. **1.** der Leseräume; **2.** von Speisen; **3.** von Musik; **4.** von Handschriften – der Bibliothek; **5.** des Kopiergerät(e)s

25. der Biologe, der Dozent, der Grieche, der Hase, der Herr, der Junge, der Mensch, der Migrant, der Nachbar, der Portugiese, der Russe, der Schimpanse, der Student, der Türke, der Tourist

26. **Nomen auf *-e*:** der Biologe, der Grieche, der Hase, der Junge, der Portugiese, der Russe, der Schimpanse, der Türke; **Nomen auf *-and, -ant, -ent, -ist, -at*:** der Dozent, der Migrant, der Student, der Tourist; **andere Nomen:** der Herr, der Mensch, der Nachbar

27. **1.** Herrn; **2.** Kaffeeautomaten; **3.** Direktor; **4.** Kollegen; **5.** Kunden; **6.** Firma; **7.** Lieferanten; **8.** Filmproduzenten

28. **1.** Journalist – Präsidenten – Interview; **2.** Präsident – Journalisten; **3.** Büro – Architekten – Geschäft – Fotografen; **4.** Größe – Apartments – Miete – Studenten; **5.** Hund – Nachbarn

29. **1.** Timos; **2.** Heikes; **3.** der Stadt; **4.** des Stadtmuseums; **5.** des Teams

30. **1.** der Bundesrepublik Deutschland; **2.** des Land(e)s; **3.** der Bundesregierung; **4.** Nordrhein-Westfalens; **5.** des Bergbaus

31. **1.** Ein Polizist beschreibt einem Passanten den Weg zum Bahnhof. **2.** Die Lehrerin erklärt den Kindern die Grammatikregeln. **3.** Der Verkäufer bedient einen Kunden. **4.** Der Vater kauft dem Jungen ein Eis. **5.** Meine Freundin besucht ihren Neffen.

33. **1.** Innenarchitekten – Maurer – Gartenarchitekten – Gärtner; **2.** Grafen – Fürsten; **3.** Lisas – Jürgens – Andreas' – Susannes; **4.** Herrn; **5.** Affen – Banane

34. **1.** das – das; **2.** die – die; **3.** die – die; **4.** den – Die – der – die; **5.** Der – den

35. **1.** ein – Ø; **2.** eine – Ø; **3.** ein – Ø; **4.** ein – ein; **5.** ein – ein

36. **1.** ein; **2.** einen; **3.** einem; **4.** eine; **5.** Ø; **6.** ein

37. **1.** das; **2.** die; **3.** Die; **4.** Das; **5.** den; **6.** Der; **7.** die; **8.** die; **9.** den; **10.** den

38. **2.** der Direktorin der Schule; **3.** die Bilder eines bekannten Malers

32.	**Singular**				**Nominativ Plural**
	Nominativ	**Akkusativ**	**Dativ**	**Genitiv**	
1.	das Auto	das Auto	dem Auto	des Autos	die Autos
2.	der Lehrer	den Lehrer	dem Lehrer	des Lehrers	die Lehrer
3.	die Mutter	die Mutter	der Mutter	der Mutter	die Mütter
4.	der Praktikant	den Praktikanten	dem Praktikanten	des Praktikanten	die Praktikanten
5.	die Praktikantin	die Praktikantin	der Praktikantin	der Praktikantin	die Praktikantinnen
6.	das Herz	das Herz	dem Herzen	des Herzens	die Herzen
7.	der Nachbar	den Nachbarn	dem Nachbarn	des Nachbarn	die Nachbarn
8.	der Herr	den Herrn	dem Herrn	des Herrn	die Herren
9.	der Junge	den Jungen	dem Jungen	des Jungen	die Jungen
10.	der Pole	den Polen	dem Polen	des Polen	die Polen
11.	der Buchstabe	den Buchstaben	dem Buchstaben	des Buchstabens	die Buchstaben

n-Deklination: Praktikant, Herz, Nachbar, Herr, Junge, Pole, Buchstabe

39. **1.** eine; **2.** den; **3.** der; **4.** ein; **5.** einen; **6.** den; **7.** der; **8.** eine

40. **1.** die; **2.** einen; **3.** das; **4.** der; **5.** Der; **6.** einen; **7.** ein – einen

41. **1.** der – Der – ein – Die; **2.** einen – der – des – ein – Der – der; **3.** Die – die – die – die – den – das

42. **1.** das; **2.** der; **3.** der; **4.** eine; **5.** der; **6.** der; **7.** ein; **8.** ein; **9.** ein

43. **1.** Ø – Ø – Ø – Ø – Ø; **2.** Ø – eine – Ø – Ø – Ø – Ø; **3.** Ø – den – ein – Ø – Ø – Ø; **4.** Die – Ø

44. **1.** Ø; **2.** der; **3.** Ø; **4.** Ø; **5.** Ø; **6.** ein; **7.** der; **8.** Ø; **9.** Ø; **10.** Ø; **11.** einem; **12.** der; **13.** dem; **14.** der; **15.** das

45. **1.** eine – Ø – Ø – ein; **2.** Ø – einen; **3.** eine – Ø

46. **1.** Die – Ø; **2.** der – Ø – einem/dem; **3.** Ø – Ø – Die – Ø – der – Ø

47. **1.** eine – den – Die; **2.** einen – Der – Ø; **3.** einen – Den; **4.** ein – Das

48. **1.** einen – den; **2.** der – Ø – ein – einen; **3.** das – dem

49. **1.** der; **2.** eine; **3.** der; **4.** der; **5.** eine/die; **6.** das; **7.** Ø; **8.** der; **9.** der; **10.** ein; **11.** den

50. **1.** Ø; **2.** Ø; **3.** der; **4.** Ø; **5.** Ø; **6.** Ø; **7.** einem; **8.** Ø; **9.** Ø; **10.** der; **11.** die; **12.** Ø; **13.** der; **14.** Ø; **15.** Ø; **16.** Ø; **17.** Ø; **18.** Ø; **19.** Ø; **20.** Ø; **21.** Ø; **22.** Ø; **23.** einem; **24.** einen; **25.** einen; **26.** der; **27.** Ø

51. **1.** die – der *(Zürich)*; **2.** der – des *(21. Juni)*; **3.** die – der *(die meistgesprochene Sprache: Englisch; die Sprache mit den meisten Muttersprachlern: Chinesisch)*; **4.** die – Ø *(Großbritannien)*

52. **1.** Sie – Er; **2.** Sie; **3.** du – Ich

53. **1.** ich; **2.** Euch; **3.** Ihr; **4.** Euch; **5.** Du; **6.** ihn; **7.** Euch *(Die vollständige Kleinschreibung ist auch korrekt.)*

54. **1.** Ihnen; **2.** er; **3.** mir; **4.** ihn; **5.** sie; **6.** ihm; **7.** ihm; **8.** mir; **9.** ihn

55. **2.** Hast du sie ihr gegeben? **3.** Kannst du sie ihm aufschreiben?

56. **1.** dieser – dieser; **2.** dieses; **3.** diese; **4.** dieser; **5.** diesem

57. **1.** Das; **2.** Das; **3.** das

58. **1.** Das; **2.** das; **3.** die; **4.** Die; **5.** Der; **6.** der; **7.** Das; **8.** der; **9.** Den; **10.** den; **11.** die; **12.** Die; **13.** Die; **14.** denen

59. **1.** den; **2.** Den; **3.** der; **4.** die; **5.** das; **6.** der; **7.** denen

60. **1.** Wie; **2.** Woher; **3.** Wo; **4.** Wohin

61. **1.** Wer; **2.** Wie; **3.** Wo; **4.** Wann; **5.** Wie viel(e); **6.** Wen; **7.** Wem

62. **2.** Wer hat das gesagt? **3.** Mit wem triffst du dich? **4.** Für wen sind die Blumen?

63. **1.** Welcher *(die Isar)*; **2.** Welche *(Schwarz, Rot, Gold)*; **3.** Welcher *(Müller)*; **4.** Welche *(0043)*

64. **1.** Welche; **2.** Was für ein; **3.** Welches; **4.** Welchen

65. **... von Julia:** ihr Freund, ihr Hobby, ihre Schule, ihre Freunde; **... von Paul:** sein Freund, sein Hobby, seine Schule, seine Freunde; **... von Julia und Paul:** ihr Freund, ihr Hobby, ihre Schule, ihre Freunde

66. **1.** ihren; **2.** ihre; **3.** seine; **4.** ihr; **5.** ihr

67. **1.** meine – meine; **2.** unser – unseres; **3.** sein – seiner

68. **1.** seinen; **2.** sein; **3.** seinen; **4.** unsere; **5.** ihre; **6.** meiner; **7.** mein

69. **1.** ihnen; **2.** ihn; **3.** es; **4.** sie

70. **2.** ihn ihr; **3.** es ihm; **4.** sie uns – sie ihnen

71. **1.** das – der; **2.** dem; **3.** die – Die; **4.** denen

72. **1.** Was; **2.** Wie; **3.** Wann; **4.** Bis wann / Wie lange; **5.** Was / Wie viel

73. **1.** Welche; **2.** Welche; **3.** Welchen; **4.** welchen

74. **1.** welcher; **2.** Was für ein; **3.** welchem; **4.** Was für

75. **1.** Sie; **2.** Ihre; **3.** Ihnen; **4.** Ihren; **5.** Sie; **6.** Ihnen; **7.** Ihre

76. **1.** nicht; **2.** kein; **3.** keinen; **4.** kein; **5.** nicht

77. **1.** Nein, wir waren nicht im Kino. **2.** Nein, das Konzert (= es) war nicht gut. **3.** Nein, ich habe meine Schwester (= sie) nicht angerufen.

78. **2.** Sie macht keinen Sport. **3.** Sie hat keinen Stress. **4.** Sie isst kein Obst und (kein) Gemüse. **5.** Sie schläft nicht genug.

79. **2.** Der Spanischkurs findet nicht im ersten Stock, sondern im dritten Stock statt. *(Oder: … findet nicht im ersten Stock statt, sondern im dritten Stock.)* **3.** Die Vorlesung von Professor Lohmann beginnt nicht um 17 Uhr, sondern um 15 Uhr. **4.** Die Bibliothek ist heute nicht bis 20 Uhr geöffnet, sondern bis 22 Uhr. *(Oder: … ist heute nicht bis 20 Uhr, sondern bis 22 Uhr geöffnet.)*

80. **1.** kein(e)s; **2.** eine; **3.** einen

81. **2.** Nein, wir haben kein(e)s mehr. **3.** Ja, wir haben noch welche. **4.** Nein, wir haben keinen mehr. **5.** Ja, wir haben noch einen.

82. **1.** man; **2.** einem; **3.** einen

83. **1.** alles; **2.** vieles; **3.** alles; **4.** Einige; **5.** viele; **6.** alle

84. **1.** Jeder; **2.** jeden; **3.** alle; **4.** welche; **5.** kein(e)s

85. **1.** nichts; **2.** niemand; **3.** niemand(en); **4.** jemand(em); **5.** niemand

86. **1.** nichts; **2.** etwas; **3.** nichts; **4.** etwas

87. **1.** nichts; **2.** niemanden – niemand – jemandem

88. **1.** etwas; **2.** nichts; **3.** nichts

89. **1.** etwas; **2.** jemand; **3.** etwas; **4.** Jemand; **5.** niemand; **6.** jemandem; **7.** niemand

90. **1.** P; **2.** P; **3.** POS. 1; **4.** S – S; **5.** S

91. **2.** Ich habe es in einem kleinen Geschäft in der Nähe des Bahnhofs gekauft. **3.** In welchem Geschäft hast du es gekauft? **4.** … dann ist es gleich links neben dem Supermarkt. **5.** Gibt es da noch mehr solche Kleider? **6.** Da gibt es viele schöne Sachen, nicht nur Kleider.

92. **1.** In unsere Stadt kommen immer mehr Touristinnen und Touristen. **2.** Dass unsere Stadt so beliebt ist, ist schön. **3.** Dass wir die Infrastruktur ausbauen, ist aber auch nötig. **4.** Zurzeit werden neue Parkplätze am Stadtrand angelegt. **5.** Bald wird es günstige Busfahrkarten und Kombitickets geben. **6.** Dabei geht es uns auch um den Umweltschutz.

93. **1.** nicht; **2.** Kein; **3.** nicht;

1. Der Automat gibt kein Wechselgeld. **2.** Jugendliche unter 18 Jahren dürfen hier keinen Alkohol kaufen. **3.** Man soll den Pinguinen kein Futter geben.

94. **1.** etwas – nichts – etwas – nichts; **2.** eine – kein(e)s; **3.** keinen – nichts

95. **1.** … weil es einen Unfall in der Hauptstraße gab. **2.** … aber ich kann es nicht versprechen. **3.** Wie geht es dir? **4.** Mir geht es gut. **5.** Schneit es bei euch auch schon den ganzen Tag? **6.** Mir reicht es. **7.** Ich finde es eigentlich schön.

96. **1.** Vor einer Einfahrt darf man nicht parken. **2.** In dieser Straße darf man nicht schneller als 30 km/h fahren. **3.** An einem Stoppschild muss man immer anhalten.

97. **1.** jemanden – jemandem; **2.** etwas – Man – man – viel

98. **1.** *(auf der Milchstraße)*; **2.** keine *(der Spaßvogel)*; **3.** keine *(der Weltraum)*; **4.** nichts *(in der Baumschule)*

99. **1.** alte – alten; **2.** neue – neue; **3.** moderne – bunten – anderen; **4.** gelbe – frischen

100. **1.** dunkle – dunklen; **2.** saure – sauren; **3.** teure – teuren; **4.** hohe – hohen

101. **1.** schönen; **2.** alten; **3.** zentralen; **4.** historischen; **5.** linken; **6.** dicken; **7.** schmale; **8.** breiten; **9.** dunklen; **10.** ganze; **11.** alten; **12.** herrlichen; **13.** schöne; **14.** nahen

102. **1.** gute; **2.** Herzlichen – vielen; **3.** Schönes; **4.** schöne – angenehme – gute; **5.** Schönen – nächstes

103. **1.** Erstklassiger; **2.** italienische; **3.** verschiedene; **4.** Trockener; **5.** französischer; **6.** frisches; **7.** frische; **8.** halben; **9.** Feinste; **10.** edler

104. **1.** warme; **2.** Gegrilltes; **3.** grünen; **4.** Paniertes *(Sg.)*/Panierte *(Pl.)*; **5.** gemischtem; **6.** gepresste

105. **1.** altes; **2.** antiker; **3.** großer; **4.** Schönes; **5.** Beste; **6.** möbliertes; **7.** zentraler; **8.** Modernes; **9.** gebrauchte; **10.** neuen; **11.** erfahrenen

106. **1.** großer; **2.** kleiner; **3.** große; **4.** kleine; **5.** halbes

107. **1.** großen; **2.** kleine; **3.** große; **4.** kleine; **5.** halbes

108. **1.** gutes – günstiges; **2.** schöne – gutes – spannenden – aktuellen

109. **1.** neuen; **2.** neues; **3.** alten; **4.** altes; **5.** schönen; **6.** weißen; **7.** neuen; **8.** halben; **9.** jungen; **10.** armen; **11.** unbekannten; **12.** modernes; **13.** reicher; **14.** bekannter

110. **1.** diesjährigen; **2.** späten; **3.** langen; **4.** erfolgreichen; **5.** gutes; **6.** neues

111. **1.** neues – alte – alt – bequem; **2.** neuen – alter – klein – viele – alte – groß; **3.** schöne – grüne – alten – gut; **4.** neues – großes – wirklich – schönes – teuer – teuer

112. **1.** nördlichen; **2.** natürlichen; **3.** kleinen; **4.** weiten; **5.** flachen; **6.** möglichen; **7.** Zahlreiche; **8.** echten/echte; **9.** viele; **10.** bunte; **11.** müde; **12.** langsam; **13.** extrem; **14.** gefährlich

113. **1.** letzte; **2.** schwer; **3.** großen; **4.** eigenen; **5.** ganz; **6.** schön; **7.** schwierig

114. **1.** ehemaliger; **2.** viele; **3.** täglich; **4.** hohen; **5.** junge; **6.** Überraschend; **7.** riskant; **8.** viele; **9.** ganz; **10.** nervös

115. **1.** Deutsche; **2.** Englische; **3.** Italienisches; **4.** chinesische; **5.** große; **6.** Gesunde; **7.** Glücklich; **8.** positivem; **9.** richtig

116. **1.** neuer – neuen – neuer; **2.** wirklich – lecker – tolle – alten – gute – gut; **3.** neuen – neuen – alter – viel – langsam – neues; **4.** gelben – blau – gelbe

117. **1.** blaue – festem *(eine Jeans)*; **2.** süße – rund – schmal *(eine Birne)*; **3.** großes – langen *(eine Giraffe)*; **4.** großes – weißen – schwarzen *(ein Klavier)*; **5.** künstlerischer – besonderen *(ein Gedicht)*

118. **1.** Heiße; **2.** Großer; **3.** kleiner; **4.** Große; **5.** kleine; **6.** Heiße; **7.** kalte; **8.** Verschiedene; **9.** Frisch; **10.** gepresste

119. **1.** geehrte; **2.** ganz; **3.** herzlich; **4.** historischen; **5.** rechten; **6.** alte; **7.** linken; **8.** südlichen; **9.** äußeren; **10.** größte; **11.** bekannteste; **12.** deutschen; **13.** einzigartige

120. **1.** mittelgroßer; **2.** schönen; **3.** neue; **4.** kleinen; **5.** südlichen; **6.** modernes; **7.** großen; **8.** vielen; **9.** interessanten; **10.** zentralen; **11.** kleinen; **12.** leckeres; **13.** frisches; **14.** viele; **15.** andere; **16.** regionale; **17.** relativ; **18.** günstig; **19.** gut; **20.** vielen; **21.** verschiedenen; **22.** gemütlichen; **23.** freies; **24.** Liebe

121. **1.** kleiner als; **2.** größer als; **3.** älter als; **4.** höher als

122. **1.** billigere; **2.** teureres – größeres; **3.** besseren; **4.** längeren; **5.** jüngeren

123. **1.** am schnellsten; **2.** am billigsten / das billigste; **3.** nächste; **4.** kürzesten

124. **1.** als – so (= genauso) … wie; **2.** als – so (= genauso) … wie

125. **1.** schlafende; **2.** lachendes; **3.** spielende; **4.** geöffnete; **5.** ankommende; **6.** angekommene; **7.** eingeladenen; **8.** renoviertes; **9.** funktionierendes; **10.** vereinbarter

126. **2.** gekaufte; **3.** benutzte; **4.** verschriebenen; **5.** heruntergeladenen

127. **1.** versprochene; **2.** geplanter; **3.** entspannt/entspannend; **4.** hupende; **5.** vorbeifahrende; **6.** stattfindenden; **7.** lachenden; **8.** singenden; **9.** schmeckende; **10.** gespülten; **11.** weggeworfener; **11.** abgebildeten

128. **2.** Interessantes; **3.** Komische; **4.** Bekannter; **5.** Angestellte; **6.** Arbeitslosen

129. **1.** Gute; **2.** Süßes; **3.** Beides – Gleiche; **4.** Neueste – Neues

130. **1.** Spezielles; **2.** Originelleres; **3.** Bestimmtes; **4.** Alltägliches; **5.** Schönes

131. **1.** Fortgeschrittene; **2.** Angehörigen; **3.** Deutsche; **4.** Jugendliche; **5.** Auszubildende

132. **1.** wärmer – sonniger; **2.** kälter; **3.** lustiger; **4.** schöner

133. **1.** besten – leckersten – frischeste – gesündeste; **2.** nettesten – meisten

134. **1.** kleinste *(Bremen)*; **2.** längste *(die Donau)*; **3.** größte *(Frankfurt am Main)*; **4.** höchste *(die Zugspitze)*

135. **1.** lieber – als; **2.** Am liebsten; **3.** leichter – als

136. Erwachsene; Jugendliche; Studierende

137. **1.** Wichtiges; **2.** Schönes; **3.** Richtige; **4.** Warmes; **5.** Leckeres; **6.** Neues; **7.** Besonderes; **8.** Neueste; **9.** Verwandten; **10.** Verwandte; **11.** Bekannten

138. vierhundertfünfzig; dreihundertfünfundsiebzig; (ein)hundertfünfundzwanzig; dreißig; fünfundsiebzig; fünfunddreißig

139. vier; fünfundsechzig; fünfzehn Euro neunundvierzig; zwölf Euro fünfundfünfzig; neunzehn; zweihundertfünfundsiebzig; fünf Euro achtundneunzig; drei Euro achtundsiebzig; siebenunddreißig

140. **1.** sechstausenddreihundertvierundachtzig; **2.** sechstausendachthundertzweiundfünfzig; **3.** achttausendachthundertachtundvierzig; **4.** elftausendvierunddreißig; **5.** dreihundertvierundachtzigtausend; **6.** vierzigtausendvierundsiebzig

141. zwölften; sechs; erste; ersten; erste; zweite; zehnten

142. **2.** der erste Fünfte – am ersten Fünften; **3.** der zehnte Zwölfte – am zehnten Zwölften; **4.** der fünfundzwanzigste und sechsundzwanzigste Zwölfte – am fünfundzwanzigsten und sechsundzwanzigsten Zwölften; **5.** der einunddreißigste Zwölfte – am einunddreißigsten Zwölften

143. **1.** Am siebzehnten Dritten zweitausendeins.
2. Am dreiundzwanzigsten Elften neunzehnhundertneunundneunzig.
3. Am einunddreißigsten Fünften zweitausendvier.

144. **2.** elf Uhr fünfundfünfzig / dreiundzwanzig Uhr fünfundfünfzig – fünf vor zwölf; **3.** zwölf Uhr fünf / null Uhr fünf – fünf nach zwölf

145. **1.** fünf vor neun; **2.** zwanzig vor zehn; **3.** 10:00–10:45 Uhr; **4.** fünf vor elf; **5.** zwanzig vor zwölf; **6.** zehn vor zwölf; **7.** fünf nach halb eins; **8.** 13:05–13:50 Uhr

146. **1.** sieben Uhr eins; **2.** sechs Uhr achtundfünfzig; **3.** sieben Uhr zweiunddreißig; **4.** sieben Uhr achtundvierzig

147. drei; der dritte Fünfte; ein Drittel; dreimal; fünf; der fünfte Siebte; ein Fünftel, fünfmal; zehn; der zehnte Neunte; ein Zehntel; zehnmal

148. Drei plus vier ist sieben. Dreizehn minus vier ist neun. Dreiundzwanzig plus vier ist siebenundzwanzig. Fünf mal sieben ist fünfunddreißig. Achtzehn (geteilt) durch sechs ist drei. *(Überall Alternativen: ist / gleich / ist gleich.)*

149. **1.** ein Drittel – die Hälfte; **2.** viermal; **3.** Ein Fünftel; **4.** drei Viertel – zweimal; **5.** dreimal

150. **1.** Zwei Fünftel plus drei Fünftel gleich eins. *($2/5 + 3/5 = 1$)*
2. Acht mal sieben gleich sechsundfünfzig. *($8 \times 7 = 56$)*
3. Vierundzwanzig minus fünfzehn gleich neun. *($24 - 15 = 9$)*

151. **1.** hundert; **2.** achtzig; **3.** vierhunderteinundfünfzig; **4.** siebte; **5.** vierzig; **5.** dritte; **6.** tausendundeine

152. fünfte Vierte; vierten Fünften; zwei; vierten Siebten; neunzehnhundertachtundachtzig; neunzehnhundertsiebenundachtzig; zehn

153. **1.** elf Uhr dreißig bis vierzehn Uhr; **2.** sechs Euro neunundachtzig; **3.** sieben Euro neunundvierzig; **4.** drei; **5.** drei mal fünf; **6.** vierzig; **7.** vierundvierzig Euro neunundsiebzig

154. tausendste; einen; ein; zwei; neunundneunzig

155. **1.** Viertel vor sechs; **2.** fünf nach sechs; **3.** Viertel nach sechs; **4.** fünf vor halb sieben; **5.** fünf vor sieben; **6.** sieben (Uhr)

156. 611; 381; 725; 4 352; 80 037; 1 530 800; $32 - 4 = 28$; $1/32$; $1/500$

157. **1.** Papier; **2.** Tomaten; **3.** Haut

158. **1.** der Apfelkuchen; **2.** der Nudelsalat; **3.** die Kartoffelsuppe; **4.** das Butterbrot

159. **2.** die Plastiktüte; **3.** die Kaffeetasse; **4.** das Tischtuch

160. **2.** die Sonnenbrille; **3.** der Orangensaft; **4.** das Taschenbuch

161. **2.** das Schlafzimmer; **3.** der Kochtopf; **4.** die Bratpfanne

162. das Frühjahr; die Großeltern; das Weißbrot

163. der Nachmittag; die Nachspeise; die Nebenkosten; die Nebenstraße; der Vormittag; die Vorspeise

164. **2.** das Würstchen; **3.** das Büchlein; **4.** das Häuschen; **5.** das Bäumchen; **6.** das Tierchen

165. **2.** der Lehrer; **3.** die Taxifahrerin; **4.** die Briefträgerin; **5.** der Apotheker; **6.** die Zahnärztin

166. **2.** Schwimmerin; **3.** Zuschauer; **4.** Sängerin; **5.** Raucher; **6.** Leipzigerin; **7.** Radfahrer; **8.** Fußballspielerin

167. **2.** Schwimmen; **3.** Joggen; **4.** Aufräumen; **5.** Einkaufen; **6.** Rauchen; **7.** Lesen

168. **1.** kalorienarm; **2.** vitaminreich; **3.** alkoholfrei; **4.** fettarm; **5.** fehlerfrei

169. **1.** federleicht; **2.** grasgrün; **3.** himmelblau; **4.** staubtrocken; **5.** glasklar; **6.** blitzschnell; **7.** feuerrot; **8.** taghell

170. **1.** trennbar; **2.** bezahlbar; **3.** lösbar; **4.** unlösbar; **5.** trinkbar; **6.** unerreichbar; **7.** ausleihbar; **8.** unüberhörbar

171. **1.** täglich; **2.** sonnig; **3.** wolkenlos; **4.** sommerlich; **5.** windig

172. **1.** der Arbeitsplatz; **2.** das Reinigungstuch; **3.** die Wohnungstür; **4.** der Zeitungskiosk

173. **1.** der Obstkuchen; **2.** salzreich; **3.** das Bücherregal; **4.** die Kellertür; **5.** austauschbar; **6.** das Studentenwohnheim; **7.** unklar; **8.** bargeldlos; **9.** unsicher

174. **2.** der Staubsauger; **3.** der Schalter; **4.** der Wasserkocher; **5.** der Geschirrspüler; **6.** der Mixer; **7.** der Wäschetrockner

175. ***-heit* (Artikel: *die*):** Dunkelheit, Freiheit, Gesundheit, Krankheit, Schönheit, Vergangenheit, Wahrheit;
***-keit* (Artikel: *die*):** Ähnlichkeit, Höflichkeit, Möglichkeit, Pünktlichkeit, Sauberkeit, Schwierigkeit, Wirklichkeit;
***-ung* (Artikel: *die*):** Ausbildung, Beratung, Beschäftigung, Betreuung, Entschuldigung, Regierung, Versicherung

176. **1.** Gartenparty; **2.** Grillfleisch – Grillgemüse; **3.** Kartoffelsalat; **4.** Apfelsaft – Rotwein; **5.** Pappteller; **6.** Sonnenschirm

177. **1.** Künstler *(Friedensreich Hundertwasser)*; **2.** Tennisspielerin *(Steffi Graf)*; **3.** Zeichner *(Albert Uderzo)*

178. **1.** Wir; **2.** ihr; **3.** du; **4.** Sie; **5.** ihr; **6.** sie; **7.** sie; **8.** du

180. **1.** begrüßt – begrüßen; **2.** geht – schließt; **3.** beginnt – hören; **4.** schreibt – markiert; **5.** verstehen – erklärt; **6.** fragt – antwortet; **7.** sucht – findet

181. **1.** machst; **2.** Kommst; **3.** besuche; **4.** wohnt; **5.** macht; **6.** Studiert; **7.** arbeitet; **8.** lebt; **9.** kommt; **10.** stimmt; **11.** wohnen

182. **1.** gehst; **2.** siehst; **3.** lebst; **4.** gibst; **5.** trägst; **6.** sagst; **7.** kaufst; **8.** läufst; **9.** brauchst

184. **1.** zahlt *(die Miete);* **2.** isst *(in der Küche, im Wohnzimmer, im Esszimmer);* **3.** steht *(in der Garage);* **4.** schläft *(im Schlafzimmer)*; **5.** wäscht *(im Bad, im Badezimmer);* **6.** wohnt *(der Nachbar, die Nachbarin)*

185. **1.** trifft; **2.** sitzen – hört – liest; **3.** läuft; **4.** kauft – fährt; **5.** hilft

186. **1.** fährst; **2.** lesen; **3.** sehe; **4.** beginnt; **5.** finde; **6.** nehme; **7.** Fährst; **8.** schläfst; **9.** sehen

187. **1.** ein; **2.** an; **3.** mit; **4.** mit; **5.** ab; **6.** zu; **7.** aus; **8.** an

188. **1.** stehe … auf; **2.** mache … an; **3.** ziehe … an; **4.** steige ein

189. anziehen, aufräumen, ausfüllen, mitbringen, vorstellen, wegbringen, zuhören, zurückkommen

190. **2.** Wir holen sie vom Busbahnhof ab. **3.** Am Samstagabend laden wir sie ins Theater ein. **4.** Den Sonntag verbringen wir gemeinsam in den Bergen.

191. **1.** sind; **2.** bin; **3.** ist; **4.** ist; **5.** ist; **6.** ist; **7.** bist; **8.** sind; **9.** seid

179.

ich	komme	lerne	rede	benutze
du	kommst	lernst	redest	benutzt
er/sie/es	kommt	lernt	redet	benutzt
wir	kommen	lernen	reden	benutzen
ihr	kommt	lernt	redet	benutzt
sie/Sie	kommen	lernen	reden	benutzen

183.

ich	lasse	stehe	wasche	lese	helfe	sitze
du	lässt	stehst	wäschst	liest	hilfst	sitzt
er/sie/es	lässt	steht	wäscht	liest	hilft	sitzt
ihr	lasst	steht	wascht	lest	helft	sitzt

195.

ich	mache	verkaufe	stehe auf	spreche
du	machst	verkaufst	stehst auf	sprichst
er/sie/es	macht	verkauft	steht auf	spricht
wir	machen	verkaufen	stehen auf	sprechen

192. **1.** habe – Hat; **2.** hat; **3.** Habt – haben; **4.** haben – habe

193. **1.** wird – werden – sind; **2.** werde – wirst; **3.** werden – werdet; **4.** werden

194. **1.** ist/wird – habe – werde; **2.** wird – habe – habe – hast – ist; **3.** bin – habe – wirst; **4.** haben – hat – werde

196. **1.** f; **2.** a; **3.** b; **4.** e; **5.** d; **6.** c; **7.** k; **8.** i; **9.** h; **10.** l; **11.** g; **12.** j

197. **1.** Gehen; **2.** lerne; **3.** gehe; **4.** bin; **5.** wartest; **6.** beginnt

198. **1.** d; **2.** b; **3.** g; **4.** e; **5.** a; **6.** f; **7.** c

199. **1.** empfiehlst; **2.** seid – sind; **3.** erkältest; **4.** missverstehst; **5.** ist; **6.** Hilfst

200. **1.** Er spricht schon Englisch und Russisch, und er lernt auch Französisch. **2.** Er steht auf, isst zwei Brötchen und trinkt eine Tasse Kaffee, und dann nimmt er den Bus und fährt zur Arbeit. **3.** Er räumt zuerst den Schreibtisch auf, und dann fängt er mit der Arbeit an. Nach der Arbeit fährt er zum Training.

201. **1.** müssen; **2.** musst; **3.** muss; **4.** müssen; **5.** müsst

202. **1.** Darf; **2.** muss; **3.** muss; **4.** müssen; **5.** Dürft; **6.** darf; **7.** Darf; **8.** muss

203. **1.** darfst; **2.** darf; **3.** muss; **4.** Darf; **5.** muss

204. **2.** Darf ich Sie etwas fragen?
3. Wo muss ich bezahlen?
4. Darf ich das Fenster öffnen?
5. Müsst ihr in den Ferien für die Schule lernen?
6. Muss Ben viel im Haushalt helfen?

205. **1.** wollen – will; **2.** möchten – möchte – möchten

206. **1.** möchte; **2.** will; **3.** will; **4.** will

207. **2.** Willst du nach Hause? **3.** Wollt ihr Kaffee oder Tee? **4.** Am liebsten mag Sofie Gummibärchen. **5.** Das Kind will eine neue Puppe haben. **6.** Möchtest du mit mir wegfahren? **7.** Magst du mir eine Geschichte erzählen?

208. **1.** F; **2.** M, E; **3.** B; **4.** M

209. **2.** Können Sie bitte langsamer sprechen? **3.** Kannst du mir bitte den Stift geben? **4.** Können Sie bitte das Wort an die Tafel schreiben?

210. **1.** kannst *(München)*; **2.** können *(1918)*; **3.** kann *(Pferd)*

211. **1.** kann; **2.** Könnt; **3.** kann; **4.** will; **5.** musst; **6.** können; **7.** musst; **8.** können; **9.** können

212. **1.** Sollen; **2.** Soll; **3.** soll – soll; **4.** sollen; **5.** sollst; **6.** sollen

213. **1.** Der Chef sagt, wir sollen jetzt eine Pause machen. **2.** Er sagt, du sollst die Briefe zur Post bringen. **3.** Thomas soll die Rechnungen ausdrucken. **4.** Andrea und Ingo sollen das Sommerfest organisieren. **5.** Ich soll neue Termine vereinbaren.

214. … am besten den Zug Richtung Manhattan nehmen. Wir sollen am Grand Central Terminal auf sie warten. Wir sollen sie anrufen, wenn wir da sind. Du sollst unbedingt warme Kleidung einpacken.

215. **1.** soll; **2.** sollt; **3.** soll; **4.** sollst; **5.** sollst; **6.** soll; **7.** sollst; **8.** sollen

216. **2.** Hier darf man nicht essen *(a)*. **3.** Hier muss man nicht (mehr) Tempo 30 fahren *(d)*. **4.** Hier darf man nicht Fahrrad fahren *(c)*.

217. **1.** brauchst; **2.** dürfen; **3.** braucht; **4.** musst

218. **1.** muss; **2.** brauche; **3.** darf

219. **1.** Nein, du darfst hier nicht parken. **2.** Nein, er muss morgen nicht arbeiten/ braucht morgen nicht zu arbeiten. **3.** Nein, du musst nicht alles allein machen / brauchst nicht alles allein zu machen.

220. **1.** Sollen – braucht; **2.** kann – kann; **3.** möchtest – musst

221. **1.** darf *(a)*; **2.** muss *(d)*; **3.** darf *(b)*; **4.** dürfen *(c)*

222. **1.** darf; **2.** kann; **3.** Möchtest; **4.** müssen – dürfen; **5.** kann – muss – darf; **6.** können – müssen; **7.** Darf – mag; **8.** soll

223. **1.** möchten; **2.** könnt; **3.** könnt; **4.** soll; **5.** können; **6.** könnt; **7.** möchtet

224. **1.** Ich will mit meinem Freund nach Rügen fahren. **2.** Dort können wir jeden Tag schwimmen. **3.** Aber unsere 17-jährige Tochter will nicht mitkommen. **4.** Sie will den Sommer mit ihren Freundinnen und Freunden verbringen. **5.** Natürlich braucht sie nicht mit uns zu fahren. **6.** Sie kann selbst entscheiden. **7.** Aber sie soll jeden Tag die Katzen füttern.

226. **2.** Trinken Sie; **3.** Essen Sie; **4.** Bleiben Sie; **5.** Schlafen Sie; **6.** rauchen Sie

227. **1.** Frag; **2.** Geh; **3.** Hab; **4.** Ordne

228. **2.** Bitte lesen Sie den Text. **3.** Bitte antworten Sie. **4.** Bitte kreuzen Sie an. **5.** Bitte geben Sie den Test ab.

229. **2.** Bitte öffnet das Buch. **3.** Bitte macht die Hausaufgaben. **4.** Bitte kommt nicht zu spät. **5.** Bitte seid nicht so laut.

230. **1.** gewartet; **2.** fahren; **3.** gefragt; **4.** gekauft; **5.** geblieben; **6.** suchen; **7.** gestellt; **8.** zahlen

231. **1.** habe … geschlafen; **2.** hast … gekauft; **3.** Hat … gezeigt; **4.** haben … gekostet; **5.** habt … gelernt; **6.** Hast … gesprochen

232. **1.** habe … gewohnt; **2.** habe … gemacht; **3.** haben … gelebt; **4.** geholfen; **5.** habe … gewählt; **6.** habe … gemacht; **7.** habe … gegeben; **8.** gelesen; **9.** habe … geschrieben; **10.** geantwortet; **11.** habe … gearbeitet; **12.** geleitet; **13.** habe … gefunden

233. **1.** abgeholt; **2.** angerufen; **3.** reserviert; **4.** bekommen; **5.** aufgemacht; **6.** zugesehen; **7.** mitgespielt; **8.** verstanden; **9.** kontrolliert; **10.** verkauft.
Trennbare Verben: abholen, anrufen, aufmachen, zusehen, mitspielen

234. **1.** habt … eingekauft; **2.** Hast … eingepackt; **3.** haben … besucht; **4.** Hat … mitgenommen; **5.** habe … verloren; **6.** Hast … repariert

225.

Infinitiv	*du*-Form	*ihr*-Form	*Sie*-Form
gehen	Geh!	Geht!	Gehen Sie!
essen	Iss!	Esst!	Essen Sie!
weglaufen	Lauf weg!	Lauft weg!	Laufen Sie weg!
klingeln	Klingle!	Klingelt!	Klingeln Sie!
sprechen	Sprich!	Sprecht!	Sprechen Sie!

235. **1.** Wir haben letzte Woche viel trainiert. **2.** Hat euer Team gestern gewonnen? **3.** Wir haben die Prüfung bestanden. **4.** Was hast du repariert? **5.** Ich habe gestern meine Tante besucht.

236. **2.** Nachdem er einen Kunden beraten hat, schreibt er nachmittags einen Bericht. **3.** Nachdem er den Bericht ausgedruckt hat, nimmt er den Bus nach Hause. **4.** Nachdem er sich umgezogen hat, joggt er durch den Park. **5.** Nachdem er eine halbe Stunde ferngesehen hat, geht er schlafen.

237. **Perfekt mit *haben*:** holen, kochen, sammeln, sehen, treffen;
Perfekt mit *sein*: einsteigen, laufen, wachsen

238. **1.** sind … gegangen; **2.** seid … geblieben; **3.** bist … gewesen; **4.** Bist … gekommen; **5.** bin … gekommen; **6.** Hast … gefahren; **7.** ist … gefahren; **8.** Seid … geflogen; **9.** Bist … gelaufen; **10.** seid … gewesen

239. **2.** ist … geworden; **3.** sind … gesprungen; **4.** geschwommen; **5.** sind … gelaufen; **6.** haben … gespielt; **7.** ist … gefallen; **8.** hat … geholt; **9.** haben … gegrillt

240. **1.** ist … geflogen *(Charles Lindbergh)*; **2.** ist … gesunken *(1912)*; **3.** hat … gegeben *(Marilyn Monroe)*

241. **1.** Schreib eine To-do-Liste! **2.** Plan den Tag gut! **3.** Fang pünktlich mit der Arbeit an! **4.** Mach Pausen! **5.** Arbeite nach Pausen schnell weiter! **6.** Bleib immer ruhig! **7.** Schlaf genug! **8.** Freu dich über Erfolge! **9.** Vergiss nicht die Freizeit!

242. *bitten* – du bittest – gebeten; *einkaufen* – du kaufst ein – eingekauft; *legen* – du legst – gelegt; *schreiben* – du schreibst – geschrieben; *suchen* – du suchst – gesucht; *hoffen* – du hoffst – gehofft
Unregelmäßige Verben: bitten, schreiben

243. **1.** hast; **2.** Bist; **3.** bist; **4.** hast; **5.** hat; **6.** Hast

244. **1.** hast … besucht; **2.** habe … verbracht; **3.** hat … gefallen; **4.** habe … gelernt; **5.** haben … angeboten; **6.** habt … gesehen; **7.** haben … besichtigt; **8.** sind … gefahren; **9.** hast … gewohnt; **10.** habe … gesprochen; **11.** hat … studiert

245. **2.** bin … aufgestanden; **3.** habe … angezogen; **4.** bin … gelaufen; **5.** ist … losgefahren; **6.** bin … eingestiegen; **7.** habe … bemerkt; **8.** bin … umgestiegen; **9.** bin … angekommen; **10.** habe … verspätet

246. **1.** hatten; **2.** waren; **3.** hatten; **4.** war; **5.** waren

247. **1.** fuhren; **2.** gingen; **3.** kaufte; **4.** holte; **5.** bemerkten; **6.** hatten; **7.** liefen; **8.** wählten; **9.** zahlten; **10.** nahmen; **11.** rannten; **12.** schafften

248. **1.** Vanessa und Sebastian stiegen in den Zug ein. **2.** Im Zug lasen sie die Zeitung und tranken den Kaffee. **3.** Ein Zugbegleiter kontrollierte ihre Tickets; er war sehr nett. **4.** Ihre Freunde in Neustadt holten Vanessa und Sebastian am Bahnhof ab. **5.** Sie zeigten ihnen die Stadt und brachten sie in ein gemütliches Lokal. **6.** Am Abend besuchten sie zusammen ein Konzert.

249. **2.** er konnte; **3.** ich konnte; **4.** durfte man; **5.** mochtest du; **6.** ich wollte; **7.** du musstest; **8.** ich wollte; **9.** ihr durftet; **10.** er musste

250. **1.** durftest; **2.** musste; **3.** durfte; **4.** musste; **5.** musstest; **6.** mussten

251. **1.** wollte; **2.** mochte; **3.** wollten; **4.** mochte

252. **1.** warst; **2.** hatte; **3.** hatten; **4.** waren; **5.** hatte; **6.** war

253. **1.** verlegt hatte; **2.** hatte … gelernt; **3.** gefahren war; **4.** überwiesen hatte; **5.** war … gegangen – vergessen hatte

254. **1.** hatte … geschlafen; **2.** gekommen war; **3.** getrunken hatte; **4.** war … gekommen; **5.** mich beeilt hatte; **6.** geschrieben hatte

255. **1.** werden … machen; **2.** werde … bauen lassen; **3.** werden … besuchen; **4.** werden … leben

256. **1.** werden; **2.** wird; **3.** wird; **4.** werden; **5.** Wirst

257. **1.** werden … gehen; **2.** wird … lernen; **3.** wird … sein; **4.** wird … regnen

258. **2.** Lisa und Franz werden an der Bar sitzen und Bier trinken. **3.** Daniela und Andrea werden vor dem Zelt sitzen und Schach spielen.

259. **1.** ereignete sich; **2.** fuhr; **3.** verlor; **4.** wollte … abbiegen; **5.** übersah; **6.** blieben; **7.** entstand

260. **2.** … hatte ihre kleine Tochter Luftballons aufgehängt. **3.** … hatte ihre Schwester den Tisch gedeckt. **4.** … hatte ihr Cousin einen Kuchen gebacken. **5.** … hatte die Nachbarin den Eingang dekoriert. **6.** … hatte der Pizzaservice die Pizza geliefert. **7.** … hatte der Getränkehändler die Getränke gebracht. **8.** … waren alle acht Gäste gekommen und hatten sich an den Tisch gesetzt.

261. **1.** freute sich; **2.** begrüßte; **3.** gratuliert hatten; **4.** packten … aus; **5.** stellte; **6.** konnte beginnen; **7.** schmeckte; **8.** war; **9.** gegessen hatten; **10.** öffnete; **11.** bekam; **12.** schenkte; **13.** unterhielten sich; **14.** mussten … aufstehen; **15.** blieben; **16.** war

262. **1.** gewann *(Frankreich)*; **2.** fanden … statt *(1896)*; **3.** wurde *(7-mal)*

263. **1.** werde … schlafen; **2.** werde … gehen; **3.** werde … anrufen; **4.** wird … kommen; **5.** werden … besuchen

264. **1.** ich werde, ich wurde, ich würde; **2.** du bist, du warst, du wär(e)st; **3.** Sie müssen, Sie mussten, Sie müssten; **4.** du sollst, du solltest, du solltest; **5.** wir haben, wir hatten, wir hätten; **6.** er ist, er war, er wäre; **7.** sie werden, sie wurden, sie würden; **8.** ich kann, ich konnte, ich könnte; **9.** wir sollen, wir sollten, wir sollten; **10.** er darf, er durfte, er dürfte; **11.** du musst, du musstest, du müsstest; **12.** ihr wollt, ihr wolltet, ihr wolltet

265. *gehen,* wir gingen, wir gingen;
geben, er gab, er gäbe;
bleiben, wir blieben, wir blieben

266. **1.** Könntest/Würdest … helfen?
2. Könnten/Würden … leihen?
3. Könnten/Würden … machen?
4. Könntest/Würdest … wegräumen?

267. **1.** könnten … gehen; **2.** könnte … helfen; **3.** könnten … essen gehen; **4.** könntest … nehmen

268. **1.** würde; **2.** solltest; **3.** sollte; **4.** solltet; **5.** wäre – würdest; **6.** sollte; **7.** würde

269. **1.** hätte; **2.** wäre; **3.** hätten; **4.** Hätte; **5.** Wäre; **6.** wäre

270. **1. b)** Könnte ich doch gut tanzen! **2. a)** Wenn sie doch Zeit für mich hätte! **b)** Hätte sie doch Zeit für mich! **3. a)** Wenn ich doch nicht immer so schnell müde würde! **b)** Würde ich doch nicht immer so schnell müde!

271. **1.** würde – würde; **2.** würde – wäre; **3.** hätten – würden; **4.** würdet – wären; **5.** hätten – würdest

272. **2.** Wenn er Geld hätte, könnte er sich einen neuen Drucker kaufen. **3.** Wenn er seinen Drucker selbst reparieren könnte, müsste er ihn nicht zur Reparatur bringen. **4.** Wenn er ein Auto hätte, müsste er nicht mit dem Bus zum Händler fahren.

273. **1.** gewusst hätte – hätte … geklingelt; **2.** gefahren wär(e)st – hättest … gelernt

274. (...) in Australien gemacht hätte, hätte ich dort nicht John (...) kennengelernt. Wenn ich dort nicht John (...) kennengelernt hätte, hätten wir nicht zusammen eine Praxis eröffnet. Wenn wir nicht zusammen eine Praxis eröffnet hätten, wäre ich nicht in Australien geblieben.

275. **1.** Würden/Könnten Sie mir bitte 200 g Salami geben? **2.** Würden/Könnten Sie mir bitte helfen? **3.** Würden/Könnten Sie mir bitte erklären, wie das Gerät funktioniert?

276. **2.** A; **3.** B; **4.** C; **5.** A; **6.** A

277. **1.** c; **2.** d; **3.** a; **4.** b

278. **1.** Wenn ich eine Lösung wüsste, würde ich dir helfen. **2.** Wenn er pünktlich käme, könnten wir losgehen. **3.** Wenn Manuel tanzen könnte, würde er mit seiner Freundin zum Ball gehen.

279. **2.** Sonst hätte ich sie besucht.
3. Sonst hätten wir ihn eingeladen.
4. Sonst hätte ich ihn benachrichtigt.

280. **2.** Wenn du einen Hund hättest, wärst du öfter an der frischen Luft. **3.** Wenn sie mehr reisen würde, hätte sie viele Freunde auf der ganzen Welt. **4.** Wenn du nicht in Stuttgart leben würdest, könnten wir uns häufiger sehen.

281. **1.** wäre ... gewesen; **2.** gekommen wärst; **3.** gewusst hätte; **4.** wäre ... gekommen; **5.** gelesen hättest; **6.** hättest ... gewusst

282. **2.** ... werden geschält, in Scheiben geschnitten und in eine Schüssel gegeben. **3.** ... werden klein geschnitten. **4.** ... werden mit Salz und Pfeffer, Essig und Öl gemischt. **5.** ... wird über die Kartoffeln gegossen.

283. **1.** ... mit der Arbeit begonnen.
2. Zuerst beantworten wir die E-Mails.
3. Bis mittags wird telefoniert. **4.** Um 13 Uhr essen wir zu Mittag.

284. **1.** Wann wurde die Berliner Mauer gebaut? *(1961)* **2.** Wo wurde die Mozartkugel erfunden? *(in Salzburg)* **3.** Von wem wurde Amerika entdeckt? *(Christoph Kolumbus)*

285. **2.** Getränke und Fleisch müssen gekauft werden. **3.** Stühle und Tische müssen ausgeliehen werden. **4.** Teller müssen besorgt werden. **5.** Der Grill muss aufgestellt werden. **6.** Der Salat muss zubereitet werden. **7.** Das Brot muss geschnitten werden. **8.** Die Lichterkette muss aufgehängt werden.

2. geworfen werden; **3.** musste gespült werden; **4.** musste ... gereinigt werden; **5.** mussten ... aufgeräumt werden

286. **2.** Kann der Teppich leicht gereinigt werden? **3.** Können noch einige Steckdosen montiert werden? **4.** Kann die kaputte Spülmaschine noch repariert werden?

287. **1.** Im Haus müssen die Schuhe ausgezogen werden. **2.** Vor dem Eingang dürfen keine Fahrräder abgestellt werden. **3.** Geld und andere Wertsachen sollten nicht mitgebracht werden. **4.** In unseren Räumen sollte nicht mit dem Handy telefoniert werden. **5.** Ihr Kind kann bis 17 Uhr abgeholt werden.

288. **2.** Die Bremsen mussten repariert werden. **3.** Die Lenkung musste eingestellt werden. **4.** Alle vier Reifen mussten ersetzt werden.

289. **1.** ist; **2.** wurde; **3.** werden; **4.** sind; **5.** wurde

290. **2.** Von wem wurde der Film produziert? **3.** Von wem wurde das Lied komponiert? **4.** Von wem wurde dieses Bild gemalt? **5.** Von wem wurde der Text geschrieben?

291. **2.** Die Einladungen sind schon ausgedruckt worden. **3.** Herr Wolff ist schon informiert worden. **4.** Das Formular ist schon unterschrieben worden.

292. **1.** Es wurde viel geredet. **2.** Es wurde über Politik diskutiert. **3.** Es wurde zum Glück nicht gestritten. **4.** Es wurde viel gegessen und getrunken. **5.** Es wurde lange getanzt. **6.** Es wurde bis zum Morgen gefeiert.

293. **1.** Der Gehweg vor dem Haus muss gekehrt werden. **2.** Einmal pro Woche muss die Treppe geputzt werden. **3.** Im Hof dürfen keine Müllsäcke gelagert werden. **4.** Ins Treppenhaus dürfen keine Pflanzen gestellt werden. **5.** Um 20 Uhr muss die Haustür abgeschlossen werden. **6.** Im Winter muss der Schnee auf dem Gehweg weggeräumt werden.

294. **1.** Hier darf nicht geraucht werden. **2.** Hier darf geparkt werden. **3.** Hier dürfen keine Fahrräder abgestellt werden. **4.** Hier müssen Hunde an der Leine geführt werden.

295. **1.** uns; **2.** dich; **3.** mir; **4.** mich

296. **1.** beeil dich; **2.** mich … rasieren; **3.** verspäten sich; **4.** mir … kämmen; **5.** setzt euch; **6.** sich … fertig machen

297. **1.** Die Kinder freuen sich auf die Ferien./ Die Kinder haben sich auf die Ferien gefreut. **2.** Nach dem Sport dusche ich mich. / Nach dem Sport habe ich mich geduscht. **3.** Wo meldest du dich für den Deutschkurs an? / Wo hast du dich für den Deutschkurs angemeldet? **4.** Verabschiedet ihr euch schon? / Habt ihr euch schon verabschiedet?

298. **2.** helfe … auf(zu)räumen – essen gehen; **3.** wandern gehen; **4.** geht … Fußball spielen – Klavier spielen üben; **5.** geht … kaufen

299. **1.** Wo lernt man Auto fahren? *(in der Fahrschule)* **2.** Wo kann man schwimmen lernen? *(im Schwimmbad / im Schwimmkurs)* **3.** Wo üben Kinder rechnen und schreiben? *(in der Schule)* **4.** Wo lernt man Tango tanzen? *(in der Tanzschule / im Tanzkurs)*

300. **1.** Beim Schulkonzert habe ich ihn Trompete spielen hören. **2.** Gestern habe ich Kai durch den Park joggen sehen. **3.** Hast du mich denn nicht kommen hören? **4.** Ich habe sie rauchen sehen.

301. **1.** Lässt … probieren? **2.** lässt … reparieren; **3.** Lass … stehen; **4.** liegen lassen; **5.** lässt … reparieren

302. **Satz 1:** etwas erlauben; **Satz 3 und 4:** etwas lassen, wie/wo es ist; **Satz 5:** etwas in Auftrag geben; **Satz 2:** etwas kann (nicht) gemacht werden

303. **1.** gelassen; **2.** lassen; **3.** lassen

304. **1.** Ich habe sie von meinem Assistenten erstellen lassen. **2.** Ich habe mich von Eva fahren lassen. **3.** Ich habe ihn zu Hause gelassen.

305. **1.** dich; **2.** mich; **3.** sich; **4.** sich

306. **1.** Gestern habe ich mich mit Michael getroffen. **2.** Wir haben uns im Café am Altstadt-Kino verabredet. **3.** Habt ihr euch einen Film angesehen? **4.** Michael interessiert sich leider nicht für Filme. **5.** Wir haben uns nur unterhalten.

307. **1.** gehe … schwimmen; **2.** gehen … trinken; **3.** lernt … spielen; **4.** lerne … fahren; **5.** Bleib stehen! **6.** höre … arbeiten; **7.** schimpfen höre

308. **1.** Gehst du mit mir spazieren? **2.** Warum bleibt der Zug stehen? **3.** Seht ihr den Mann dort sitzen? **4.** Hörst du den Vogel singen?

309. **2.** Mein Vater lässt mich mit seinem Auto fahren. **3.** Die Chefin lässt Svenja im Büro keine Privatgespräche führen. **4.** Der Lehrer hat uns heute länger Pause machen lassen. **5.** Meine Großeltern haben mich gestern nicht ins Kino gehen lassen.

310. **1.** lassen; **2.** gelassen; **3.** lassen; **4.** lassen; **5.** gelassen; **6.** lassen

311. **2.** Sie – ihre Freundinnen; **3.** Sie – die Geburtstagstorte; **4.** essen – Alle – die Torte; **5.** trinken – Einige – Kaffee

312. **2.** ich – es; **3.** es – Ø; **4.** du – Irina; **5.** sie – viele Programme; **6.** ich – sie; **7.** sie – Ø; **8.** sie – was; **9.** sie – mich; **10.** wir – das Problem

313. **1.** ihn; **2.** er; **3.** sie; **4.** sie; **5.** sie

314. bringen, empfehlen, schicken, verkaufen

315. **1.** das Buch – dir – es – meinem Bruder; **2.** du – Tante Wiebke – sie – mir; **3.** Diese Jacke – mir – Die Farbe – dir; **4.** dir – die Rede – Ich – dem Redner

316. **2.** erklärt – uns – die Grammatik; **3.** zeigt – den Kindern – die Fotos; **4.** schenkt – ihrer Oma – eine Blume

317. **1.** seiner Nachbarin sein Auto; **2.** es ihr; **3.** mir eine andere Geschichte; **4.** seinem Bruder nicht die Wahrheit

318. **2.** Ich habe sie ihr schon vorgestellt. **3.** Ich habe sie ihnen schon geschickt.

319. **1.** e; **2.** f; **3.** a; **4.** b; **5.** c; **6.** d

320. **1.** aus *(Kuchen)*; **2.** zu *(Pudding)*; **3.** bei *(Danke, gleichfalls!)*; **4.** um *(der Kellner)*

321. **1.** bei; **2.** für; **3.** auf; **4.** auf; **5.** mit; **6.** auf

322. **1.** mit – über; **2.** bei – für; **3.** mit – über

323. **1.** deinem Vater – mir – ihn; **2.** über; **3.** auf – von; **4.** bei – für

324. **1.** die Zeitung; **2.** einen Apfel; **3.** seinen Kindern und ihm; **4.** kein Auto; **5.** ihn; **6.** ihm; **7.** ihm; **8.** seinen Freund Paul; **9.** ihm; **10.** ihm

325. **1.** dich; **2.** mir; **3.** ihn; **4.** mich; **5.** mich; **6.** mir; **7.** mir; **8.** mir; **9.** dir

326. **2.** Ich vertraue ihm nicht mehr. **3.** Heute tun mir die Beine weh. **4.** Du darfst ihm nicht widersprechen. **5.** Da muss ich dir wirklich zustimmen. **6.** Fällt dir etwas ein? **7.** So etwas passiert mir selten.

327. **1.** für; **2.** an – für; **3.** auf; **4.** bei; **5.** mit – über; **6.** von

328. **1.** Links vorn; **2.** Links hinten; **3.** rechts; **4.** Oben; **5.** Draußen

329. **1.** hier – oben; **2.** nach vorn; **3.** oben – von hier oben; **4.** nach draußen; **5.** nach oben – überall

330. **1.** hinunter; **2.** her – herein; **3.** hinuntergehen – heraufholen

331. **1.** morgens; **2.** mittags; **3.** nachmittags; **4.** Heute

332. **1.** heute; **2.** zuerst; **3.** dann; **4.** oft; **5.** oft; **6.** freitags

333. **2.** damals; **3.** jetzt; **4.** nie; **5.** nachts

334. Freitag

335. **1.** Auf wen; **2.** Mit wem; **3.** Mit wem; **4.** Worüber

336. **2.** darüber – Kai hat sich darüber beschwert, dass die Suppe kalt war. **3.** dafür – Kai hat sich nicht dafür interessiert, dass sich der Koch entschuldigt hat. **4.** darüber – Der Kellner hat mit Sonja darüber gestritten, dass sie die Rechnung nicht bezahlen wollte. **5.** damit – Der Kellner war damit einverstanden, dass Sonja die Hälfte der Rechnung bezahlt hat. **6.** darüber – Kai ärgert sich immer noch darüber, dass der Koch ihnen den Abend ruiniert hat.

337. **1.** An wen; **2.** Worüber; **3.** damit

338. **2.** Gib mir doch bitte mal das Salz. **3.** Leih mir doch bitte mal deinen Stift.

339. **2.** Interessierst du dich denn für Tiere? **3.** Stehst du denn gern so früh auf?

340. **1.** ja; **2.** doch; **3.** doch mal; **4.** bloß

341. **1.** mal; **2.** denn; **3.** mal

342. **1.** eigentlich; **2.** wohl; **3.** schon; **4.** eben; **5.** einfach; **6.** denn

343. **2.** immer; **3.** links; **4.** drinnen; **5.** vorher; **6.** unten; **7.** runter; **8.** vorgestern; **9.** nirgendwo; **10.** rückwärts

344. **1.** fünftens; **2.** nachmittags; **3.** donnerstags; **4.** übermorgen; **5.** minütlich; **6.** einmal

345. **2.** hinterher; **3.** oft; **4.** zweimal; **5.** öfter; **6.** immer

346. **1.** wo; **2.** nirgendwo; **3.** hier; **4.** irgendwohin; **5.** draußen; **6.** überall

347. **1.** Woran – daran; **2.** Worüber – darüber; **3.** Wovon – davon; **4.** daneben; **5.** Worum – darum

348. **1.** mal; **2.** eigentlich; **3.** etwa; **4.** wohl; **5.** ruhig

349. **1.** Wohin? **2.** Wohin? **3.** Wo? **4.** Wo? **5.** Wo? **6.** Wo?

350. **2.** in die Küche – in der Küche; **3.** in den Keller – im Keller; **4.** in ein Museum – in einem Museum; **5.** in eine Bar – in einer Bar; **6.** in einen Supermarkt – in einem Supermarkt

351. **1.** c; **2.** a; **3.** d; **4.** b; **5.** h; **6.** f; **7.** g; **8.** e

352. **1.** Im – ins; **2.** ins – im; **3.** in die – in der – in die – ins; **4.** in der – ins; **5.** Im – In den; **6.** in der – im – in die

353. **1.** auf dem Stuhl; **2.** unter dem Bett; **3.** im Park

354. **1.** in der Küche; **2.** vor die Tür – vor der Tür; **3.** auf die Party – auf der Party; **4.** an den Strand – am Strand; **5.** unter das Dach – unter dem Dach; **6.** hinter das Haus – hinter dem Haus; **7.** in den Wald – im Wald

355. **1.** in die; **2.** im; **3.** am; **4.** über die; **5.** an der; **6.** auf den; **7.** ans – in die; **8.** in der

356. **1.** Wo? **2.** Wohin? **3.** Wo? **4.** Wohin? **5.** Wohin?

357. **1.** gestellt; **2.** gesetzt; **3.** gestanden; **4.** gesetzt; **5.** gesessen; **6.** gestellt

358. **1.** stellt – den; **2.** setzt – das; **3.** steht – dem – sitzt – dem – steht – dem

359. **1.** Julia hat die Schüssel auf den Tisch gestellt. **2.** Dann hat sie sich auf das Sofa gesetzt. **3.** Die Schüssel hat auf dem Tisch gestanden. Julia hat auf dem Sofa gesessen. Die Lampe hat neben dem Sofa gestanden.

360. **2.** setzte; **3.** stand – saß – stand

361. **2.** Wohin? – hängen; **3.** Wo? – liegen; **4.** Wohin? – sich legen; **5.** Wo? – hängen; **6.** Wohin? – legen

362. **1.** hängt – den; **2.** stellt – den; **3.** legt – die; **4.** setzt – den; **5.** hängt über dem – stehen auf dem – liegt vor der – sitzt am

363. **1.** gehangen; **2.** gelegen; **3.** gehängt; **4.** gelegt; **5.** gelegen

364. **1.** legte; **2.** legte; **3.** hing; **4.** lag; **5.** hängte

365. **1.** aus; **2.** aus; **3.** aus; **4.** aus; **5.** nach; **6.** in; **7.** aus; **8.** in; **9.** aus dem; **10.** in; **11.** nach; **12.** in

366. **1.** zum Friseur – beim Friseur; **2.** zur / in die / auf die Bank – bei der / in der / auf der Bank; **3.** zum Chef – beim Chef; **4.** zur Firma / in die Firma – in der Firma; **5.** nach Frankfurt – in Frankfurt

367. **1.** zum – beim – ins; **2.** in der – zum – nach – bei; **3.** aus dem – zur / in die – zur – an der / in der / bei der

368. **1.** gegen; **2.** entlang; **3.** durch; **4.** um … herum

369. **1.** c; **2.** a; **3.** b; **4.** e; **5.** f; **6.** d

370. **1.** um … herum – durch – entlang; **2.** innerhalb – durch; **3.** außerhalb; **4.** innerhalb

371. **2.** Ich gehe morgen ins Kino. **3.** Bärbel hängt ihre Jacke in/an den Schrank. **4.** Finn fährt am Wochenende nach Augsburg. **5.** Die Kinder machen einen Ausflug in den / zum Zoo. **6.** Fährst du mich morgen zum Flughafen?

372. **2.** Der Sonnenschirm steht hinter dem Stuhl. **3.** Der Ball liegt auf dem Stuhl. **4.** Der Schlafsack liegt im Zelt. **5.** Die Schuhe stehen vor dem Zelt. **6.** Der Stuhl steht zwischen dem Zelt und dem Tisch. **7.** Die Lampe hängt am Baum. **8.** Die Katze sitzt unter dem Tisch. **9.** Der Baum steht neben dem Zelt.

373. **1.** von meiner Freundin – bei meiner Freundin; **2.** aus Indien – in Indien; **3.** aus dem / vom Krankenhaus – im Krankenhaus; **4.** vom Zahnarzt – beim Zahnarzt; **5.** aus Barcelona – in Barcelona

374. **1.** außerhalb; **2.** mit; **3.** am; **4.** zum; **5.** auf; **6.** nach; **7.** entlang; **8.** bis zur; **9.** nach; **10.** am; **11.** für

375. **1.** Um; **2.** Von … bis; **3.** Am; **4.** nach

376. **1.** Um; **2.** seit – vor; **3.** Ab – In der – Am – bis

377. **1.** um; **2.** Um/Ab; **3.** Nach; **4.** Ø; **5.** bis; **6.** Vor; **7.** nach; **8.** Ø; **9.** in

378. **1.** von – zum; **2.** Für – Für; **3.** mit – für

379. **1.** aus; **2.** mit; **3.** für; **4.** außer; **5.** ohne; **6.** zum; **7.** von; **8.** statt

380. **1.** Wegen; **2.** Trotz; **3.** Wegen

381. **1.** zum; **2.** für; **3.** von; **4.** statt

382. **1.** außer; **2.** wegen; **3.** Trotz

383. **1.** b; **2.** d; **3.** a; **4.** c

384. **1.** vor 20 Jahren; **2.** seit 30 Jahren; **3.** in ihrer Schulzeit; **4.** seit diesem Kurs; **5.** bis; **6.** In zwei Monaten

385. **1.** am; **2.** nach; **3.** Bis; **4.** in; **5.** von; **6.** bis; **7.** um; **8.** mit

386. **1.** zu; **2.** Am; **3.** um; **4.** mit; **5.** von; **6.** bis; **7.** während; **8.** Nach; **9.** von; **10.** bis

387. **1.** Seit; **2.** Vor; **3.** vom – bis zum; **4.** aus; **5.** trotz – außer; **6.** Wegen; **7.** Statt

388. **1.** Alexander ist jetzt 30 Jahre alt. **2.** Mein Vater wohnt in Würzburg. **3.** Hamburg liegt im Norden. **4.** Tom lernt Spanisch und Deutsch. **5.** Olaf ist ein sehr guter Lehrer.

389. **1.** Um 6 Uhr klingelt mein Wecker. **2.** Zuerst gehe ich ins Bad. Dann frühstücke ich. **3.** Nach dem Frühstück hole ich mein Fahrrad aus dem Keller. **4.** Mit dem Fahrrad fahre ich zur Arbeit. **5.** Unterwegs treffe ich einen Kollegen. Zusammen fahren wir weiter.

390. **1.** Um 8:30 Uhr bin ich in der Firma angekommen. **2.** Zunächst habe ich den Computer eingeschaltet. **3.** Bis 10 Uhr habe ich viele E-Mails beantwortet. **4.** Nach der Mittagspause habe ich mit meinen Kolleginnen zusammengearbeitet. **5.** Um 17 Uhr bin ich nach Hause gegangen.

391. **2.** Anton – Paul – den Brief; **3.** Karin – ihrer Nachbarin – ihre Schokolade; **4.** Martha – ihrem Vater – die Fotos; **5.** Der Lehrer – den Schülern und Schülerinnen – die neue Hausaufgabe; **6.** der Lehrer – der Klasse – das nächste Projekt

392. **2.** Er schreibt ihn ihm. **3.** Sie schenkt sie ihr. **4.** Sie zeigt sie ihm. **5.** Er gibt sie ihnen. **6.** Morgen stellt er es ihr vor.

393. **1. a)** Max war gestern Abend mit seinen Freunden in der Bar. **b)** Gestern Abend war Max mit seinen Freunden in der Bar. **2. a)** Er ist erst um 3 Uhr morgens nach Hause gekommen. **b)** Erst um 3 Uhr morgens ist er nach Hause gekommen. **3. a)** Er ist heute Morgen mit Kopfschmerzen aufgewacht. **b)** Heute Morgen ist er mit Kopfschmerzen aufgewacht. **4. a)** Er ist dann trotz des strömenden Regens mit dem Fahrrad zum Sprachkurs gefahren. **b)** Trotz des strömenden Regens ist er dann mit dem Fahrrad zum Sprachkurs gefahren.

394. **1.** Wie; **2.** Woher; **3.** Wo; **4.** Was

395. *w*-Fragen: Fragen Nr. 2, 4, 5; **2.** d; **3.** b; **4.** e; **5.** a

396. **1.** Was bist du von Beruf? **2.** Was sind deine Hobbys? **3.** Was fotografierst du gern? **4.** Spielst du ein Instrument?

397. **2.** Hör dem anderen zu! / Hören Sie dem anderen zu! **3.** Stell viele Fragen! / Stellen Sie viele Fragen! **4.** Entschuldige dich! / Entschuldigen Sie sich!

399. **1.** Die Mutter gibt sie ihnen. **2.** Die Kellnerin serviert ihm den Kaffee. **3.** Sie hat es Tobias geliehen. **4.** Am nächsten Tag hat er es ihr zurückgegeben.

400. **1.** Wie alt bist du jetzt? **2.** In welche Klasse gehst du jetzt? **3.** Was willst du später werden? **4.** Hast du ein Lieblingsfach? **5.** Hast du auch Hobbys?

401. **1.** Mach doch bitte die Tür zu! **2.** Zeig mir doch mal die Fotos! **3.** Fahrt mal wieder in den Urlaub! **4.** Fragt doch mal im Reisebüro!

402. **1. a)** Ich bin früher gern ins Theater gegangen. **b)** Früher bin ich gern ins Theater gegangen. **2. a)** Wir sind am Sonntag in Görlitz angekommen. **b)** Am Sonntag sind wir in Görlitz angekommen. **3. a)** Ich gehe heute Abend mit meinem Freund ins Kino. **b)** Heute Abend gehe ich mit meinem Freund ins Kino. **4. a)** Ich fahre morgen früh wahrscheinlich in die Stadt. **b)** Morgen früh fahre ich wahrscheinlich in die Stadt.

403. **1.** oder; **2.** aber; **3.** und; **4.** oder; **5.** und

404. **1.** b; **2.** d; **3.** c; **4.** a

405. **1.** oder; **2.** aber; **3.** und; **4.** und

406. **1.** Fährst du mit dem Bus oder nimmst du ein Taxi? **2.** Gerd hat viel Geld, aber er ist nicht glücklich. **3.** Friederike macht viel Sport und sie ernährt sich sehr gesund. **4.** Ich habe noch nichts gegessen, aber ich habe keinen Hunger. **5.** Heute bekomme ich Besuch und ich freue mich darauf. **6.** Bekommt Isabell ihr erstes Kind oder hat sie schon ein Kind?

407. **2.** Wir gehen einkaufen, dann kochen wir etwas für heute Abend. **3.** Wir fahren mit dem Bus zum Bahnhof, dann nehmen wir die S-Bahn ins Zentrum.

408. **1.** aber; **2.** Trotzdem; **3.** Trotzdem; **4.** aber

409. **2. a)** Carla macht oft Urlaub in Italien, denn sie hat dort viele Verwandte. **b)** Carla hat in Italien viele Verwandte. Deshalb macht sie dort oft Urlaub. **3. a)** Nächstes Jahr möchte sie nach Irland fliegen, denn sie will ein neues Land kennenlernen. **b)** Nächstes Jahr will sie ein neues Land kennenlernen. Deshalb möchte sie nach Irland fliegen.

410. **1.** deshalb – trotzdem – sonst; **2.** trotzdem – deshalb – deshalb; **3.** trotzdem – sonst – deshalb

411. **1.** c; **2.** f; **3.** e; **4.** a; **5.** d; **6.** b

398.

	POS. 1	POS. 2		ENDE
1.	Im Sommer	fahren	wir manchmal an den Badesee.	
2.	Wir	fahren	meistens mit der S-Bahn.	
3.	Von der S-Bahn	muss	man 15 Minuten zu Fuß	gehen.
4.	Wir	nehmen	immer eine Picknickdecke	mit.
5.	In unsere Rucksäcke	haben	wir Getränke und Brote	eingepackt.
6.	Am Badesee	gibt	es auch einen Kiosk.	
7.	Dort	kann	man Eis und Pommes frites	kaufen.
8.	Das Wasser im See	ist	immer	sauber.
9.	Hier	gehen	wir gern	schwimmen.

412. **1.** noch *(Wurm)*; **2.** als auch *(Ente)*; **3.** nicht nur *(Hund)*

413. **1.** weder … noch; **2.** sowohl … als auch – Entweder … oder; **3.** sowohl … als auch; **4.** Entweder … oder

414. **1.** oder; **2.** aber; **3.** und; **4.** aber; **5.** denn; **6.** denn

415. **1.** aber; **2.** denn; **3.** aber; **4.** denn; **5.** und

416. **1.** deshalb; **2.** Davor; **3.** dann; **4.** dagegen; **5.** inzwischen; **6.** sonst; **7.** Trotzdem

417. **1.** und; **2.** und; **3.** und; **4.** aber; **5.** Deshalb; **6.** Trotzdem; **7.** denn

418. **1.** entweder … oder; **2.** nicht nur … sondern auch – Entweder … oder; **3.** weder … noch; **4.** nicht nur … sondern auch; **5.** nicht nur … sondern … auch; **6.** weder … noch

419. **1.** Wir können uns am Samstag treffen, wenn du Lust hast.

2. Du weißt doch, dass ich am Samstag nicht da bin.

3. Dass du am Samstag nicht da bist, hast du mir nicht gesagt.

4. Entschuldige, ich dachte, dass du es weißt. Ich fahre nach Chemnitz, denn meine Schwester feiert ihren Geburtstag.

420. **1.** Hauptsatz; **2.** Nebensatz; **3.** Hauptsatz; **4.** Nebensatz; **5.** Nebensatz; **6.** Hauptsatz; **7.** Nebensatz

421. **1.** … weil ich wenig Zeit habe. **2.** … weil ich die richtige Größe auswählen will. **3.** … wenn ich das Paket geöffnet habe. **4.** … dass ich alles zurückschicke.

422. **2.** … dass wir eingeladen sind. **3.** … dass sie schon Getränke gekauft haben. **4.** … dass wir einen Salat mitbringen können. **5.** … dass wir anrufen sollen. **6.** … dass sie sich auf uns freuen.

423. **1.** … dass er in Rente gegangen ist. **2.** … dass sie noch arbeitet. **3.** … dass sie jetzt in Duisburg wohnt. **4.** … dass sie dort eine Ausbildung als Bankkauffrau macht. **5.** … dass sie einen neuen Freund hat.

424. **2. a)** Es gefällt mir, dass viele Leute mit dem Fahrrad fahren. **b)** Dass viele Leute mit dem Fahrrad fahren, gefällt mir. **3. a)** Ich wusste nicht, dass es hier so viele Fahrradwege gibt. **b)** Dass es hier so viele Fahrradwege gibt, wusste ich nicht.

425. **2.** … heute Abend mit euch auszugehen. **3.** … deinen Freund kennenzulernen. **4.** … pünktlich zu kommen.

426. **1.** Ich habe vor einem Jahr angefangen, Deutsch zu lernen. **2.** Ich hoffe, nächstes Jahr an einer deutschen Uni studieren zu können. **3.** Ich habe die Möglichkeit, mit meinen Nachbarn Deutsch zu sprechen. **4.** Du hast mir empfohlen, viele deutsche Popsongs zu hören. **5.** Du hast mir geraten, die Grammatikübungen zu wiederholen. **6.** Ich bitte dich, meine Fehler zu korrigieren.

427. **1.** Es freut mich, Sie in unserem Institut begrüßen zu dürfen. **2.** Sie haben sich dafür entschieden, bei uns einen Deutschkurs zu machen. **3.** Ist es möglich, schon nach drei Monaten die Prüfung zu machen? **4.** Es ist wichtig, viel zu lernen und sich gut auf die Prüfung vorzubereiten. **5.** Vergessen Sie nicht, sich rechtzeitig für die Prüfung anzumelden.

428. **1.** Weißt du zufällig, wie spät es ist? **2.** Weißt du, wann das Konzert heute Abend beginnt? **3.** Ich möchte wissen, wohin er meine Brille gelegt hat. **4.** Ich wollte fragen, ob es noch Karten für das Fußballspiel am Samstag gibt.

429. **1.** … wie Ihre Öffnungszeiten heute sind? **2.** … ob das Museum für Menschen im Rollstuhl zugänglich ist? **3.** … ob heute eine öffentliche Führung stattfindet? **4.** … was der Eintritt kostet?

430. **1.** wo ich jetzt bin; **2.** warum ich hier bin; **3.** was ich hier mache

431. **2.** Ob er wohl weiß, wer ich bin? **3.** Ob er mich wohl erkannt hat?

432. **1.** ich Hilfe brauche; **2.** du Hilfe brauchst; **3.** ich mich auf dich verlassen kann; **4.** kann ich morgen vorbeikommen

433. **2.** … dass sie in einem Studentenwohnheim wohnt. **3.** … dass die Nachbarn im Wohnheim alle sehr nett sind. **4.** … dass sie oft bis spät abends im Clubraum sitzen bleiben. **5.** … dass sie mit der Organisation an der Uni zufrieden ist. **6.** … dass die Kurse erst nächste Woche beginnen. **7.** … dass sie am Dienstag wieder berichtet.

434. **1.** Als; **2.** Wenn; **3.** Als; **4.** Wenn

435. **1.** … keinen Sport zu machen. **2.** … Fußball zu spielen. **3.** … mit anderen Leute ein gemeinsames Ziel zu verfolgen. **4.** … allein zu joggen oder zu schwimmen.

436. **1.** … wie der Dieb ausgesehen hat?
2. … ob er eine Waffe bei sich hatte?
3. … welche Kleidung er getragen hat?

437. **2. a)** Was/Wie viel kostet die Hin- und Rückfahrt? **b)** Können Sie mir sagen, was/wie viel die Hin- und Rückfahrt kostet? **3. a)** Wo/An welchem Gleis fährt der Zug ab? **b)** Können Sie mir sagen, wo/an welchem Gleis der Zug abfährt?

438. **1.** der *(Bäcker)*; **2.** die *(Friseurin)*; **3.** der *(Deutschlehrer/Lehrer)*

439. **1.** der; **2.** das; **3.** die; **4.** die; **5.** das; **6.** der

440. **1.** was; **2.** in der / wo; **3.** die; **4.** was; **5.** der; **6.** die

441. **1.** … wo ich meine Freunde treffe.
2. … was ich sehr aufregend finde.
3. … was für mich sehr wichtig ist.
4. … wo ich mich gut erholen kann.
5. … wo es viele Museen gibt.
6. … wo ich surfen kann.

442. **1.** den; **2.** dem; **3.** das; **4.** der; **5.** denen

443. **1.** von der; **2.** in dem; **3.** in das; **4.** bei der; **5.** in der; **6.** in die; **7.** zu der

444. **2.** ein Gerät, mit/in dem man Wäsche trocknen kann; **3.** eine Bürste, mit der man sich die Zähne putzen kann; **4.** ein Becher, aus dem man Wasser trinken kann; **5.** ein Stuhl, auf/in dem man liegen kann; **6.** ein Bus, in/mit dem man reisen kann; **7.** ein Kiosk, an dem man Zeitungen kaufen kann

445. **1.** dessen; **2.** deren; **3.** dessen; **4.** deren

446. **2.** … denen eine gute Arbeitsatmosphäre wichtig ist. **3.** … die gern selbstständig arbeiten. **4.** … denen der Kontakt mit Menschen Spaß macht.
5. … die gern früh aufstehen.
6. … für die Service kein Fremdwort ist.

447. **1.** den – mit dem – der – die; **2.** den; **3.** was – wo / in der / bei der

448. **1.** … den er seit seiner Schulzeit kennt.
2. … der die gleichen Hobbys wie er hat. **3.** … mit dem er schon zweimal in die USA gereist ist. **4.** … auf den er sich verlassen kann.

449. **1.** … die am liebsten Tango und Salsa tanzt.
2. … mit der er täglich trainieren kann.
3. … der das Training Spaß macht.

450. **1.** wo; **2.** zu dem; **3.** deren; **4.** der; **5.** was; **6.** mit der; **7.** die

451. **1.** B; **2.** A; **3.** C; **4.** A; **5.** B; **6.** C

452. **1.** Wenn; **2.** wenn; **3.** wenn; **4.** Als; **5.** wenn; **6.** wenn

453. **1.** wenn *(z. B. Feuersteine, trockenes Holz oder Gras)*; **2.** als *(Neil Armstrong)*; **3.** als *(„Das ist ein kleiner Schritt für einen/den Menschen, aber ein riesiger Sprung für die Menschheit.“)*

454. **1.** wenn; **2.** Als; **3.** als; **4.** Wenn

455. **1.** Als ich von 1960 bis 1970 zur Schule ging, war vieles anders als heute. **2.** Wenn der Lehrer in die Klasse kam, mussten wir zur Begrüßung aufstehen. **3.** Wenn wir manchmal die Regeln nicht befolgten, mussten wir uns in die Ecke stellen. **4.** Als ich in meiner ganzen Schulzeit nur *einmal* zu spät kam, informierte der Lehrer sofort meine Eltern.

456. **1.** bevor; **2.** Seitdem; **3.** Nachdem; **4.** Sobald; **5.** Bis

457. **1.** Nachdem sie den Koffer gepackt hat, holt sie ihren Freund ab. **2.** Nachdem sie ihren Freund abgeholt hat, fahren beide zusammen zum Flughafen. **3.** Nachdem beide zusammen zum Flughafen gefahren sind, nehmen sie das Flugzeug nach Athen. **4.** Nachdem sie den Koffer gepackt hatte, holte sie ihren Freund ab. **5.** Nachdem sie ihren Freund abgeholt hatte, fuhren beide zusammen zum Flughafen. **6.** Nachdem beide zusammen zum Flughafen gefahren waren, nahmen sie das Flugzeug nach Athen.

458. **1.** Nachdem; **2.** bevor; **3.** während; **4.** sobald

459. **1.** Gleichzeitigkeit (🕒🕒); **2.** Gegensatz (≠); **3.** Gegensatz (≠); **4.** Gleichzeitigkeit (🕒🕒)

460. **1.** weil; **2.** weil; **3.** obwohl; **4.** obwohl; **5.** weil; **6.** obwohl; **7.** obwohl; **8.** weil

461. **2. a)** Sie kann jetzt studieren, weil sie die Prüfung bestanden hat. **b)** Da sie die Prüfung bestanden hat, kann sie jetzt studieren. **3. a)** Ich habe viele Bücher, weil ich gern lese. **b)** Da ich gern lese, habe ich viele Bücher. **4. a)** Er will Kunst und Design studieren, weil er gern malt und zeichnet. **b)** Da er gern malt und zeichnet, will er Kunst und Design studieren.

462. **1.** Weil der Bus Verspätung hatte, kam ich zu spät zur Arbeit. **2.** Wir müssen den Installateur anrufen, weil die Heizung kaputt ist. **3.** Obwohl du es versprochen hast, bist du nicht gekommen. **4.** Ich kaufe das Auto nicht, weil es mir zu teuer ist. **5.** Obwohl ich viele Bewerbungen geschrieben habe, habe ich keine Stelle gefunden. **6.** Ich kann kein Geld abheben, weil der Geldautomat kaputt ist. **7.** Obwohl er nie Sport macht, ist er immer fit.

463. **1.** Wenn ich im Lotto gewinne …; **2.** … wenn du Fieber hast. **3.** … falls du deinen vergessen hast. **4.** … wenn du die Prüfung bestehen willst. **5.** Wenn das Wetter so schön bleibt …

464. **1.** Wenn man keinen Führerschein hat, darf man nicht Auto fahren. **2.** Wenn man mit dem Auto fährt, soll man keinen Alkohol trinken. **3.** Wenn es dunkel ist, muss man das Licht einschalten. **4.** Wenn die Ampel rot ist, muss man stehen bleiben. **5.** Wenn auf der Straße Schnee liegt, braucht man Winterreifen.

465. **2.** Wenn ich Zeit gehabt hätte, hätte ich dich angerufen. **3.** Vergangenheit: Wenn du mehr gelernt hättest, hättest du die Prüfung bestanden. **4.** Vergangenheit: Wenn du nicht zu schnell gefahren wär(e)st, wäre der Unfall nicht passiert. **5.** Gegenwart: Wenn sie einen Fahrschein hätte, müsste sie keine Strafe zahlen. **6.** Vergangenheit: Wenn sie nicht zu spät gekommen wäre, hätte sie den Zug nicht verpasst. **7.** Gegenwart: Wenn er sich bewerben würde, würde er die Stelle bekommen.

466. **1.** denn; **2.** obwohl; **3.** weil; **4.** Obwohl – denn; **5.** weil; **6.** weil; **7.** Obwohl – denn

467. **1.** … besuchen Sie unser Wellness-Studio. **2.** Wenn Sie einen günstigen Kredit brauchen, rufen Sie uns an. **3.** Wenn Sie sich beruflich weiterqualifizieren wollen, beraten wir Sie gern. **4.** Wenn du neu in der Stadt bist und noch ein Zimmer suchst, helfen wir dir. **5.** Wenn Sie einen besonderen Urlaub machen wollen, buchen Sie bei uns eine Abenteuerreise. **6.** Wenn Sie nicht mehr jeden Tag im Stau stehen wollen, ist unser Monatsticket für Busse und U-Bahnen das Richtige für Sie.

468. **1.** nachdem; **2.** als; **3.** bevor; **4.** sobald

469. **1.** Seit; **2.** bis; **3.** bevor; **4.** Während

470. **2.** Wenn Frank nicht drei Kinder hätte, würde er mehr ausgehen. **3.** Wenn Dietmar nicht studieren würde, könnte er schon Geld verdienen. **4.** Wenn Rosemarie in den Alpen leben würde, würde sie jedes Wochenende wandern gehen.

471. **1.** gleiches Subjekt (=); **2.** gleiches Subjekt (=); **3.** verschiedene Subjekte (≠); **4.** verschiedene Subjekte (≠)

472. **1.** Susi schreibt einen Brief, um ihrer Oma zum Geburtstag zu gratulieren. **2.** Sie geht zur Post, um den Brief abzusenden. **3.** Sie will den Brief heute noch absenden, damit er rechtzeitig bei ihrer Oma ankommt. **4.** Der Brief soll rechtzeitig bei der Oma ankommen, damit sie sich freut.

473. **2.** Um einen Termin zu vereinbaren. **3.** Damit es nicht ins Zimmer regnet. **4.** Damit er auf mich wartet. **5.** Um mich gesund zu ernähren. **6.** Damit er erreichbar ist. **7.** Um die Prüfung zu bestehen. **8.** Damit wir den Zug nicht verpassen.

474. **1.** Vor einigen Jahren hat es hier so viel geschneit, dass wir jeden Tag Schnee räumen mussten. **2.** Es war so kalt, dass man Tag und Nacht heizen musste. **3.** Einmal war über Nacht so viel Schnee gefallen, dass keine Busse fahren konnten und der Unterricht ausfallen musste. **4.** Der Schnee lag so hoch, dass sogar die Räumfahrzeuge kaum vorankamen. **5.** Manchmal waren die Fußwege so glatt, dass man beim Gehen sehr aufpassen musste.

475. **1.** Meine Nachbarn haben die ganze Nacht gefeiert, sodass ich nicht einschlafen konnte. **2.** Ich wachte heute Morgen zu spät auf, sodass ich keine Zeit zum Frühstücken hatte. **3.** Ich habe meine Sachen in großer Eile gepackt, sodass ich meinen Autoschlüssel vergaß. **4.** Der Schlüssel war noch in der Wohnung, sodass ich wieder zurückgehen musste. **5.** Mein Auto wollte nicht anspringen, sodass ich einen Nachbarn um Hilfe bat. **6.** Ich fuhr erst später los als üblich, sodass ich in einen Stau kam. **7.** Ich stand im Stau, sodass ich zu spät zur Arbeit kam.

476. **1.** Welches Tier ist so intelligent, dass es sich in einem Spiegel erkennen kann? *(der Elefant)* **2.** Welches Bauwerk ist so bekannt, dass es für die deutschen Münzen ausgewählt wurde? *(das Brandenburger Tor)* **3.** Welcher Berg in Deutschland ist so hoch, dass dort auch im Sommer oft Schnee liegt? *(die Zugspitze)*

477. **1.** Mein Sohn hat noch keine Ferien, sodass wir jetzt noch nicht in Urlaub fahren können. **2.** Das Buch war so spannend, dass ich es an einem Tag gelesen habe.

478. **1.** als; **2.** wie; **3.** wie; **4.** wie

479. **1.** … indem man einen Lernplan aufstellt. **2.** Man kann im Team lernen, indem man sich gegenseitig den Stoff erklärt. **3.** Man kann sich nach dem Lernen erholen, indem man Sport macht.

480. **1.** … desto ähnlicher sieht er seiner Mutter. **2.** Je länger ich am Wochenende schlafe, desto müder bin ich. **3.** Je populärer ein Buch ist, desto schlechter finde ich es meistens.

481. **1.** … ohne dass wir ihn eingeladen haben. **2.** … ohne zu fragen / ohne gefragt zu haben. **3.** … ohne sich zu verabschieden / ohne sich verabschiedet zu haben.

482. **1.** gleiches Subjekt (=); **2.** verschiedene Subjekte (≠); **3.** gleiches Subjekt (=); **4.** verschiedene Subjekte (≠); **5.** gleiches Subjekt (=)

483. **1.** Wir müssen sofort losgehen, damit wir den Bus nicht verpassen / um den Bus nicht zu verpassen. **2.** Wir müssen uns beeilen, damit die Kinder nicht zu spät zur Schule kommen. **3.** Du solltest einen Regenschirm mitnehmen, damit du nicht nass wirst / um nicht nass zu werden. **4.** Pass besser auf dein Portemonnaie auf, damit es dir nicht wieder gestohlen wird. **5.** Wir müssen heute fertig werden, damit wir keinen Ärger bekommen / um keinen Ärger zu bekommen.

484. **1.** a; **2.** b; **3.** b; **4.** c

485. **1.** Heute ist es so neblig, dass man kaum die Hand vor den Augen sieht. **2.** Die U-Bahn schließt die Türen, sodass wir auf die nächste warten müssen. **3.** Das Bild gefällt mir so gut, dass ich es am liebsten kaufen würde. **4.** Sie hat die Aufnahmeprüfung bestanden, sodass sie jetzt Kunst studieren kann.

486. **1.** Je mehr du lernst, desto besser wird deine Prüfung. **2.** Je besser deine Noten sind, desto leichter findest du eine Stelle. **3.** Je schneller du eine Stelle findest, desto früher verdienst du Geld.

487. **1.** … ohne einen Kurs zu besuchen. **2.** … ohne zu lernen. **3.** … ohne zu arbeiten.

488. **1.** auf gesunde Ernährung achten; **2.** regelmäßig Sport treiben; **3.** Ärger und Stress vermeiden; **4.** neue Herausforderungen suchen

489. **1.** schwimmen; **2.** Lesen; **3.** Sammeln; **4.** backen; **5.** Aufstehen

490. **1.** ein; **2.** Am; **3.** Unsere

491. **1.** Dir/dir; **2.** Gute; **3.** Du/du; **4.** Schönes; **5.** Deine/deine; **6.** Verwandten; **7.** Neues; **8.** nächste; **9.** besten

492. **1.** Sie – Ihren; **2.** ihr; **3.** du

493. **1.** Marktplatz; **2.** Wohnzimmer; **3.** Nachname; **4.** Freizeit; **5.** fünfundzwanzig; **6.** zweiundachtzig Millionen

494. **1.** kommen hören; **2.** spazieren gegangen; **3.** großzuschreiben; **4.** Auto fahren; **5.** Autofahren; **6.** da sein; **7.** warm machen / warmmachen

495. **1.** süß; **2.** Wasser; **3.** weiß; **4.** groß; **5.** Fußball; **6.** Kasse; **7.** Straße; **8.** draußen; **9.** nass; **10.** Fluss; **11.** müssen; **12.** außerhalb; **13.** besser; **14.** Kissen; **15.** äußerlich; **16.** lassen

496. **2.** räumlich; **3.** ankreuzen; **4.** heute; **5.** Euro; **6.** Läufer; **7.** Einkäufe; **8.** Leute
Verwandte Wörter/Wortformen:
1. Baum; **2.** Raum; **6.** laufen, Lauf; **7.** Einkauf, einkaufen

497. Bald beginnen die Sommerferien(,) und Familie Riemann plant ihren Urlaub. Christoph und Constanze wollen mit ihren Kindern nach Norderney fahren, weil sie alle gern am Meer sind. Der kleine Felix möchte am liebsten den ganzen Tag am Strand spielen und schwimmen, aber seine Schwester Klara will auch reiten. Im Internet finden sie eine Reitschule, die auch Kurse für Kinder anbietet. Sie entscheiden, dass Christoph mit Klara nachmittags zur Reitschule geht, und reservieren eine Ferienwohnung in der Nähe.

498. **1.** Ich habe dich angerufen, um dir zum Geburtstag zu gratulieren. **2.** Ich habe vergessen(,) einzukaufen. **3.** Er hat dir doch versprochen(,) pünktlich zu kommen. **4.** Hast du Interesse, am Samstag mit mir Tennis zu spielen? **5.** Erinnerst du mich bitte daran, morgen die Bücher zurückzubringen?

499. **1.** Ich bin beim Marathon so schnell gelaufen wie im Training. **2.** Ich bin beim Marathon schneller gelaufen, als ich dachte. **3.** Er hat sich so entschuldigt, wie seine Kollegin es gehofft hatte. **4.** Er sieht genauso aus wie sein Vater vor zwanzig Jahren.

500. **1.** Marco sagt: „Ich möchte jetzt nach Hause gehen." **2.** Stefania fragt ihren Lehrer: „Warum schreibt man dieses Wort groß?" **3.** „Meine Mutter", erklärt er, „habe ich schon gestern besucht." **4.** „Herzlichen Glückwunsch", sagte er fröhlich. **5.** „Besuchst du mich morgen?", fragt sie ihn.

501. **2.** und **3.**

502. **2.** Pilotinnen; **3.** Zuschauerinnen; **4.** Köchinnen; **5.** Anwältinnen; **6.** Kolleginnen; **7.** Migrantinnen; **8.** Kursleiterinnen

503. **2.** Angestellte; **3.** Opfer; **4.** Kranke; **5.** Jugendliche

504. **2.** Die Schulleitung repräsentiert die Schule nach außen. **3.** Die Studierenden schreiben morgen eine Prüfung. **4.** Das Publikum war begeistert. **5.** Die Firma hat hundert Mitarbeitende.

505. siehe Seite 296

506. siehe Seite 296

507. **2.** statt des alten Buch(e)s; **3.** trotz des Unfalls; **4.** wegen des Termins; **5.** statt des Ausflugs; **6.** trotz der guten Neuigkeiten

508. **2.** <u>Da</u> weiß ich nichts <u>von</u>. – Davon weiß ich nichts. **3.** Nein, <u>da</u> hat sie sich nicht <u>für</u> angemeldet. – Nein, dafür hat sie sich nicht angemeldet. **4.** <u>Da</u> haben wir gar nicht <u>drüber</u> gesprochen. – Darüber haben wir gar nicht gesprochen. **5.** Super, <u>da</u> freue ich mich <u>drauf</u>. – Super, darauf freue ich mich. **6.** Nein, <u>da</u> kümmere ich mich noch <u>drum</u>. – Nein, darum kümmere ich mich noch.

509. siehe Seite 296

510. **1.** … × Bin gleich da, × freu mich! Hendrik. **2.** Hallo, Leo, × hoffe, wir sehen uns heute Abend. × Kannst ja nachher mal anrufen. **3.** × Hab gerade Sofie getroffen!!! × Geht ihr wieder besser. Morgen kommt sie mit. LG!

511. **1.** … <u>Ich</u> bin gleich da, <u>ich</u> freu mich! Hendrik **2.** Hallo, Leo, <u>ich</u> hoffe, wir sehen uns heute Abend. <u>Du</u> kannst ja nachher mal anrufen. **3.** <u>Ich</u> hab gerade Sofie getroffen!!! <u>Es</u> geht ihr wieder besser. Morgen kommt sie mit. LG!

512. **2.** Stimmt.

513. **2.** Ich kann heute Abend nicht kommen, weil ich krank bin. **3.** Ich gehe noch joggen, obwohl es ziemlich kalt draußen ist. **4.** Ich komme später, weil ich den Zug verpasst habe. **5.** Ich nehme zehn Brötchen, obwohl ich nicht so viel Geld dabeihabe. – Die Bedeutung ändert sich in Satz 3 und 5.

514. **2.** Sie denkt, ihre Mannschaft wird das Spiel gewinnen. **3.** Ich nehme an, meine Tochter ist noch nicht zu Hause. **4.** Ich meine, dass du mehr Sport machen solltest. **5.** Lara hofft, dass Uwe ihr sein Fahrrad leihen kann. **6.** Ich befürchte, dass meine Cousine sich erkältet hat.

505.		**506.**
Bei der Eröffnung waren der Bürgermeister und auch einige Vertreter des Stadtparlaments anwesend.	→	Bei der Eröffnung waren der Bürgermeister und auch einige Mitglieder des Stadtparlaments anwesend.
Die Museumsdirektorin hielt einen kurzen Vortrag und stellte ihre Mitarbeiter vor.	→	Die Museumsdirektorin hielt einen kurzen Vortrag und stellte ihr Team vor.
Allen Besuchern dankte sie für ihr Interesse.	→	Allen, die gekommen waren, dankte sie für ihr Interesse.
Anschließend zeigten Museumsführer kleinen Gruppen die wichtigsten Werke.	→	Bei einer Museumsführung wurden kleinen Gruppen anschließend die wichtigsten Werke gezeigt.
Journalisten berichteten sehr positiv von der Veranstaltung.	→	Die Presse berichtete sehr positiv von der Veranstaltung.
Kritiker bemerkten allerdings, dass der Museumsbau viel teurer war als ursprünglich geplant: […]	→	Kritische Stimmen bemerkten allerdings, dass der Museumsbau viel teurer war als ursprünglich geplant: […]
Für Lehrer gibt es besondere Angebote.	→	Für Lehrkräfte gibt es besondere Angebote.
Sie können von der Website kostenlose Materialien für ihre Schüler herunterladen, um einen Museumsbesuch vorzubereiten.	→	Sie können von der Website kostenlose Materialien für ihre Schülerinnen und Schüler herunterladen, um einen Museumsbesuch vorzubereiten.
Außerdem organisiert das Museum ganztägige Workshops; die Teilnehmer erhalten ein Zertifikat.	→	Außerdem organisiert das Museum ganztägige Workshops; für die Teilnahme wird ein Zertifikat ausgestellt.

509.

1.		
Mit zwei Jahren bin ich mit meinen Eltern aus der Türkei nach München gekommen und dort aufgewachsen.	→	Mit zwei Jahren kam Tom Z. mit seinen Eltern aus der Türkei nach München und wuchs dort auf.
Schon mit 10 Jahren habe ich die Musik für mich entdeckt.	→	Schon mit 10 Jahren entdeckte er die Musik für sich.
Nach der Schule habe ich mich meistens mit meinen Freunden zum Rappen getroffen.	→	Nach der Schule traf er sich meistens mit seinen Freunden zum Rappen.
2.		
Wir sind uns auf einer Party begegnet, haben viele Gemeinsamkeiten entdeckt und danach viel telefoniert.	→	Seine späteren Bandmitglieder und er begegneten sich auf einer Party, entdeckten viele Gemeinsamkeiten und telefonierten danach viel.
Schon zwei Wochen später haben wir angefangen, zusammen Musik zu machen.	→	Schon zwei Wochen später fingen sie an, zusammen Musik zu machen.

515. **2.** Im Kino, **da** war ich gerade gestern erst.

516. **1.** Schön, **den** habe ich schon lange nicht mehr gesehen, deinen Mann.
2. Ja, danke, **der** war wirklich gut, dein Tipp.

517. **515 – 2.** Im Kino war ich gerade gestern erst. **516 – 1.** Deinen Mann habe ich schon lange nicht mehr gesehen. **516 – 2.** Ja, danke, dein Tipp war wirklich gut.

518. Gesprochen: **2., 3., 5., 6.**

519. **1.** den; **2.** Die – dem; **3.** Das – die; **4.** die – der – den

520. **1.** Instrumente; **2.** Journalisten; **3.** Firmen; **4.** Zirkus/Zirkusses

521. **1.** ähnlichen; **2.** unbekannten; **3.** gesuchtes; **4.** interessanten; **5.** durchschnittliche

522. **2.** Öffne! – Öffnet! **3.** Übernachte! – Übernachtet! **4.** Fass zusammen! Fasse zusammen! – Fasst zusammen!

523. **1.** blies; **2.** kaufte – nannte; **3.** roch; **4.** auszog – fiel

Register

A

B

C

D

E

T

U

V

W

Abkürzungsverzeichnis

Akk. .... Akkusativ
ca. .... circa
Dat. .... Dativ
f. .... Femininum
Gen. .... Genitiv
m. .... Maskulinum
n. .... Neutrum
Nom. .... Nominativ
Nr. .... Nummer
Pers. .... Person
Pl. .... Plural
POS. .... Position
S. .... Seite
Sg. .... Singular
u. a. .... und andere
u. Ä. .... und Ähnliches
usw. .... und so weiter
z. B. .... zum Beispiel

Quellenverzeichnis

S. 11: Die Zahlen beziehen sich auf alle Nomen im Rechtschreibduden, die nur ein Genus haben (Duden – Die deutsche Rechtschreibung, 28. Auflage, Berlin: Dudenverlag, 2020, S. 160).

S. 17: dvekoshki/Fotolia.com; **S. 76:** Fiedels/Fotolia.com; **S. 83:** Naghiyev/Shutterstock.com *(Blume, Topf, Sonne, Brille, Saft, Buch)*, kaisorn/Shutterstock.com *(Orange)*, Puckung/Shutterstock.com *(Tasche)*; **S. 109: a)** thostr/Fotolia.com, **b)** sunt/Fotolia.com, **c)** thostr/Fotolia.com, **d)** sunt/Fotolia.com; **S. 110:** sunt/Fotolia.com; **S. 145: 1.** thostr/Fotolia.com, **2.** sunt/Fotolia.com, **3.** fefufoto/Fotolia.com, **4.** T. Michel/Fotolia.com; **S. 222:** Naghiyev/Shutterstock.com; **S. 233:** M. Schuppich/Fotolia.com; **S. 250, 252:** Vector FX/Shutterstock.com; **S. 254:** Shpadaruk Aleksei/Shutterstock.com; **S. 255:** Denis Gorelkin/Shutterstock.com

Deutsch üben und vertiefen

www.duden.de

Duden Wortschatztrainer
Deutsch als Fremdsprache
208 Seiten. Zahlreiche Bilder. Broschur